管理的逻辑

Management Logistics

高闯　等著

经济管理出版社
ECONOMY & MANAGEMENT PUBLISHING HOUSE

管理的逻辑

高闯　等著

经济管理出版社

图书在版编目（CIP）数据

管理的逻辑/高闯等著. —北京. 经济管理出版社，2013.8
ISBN 978-7-5096-2573-6

Ⅰ. ①管… Ⅱ. ①高… Ⅲ. ①企业管理—中国—文集 Ⅳ. ①F279.23-53

中国版本图书馆 CIP 数据核字（2013）第 173833 号

组稿编辑：张永美
责任编辑：张永美
责任印制：杨国强
责任校对：陈　颖

出版发行：经济管理出版社
（北京市海淀区北蜂窝 8 号中雅大厦 A 座 11 层　100038）
网　址：www. E-mp. com. cn
电　话：(010) 51915602
印　刷：北京京华虎彩印刷有限公司
经　销：新华书店
开　本：720mm×1000mm/16
印　张：18.25
字　数：307 千字
版　次：2013 年 8 月第 1 版　2013 年 8 月第 1 次印刷
书　号：ISBN 978-7-5096-2573-6
定　价：58.00 元

前 言

今年4月，我着手整理发表过的论文，将有关公司治理的研究成果汇集成《社会资本、终极控制权与公司治理》一书，交由中国社会科学出版社出版。在这之后，余兴未消，觉得仍有些颇有价值的成果由于选题原因未能收录，遂生再出文集的想法，于是凑成此书。本书也许内容不如上一本紧凑，但涉及领域较宽、文体多样化、可读性强，因此可以看做是上本书的“姊妹篇”。这里，容我做一个大概的介绍。

首先值得关注的是有关比较管理学科基础问题的研究。比较管理学堪称管理学理论丛林中的一朵“奇葩”，在东西方特别是美日管理模式的比较研究中曾有过属于自己的辉煌。然而在今天，这朵“奇葩”过早地凋谢了。在今天，中国管理实践已为世人瞩目，从比较研究的视角探讨中国管理实践，实现理论创新适逢其时。为此，我和学界同仁在2009年率先发起创办《比较管理》杂志，举办学术研讨会，并在一年前成立了国际比较管理研究院开展相关研究。在我看来，比较管理之所以成了一门“沉闷的学科”，除了管理实践背景的变化外，学科基础的缺憾是重要原因。我尝试着用默顿的“中层理论”诠释比较管理的研究对象，用解释性研究界定学科性质，并试图引入演化分析方法重振比较管理学。不谦逊地说，这些探索恐怕在国际比较管理学界也属首次。此外还有一个有趣的发现，当运用归纳—演绎二分法分析学科体系时，由于比较管理学科体系建设的重新构思，可能整个管理学的学科大厦也需要重新搭建。

《基于动态耦合的企业管理国际竞争力（EMGC）评价体系》是我主持的国家自然科学基金管理学部主任基金应急项目研究报告的浓缩版。当时，关于企业竞争力的评价在国际上已有权威机构的标准在应用，如世界经济论坛（WEF）、瑞士洛桑国际管理发展学院（IMD）的评价体系。我理解，管理学部之所以设立“中国企业管理全球竞争力评价体系研究与应用”应急项目，至少出于两点考虑：

一是立足中国情境，二是强调"管理"在一国企业竞争力中的作用。我们把这种认识融入研究实践中，创造性地根据动态耦合理论设计出企业管理国际竞争力(EMGC)评价指标体系。这个评价指标体系构建了以公司价值为主导的多级指标评价系统，采用了三维动态耦合式的分析方法，并推演出多维组合的企业竞争策略空间集。这一成果对于当时国内方兴未艾的中国企业竞争力评价研究至少是一个有益的"合声"。因此，这一成果先后获得教育部第四届中国高校人文社会科学研究优秀成果奖（2006）和第三届蒋一苇企业改革与发展基金优秀论文一等奖(2008)。

2006年，在给研究生开设《管理学前沿问题研究》课程时，我讲到了商业模式专题。当时，关于企业商业模式的文献层出不穷，既有个案研究，又有理论探索，但并没有一个系统、直观的基本分析框架。换句话说，有关商业模式的基础理论研究还很不成熟。我非常尖锐地指出了这个问题并谈了一些粗略的想法。后来，我的研究生关鑫很快配合我完成了《企业商业模式创新的实现方式与演进机理》一文，送到编辑部时，主编认为这是一篇非常棒的文章，毫不犹豫地决定马上发表。这篇论文的新意在于，首次从价值链创新的理论高度和视角诠释企业商业模式创新的实现方式，这就找到了商业模式创新的理论源头和根基。我们还对企业商业模式进行了系统的科学分类，这样，市场上五花八门的商业模式都可以在这个分类系统中找到"归宿"，这就是科学研究、基础理论的力量。从"顾客创造价值"的管理学视角解析企业商业模式创新的动力及演进机理，也是这篇文章与众不同的地方。后来，关鑫又在我门下读了博士，再去清华大学做博士后研究。在我的记忆中，从这篇论文发表开始，他后来撰写的论文都在万字以上，"清一色"发表在一流杂志上。由此可见，这是一名基本功非常扎实，悟性、灵性俱佳的优秀学生。

有关集群问题的分析，算是这本文集中最"接地气"的部分。当时，我正在主持国家自然科学基金资助的"高技术企业集群治理及其演进机理"（项目号70372006）项目，带领博士生们去中关村调研。我们去了用友软件、中科大洋、北京创投等多家企业，还同中关村管委会、长城管理咨询公司共同研讨座谈。当时的中关村，正面临一些大企业"逃离"，许多中小企业"出走"的窘境，甚至有人用"一次性的中关村"这样的极端性话语断言中关村正在走向没落。我们敏锐地撰文指出要理性对待中关村集群的发展与变化，并运用集群广度和深度这些重要概念进行深度解析。我们认为，从长远来看，集群广度与深度的发育程度是决定一个集群能否具有发展活力与后劲的关键，这一点从美国西海岸的硅谷与东部的“128 公路”的演进轨迹中就可以证明。事实上，集群发展短期业绩与长期业绩的取得方式是不同的，如果对集群发展也要进行“政绩考核”的话，那么，管理者的短期行为与长期行为要合理兼顾，集群企业的现实表现与发展潜力在评价体系中也要得到相应显现。这个问题的实质是，中关村是要 GDP 还是想成为硅谷的问题。这些议论和调研报告有一定影响，后来在新华社内参相关刊物发表。

我同李平博士关于企业家选择机制的对话至今仍然有价值。对话时的中国正处在经济体制转轨时期，社会一方面呼吁要有一大批适应市场经济活动的企业家，另一方面社会又对目前企业特别是国有企业的企业家行为不满意。我们发现，谁去选择企业家是解释这个矛盾现象的关键所在。究竟应该由政府还是市场去选择企业家？这是计划经济与市场经济的一个重要区别。计划经济体制下的厂长是由政府委派、任命的；而在市场经济体制下，企业家由市场选择并决定。简而化之，中国经济体制是否真正转轨，用一个企业家由谁来选择的机制就可以观察到。中国当时已历经 18 年的改革，企业家特别是国有企业的企业家仍然由政府部门选择和确定，企业家的选择机制并没有发生实质性的变化。事实上，由市场去选择企业家说到底就是要由所有者去选择企业家。但由于我国国有企业所有者制度的模糊性，迄今为止，改革已进行了 30 多年，谁去选择企业家的问题仍未能从根本上解决，从这个侧面我们也可以体会到国有企业改革要“动真格的”是多么的不容易！

我长期从事 MBA 教育工作，摸索出一些 MBA 教育的经验并力图将其提升为管理教育的理论，一些思想在本书中有所体现。我认为，衡量 MBA 教育的指标很多，但最基本的或处于元层次的是两个指标要素：质量和特色。没有质量，中国 MBA 教育就无法融入世界 MBA 教育体系；没有特色，中国 MBA 教育就无法形成自己的优势和核心竞争力。显然，质量是个国际化概念；特色则是本土化或个性化概念。在阐述质量指标时，为了直观起见，我借用了质量管理“工程五要素”概念。产品质量如何取决于生产五要素——人（员工）、机（机器）、料（原料）、法（工艺方法）、环（操作环境）。MBA 教育质量如何也取决于这五个要素——教师、教具、教材、教法、教学环境。这样梳理，会大大方便我们的分析。在国际上，MBA 教育有两个学派：哈佛大学的案例教育学派和芝加哥大学的理论教育学派。哈佛培养出若干企业精英，芝加哥则拥有一批璀璨的诺贝尔经济学奖得主。究竟哪种学派更适用于中国 MBA 教育呢？中国 MBA 生源中有50%来自理工类本科毕业生，20%~30%来自经济管理类，剩下的则是来自其他学科。因此，中国的 MBA 教育应该更多考虑到中国学生的特点，尽量融理论教学与案例教学于一体，创造出一种“哈佛学派”与“芝加哥学派”的“兼容学派”。

罕有学者为自己出书“自吹自擂”的，我却成为这“罕有”的学者中的一个。之所以这样做，一个原因是：如果用今天的眼光去审视，的确很难说本书中每一篇论文都有价值。特别是，随着岁月的流逝，当年还有一些华彩和个性的文章——比如《论岗位主体管理》、《一种新的企业用工模型——差别序列结构》等——在急速变化了的今天也许已经“黯然失色”。不过，无论如何，当时的探索是有意义的，把它保留下来，至少可以成为我求知过程的一个见证，也在一定程度上折射出当时学术研究的状况，尽管有的文章读起来会感觉多少有一些幼稚。更早的一篇论文《应重视开发管理资源》距今已 30 年有余，以现在的眼光看是肤浅了，但那是个百废待兴的年代，是中国“管理运动”的启蒙年代，人们甚至还不知“管理”为何物。这篇论文是在我大学毕业论文的基础上改写的，并且得到了王征、彭好荣两位老师的指导。如今，他们都已先后作古，但他们的教诲却犹在耳畔，收录在这里，也算是对两位先生的一种纪念吧。回想起来，我毕业留校进入到大学教师的队伍中，还多少与这篇论文有一些联系呢。

本书在整理过程中得到了硕士生王文杰、杨丽丽、何璐、郭婧、狄程的协助，借此机会对他（她）们表示诚挚的谢意。特别感谢经济管理出版社沈志渔先生、杨世伟先生和张永美小姐为本书的出版所付出的辛勤劳动和智慧，感谢首都经济贸易大学为本书出版提供的资助，感谢所有为本书提供指导和帮助的人们。书中的错误由本人负责。

高闯

2013 年 7 月 19 日

目 录

第一部分

管理学与比较管理

比较管理学的学科基础问题

引　言

在管理学的理论丛林中，比较管理学是一朵奇葩。它起源于20世纪50年代末期，在80年代形成高潮，到了20世纪末逐渐趋于平静甚至有些沉寂。这期间可以划分成三个阶段。在跨国界、跨文化的研究中，人们发现，国家间在经济发展上的差距并非只是由于技术的原因，而更可能是管理或其他因素出了问题。为此，“二战”结束后，在欧洲大陆还曾展开过一场激烈的论战：欧洲的科学技术并不比美国落后，可经济发展为什么落在美国后面？比较管理研究的序幕也由此拉开。哈宾森和梅耶斯试图从比较研究的视角去“揭示工业增长过程与管理间的密切联系”，其代表作是《工业世界的管理：国际分析》（F. Harbison & A. Meyers，1959）。法默和里奇曼开创性地提出了第一个比较管理理论框架，即所谓的“法默—里奇曼模式”（Farmer & Richman，1964）。汉默在“比较管理理论丛林”一文中通过回顾已有比较管理研究的理论取向，归纳出比较管理的四大学派，并在此基础上提出一个综合的比较管理理论分析框架（Scholl Hammer，1969）。这一阶段比较管理研究的特点是注重建立概念体系、分析框架，探讨各国管理是否具有可选择性、可移植性和互补性。这是比较管理基础理论探究阶段，从50年代到70年代历时约20年之久。

“二战”结束后，日本人在不太长的时期内创造出震惊世界的“经济奇迹”，许多产品处于世界领先地位。到1980年，日本的GDP已跃居世界第三位，仅次于美国和苏联。1974~1980年，日本经济增长率是美国同期的3倍。是什么原因使日本经济出现奇迹？不少美国学者对日本企业的成功之路进行探索，于是出现了比较管理研究历史上的“日本热”。其经典性文献《Z理论》（William G. Ouchi，1981）、《日本的管理艺术》（Richard Pascale，1981）、《公司文化》（Terrence E. Deal and Allan A. Kennedy，1982）以及《成功之路》（彼得斯和沃特曼，1982）被誉为“管理新潮流的四重奏”。这些著作的一个共识是，日本企业的成功得益于日本特有的文化。这一时期经验分析盛行，突出特点是采用案例方法比较日美企业的异同，具有实证性特点。

20世纪90年代以后，“硅谷模式”举世瞩目，比较研究的论著层出不穷，从文化比较到比较制度分析，研究不断深入，越来越深刻、精细。例如，福山先生的专著《信任——社会美德与创造经济繁荣》（Francis Fukuyama，1995）研究了信任结构与企业模式的关系，令人耳目一新，堪称比较文化管理研究的典范。20世纪90年代以后，比较制度分析在美国出现并在比较管理研究中得到应用（Masahiko Aoki，1990，1999）。阿恩特（Arndt，1981）和艾耶（Iye，1997）利用比较制度分析的方法，研究了跨国公司的营销管理战略在不同国家的适应性问题。卡洛里（Calori，1997）等遵循权变的逻辑思路和历史制度主义的分析方法，构造了一个英法管理方式差异的影响因素模型。我们可以把这一时期称为制度主义与多样化阶段。进入21世纪，比较管理研究逐渐趋于平静甚至沉寂下来。

曾经风行多年的比较管理学，为什么会渐趋平静甚至有些沉闷？近年来，为什么许多管理学者对这门学科敬而远之？本文试图对此做出回答。本文认为，比较管理学面临着非常艰巨的学科基础建设任务。更重要的是，建设比较管理学科有助于深刻理解中国的管理实践问题，为寻找具有本土特色的中国管理模式提供依据。管理学界发现，许多根植于欧美的西方管理理论很难解读中国管理实践问题，“因为我们的隐性知识依赖于本土环境，我们不应该简单地假设它（我们的意识，假设）具有普遍性”（波兰尼，1967）。于是，一股管理情境化（Context）研究浪潮在近些年悄然兴起。在我国，许多学者讨论“中国模式”，但管理学家在这场讨论中却少有话语权。为什么？因为管理学家没有发掘出“中国模式”成功的管理元素。然而，“就解释现实世界的经济现象而言，如果将现代管理实践排除在外，如同人体解剖模型只承认骨骼系统而忽视血液循环和神经系统一样，是有问题的”（Amar V. Bhide，2000）。不满于这一现实，一些优秀的学者发起创办“管理学在中国”学术论坛，旨在从活生生的中国管理实践中提炼具有本土特点的管理理论。国家自然基金管理学部编制的下一个五年计划也把基于中国管理实践的理论创新作为主要研究目标，设专项基金资助重点学科群开展研究。所有这些举措都非常重要，问题是，离开了不同国家管理活动的比较分析，怎么能够提炼出具有本国特征的管理理论呢？我们认为，只有在系统地揭示出不同国家管理活动的相同、相似和相异性的基础上，才有可能提炼出中国管理实践的某些特征。因此，三年前，我们便和国内一些学者发起创办了《比较管理》杂志，举办专门的比较管理研讨会，取得了一些成果。在此基础上，又于2012年成立了全国首家国际比较管理研究院。这里，我们将就比较管理学的学科基础建设问题，依次探讨比较管理学的研究对象、学科性质、研究方法以及由此引发的有关管理学科体系的构建问题，以求教于诸位同人，以期引起更广泛的讨论。

一、比较管理缘何成了一门“沉闷的科学”

比较管理（Comparative Management）研究已历50余年，曾经有过辉煌的历史和学术贡献。然而，近年来，作为一门重要的管理分支学科，比较管理学相对地边缘化了。在国际上，研究机构寥寥无几，相关的问题和方法论话题，也很少在著名大学中讲授，比较管理学成了一门“沉闷的科学”。尽管如此，在欧美的大学校园和研究机构中，仍然会捕捉到这朵奇葩散发出的芳香。虽然高潮早已成为过去，但仍有一些教学与研究机构在从事比较管理研究活动。在美国管理学会国际管理分会的主要研究议题中，两个或两个以上国家间的比较管理研究（Comparative Management Studies Involving Two or More Countries）仍然是一个重要的领域。美国管理学会是全美最权威的管理学研究机构之一。毕业于英国剑桥大学的博士 Dr. Alan S. Gutterman，成立了专门的比较管理研究中心（Center for Comparative Management Studies），以从事比较研究工作。在高校，加州大学洛杉矶分校设有专门的比较管理博士项目或专业（International Business and Comparative Management），宾夕法尼亚大学沃顿商学院也开设了相关博士课程。《日本的公司治理》（2007年出版）一书在剑桥刚刚问世不久，领衔的作者是大名鼎鼎的经济学家青木昌彦，另一位作者 Jackson Gregory 就是比较管理学家。

在国内，伴随着20世纪80年代比较管理研究“四重奏”的鸣响。学界曾出现了比较管理教学与研究热潮，教材和专著不断涌现，20世纪90年代末则逐渐归于沉寂。特别是，由于跨文化管理学（Cross-Cultural Management）日益活跃，许多学者改弦易辙搞起了跨文化管理，还有些学者把比较管理和跨文化管理混为一谈。迄今为止的管理学研究，仍然是关于管理一般原理和方法的研究，而对不同情境下管理特征及其影响因素的研究，仅有一些“碎片式”的成果；偶尔也有一些“流星”在空中划过，但缺乏系统的研究成果，更没有形成独立的学科体系、分析范式和框架。从此种意义上说，比较管理的研究还是一个刚刚打开、尚未深入观察的“黑箱”。

比较管理的教学与研究为什么如此沉闷？稍加查考就会发现，这门学科的发展存在“瓶颈”式的障碍。我们知道，考察一门学科能否成立，要看其是否具备如下要素：明确的研究对象与边界；完整的学科体系和独立的科学范畴（或概念系统）；较为成熟的分析范式和科学的研究方法。而比较管理研究的现状如何呢？比较管理的学科基础存在很大问题：①相当一些成果过于简单化和经验化。许多研究只是简单地指出比较对象的异同点，缺乏对原因及过程分析；经验主义的东西比较多，缺乏必要的理论诠释。②研究对象不清晰，研究边界模糊。缺乏高度的抽象、归纳和综合，缺乏独立的科学范畴，因而难以形成完整的学科体系。③研究范式没能确立，方法论开发比较薄弱。这是最具有制约性的问题，这在很大程度上禁锢了学科发展的规范化和科学化。同时，由于该学科所具有的复合型、多科性及复杂性的特点，也导致研究与教学人员望而生畏、敬而远之。因此，迄今为止，比较管理领域的许多问题，诸如，一国的管理特别是企业管理的方式和特点是什么？不同情境下企业管理的异同是什么？是哪些文化和制度因素决定了这种异同？各国企业管理方式根植于何种不同的背景和环境、经历了怎样的演化过程？管理方式与经济发展究竟是什么关系？各国的企业管理方式之间是否具有可选择性、可移植性和互补性？是否存在特定的比较管理分析框架、范式和方法？无论从哪个角度观察和评价，这些问题都还没有得到合理的解释。更何况，实践仍在发展着。

二、比较管理学的研究对象是什么

现有文献对比较管理学的研究对象界定不清。一种观点认为是管理现象。这种说法认为，比较管理学是建立在比较分析基础上的对管理现象进行研究的一门管理学分支。比较管理学研究不同国家（和地区）之间“管理现象”的异同点、模式及其效果，并且研究这些管理现象与文化地域环境因素的关系，进而探讨管理经验和管理模式的可移植性，以达到“博采众长，为我所用”的目的（杨海涛，1988；罗鸿，2000）。我们认为，现象是事物所具有的表征化的、零散的、“碎片性”的特征或元素，不具有统计学意义，不说明事物内部要素之间的联系特别是因果关系，更不能表示事物的本质。因此，现象不能作为一门科学的研究对象，但它可以是科学研究入手的基础。另一种观点认为是管理方式。这里的管理方式是指在某种特定的环境和组织内部条件下，组织管理部门和人员履行管理职能的方式，也可以理解为管理系统的运行方式，包括执行管理职能的观念、价值标准、方法、分析技术等内容（黄群慧，2009）。管理方式在管理活动中具有重要地位，但它不是管理活动的全部，而且仍然具有某些表征化特征，作为研究对象仍然具有明显的局限性，但对我们理解研究对象富有启发性。

还有一种观点认为是管理思想与实践。这种观点认为，比较管理是用比较的方法对本域的管理与异域管理的比较研究，是将两个或以上的处于不同情境中的主体加以对比考察。就中国的比较管理研究而言，一定是将中国情境中的管理思想和实践与中国情境以外的异域管理思想与实践加以对比考察的研究活动（曹德骏，2010）。显然，把两种层面且不同质的范畴放在一起作为研究对象也不合适。

比较管理学的研究对象究竟是什么？从学科分工上看，管理学研究管理的理论层面，比较管理学研究管理的实践层面，但并不是简单研究处于现象层面的管理实践活动，而是要揭示管理现象背后的运作机制，回答是什么因素导致了不同情境下管理活动的差异，进而提炼出不同管理活动的相同、相似和相异性。因此可以说，比较管理的研究对象就是管理机制。这是因为，在科学研究中，具有统计学意义的质量特征值或“典型化事实”是具有规律性的元素，才具有研究意义。而支配管理行为、方式的管理机制更接近“具有统计学意义的质量特征值”范畴。人们不禁要问，为什么不去研究或提炼公理？我们当然也应该从定理(Theorem)、公理（Axiom）的角度去研究问题。问题是，在许多情况下我们不知道定理、公理是什么。那怎么办呢？如果找不到公理性规律，我们就进行简单描述，用现象替代理论？显然不行。艾尔斯特指出，即使找不到公理性规律，我们也可以对研究对象做出解释和说明（Elster，1998）。也就是说，在公理和现象之间还可以有一个解释层次，这个层次就是“机制”(Mechanism)。

“机制”一词源于机械学，意指机器的构造和运作原理，特别是机器在运动中各个部件之间的咬合关系，比如动力装置、传动装置以及制动装置之间的内在联系。生物学和医学通过类比借用此词去指生物机体结构组成部分的相互关系，以及其间发生的各种变化过程的物理、化学性质和相互关系。现在，机制一词已被广泛应用于社会科学研究，泛指系统内部组织结构及运行变化的规律。在任何一个系统中，机制都起着基础性的、根本的作用。在理想状态下，有了良好的机制，甚至可以使一个社会系统接近一个自适应系统（自组织系统），即在外部条件发生不确定变化时，能自动地迅速做出反应，调整原定的策略和措施，实现优化目标。

如果把公理、机制与现象理解为三个层面，机制位于中间层面。我们的研究或我们所要寻找的东西恐怕主要是在这个层面，也就是说，比较管理研究所形成的“理论”应该主要是这种机制理论。默顿在社会学界曾提出一种中层理论(Theories of Middle Range)：“中层理论介于社会系统的一般理论和对细节的详尽描述之间，社会系统的一般理论由于远离特定类型的社会行为、社会组织和社会变迁，而难以解释所观察到的事物，而对细节的详尽描述则完全缺乏一般性的概括。当然中层理论也涉及抽象，但是这些抽象是与观察到的资料密切相关的，是结合在允许进行经验检验的命题之中的。中层理论涉及的是范围有限的社会现象，正像它的名称所表现的一样。”（Robert Merton，2008）这段话多次提及的“社会”一词，显然是指社会学的研究对象，但如果我们把它置换成“管理”或其他领域的观察对象似乎也同样适用。借用默顿的语言，机制理论实际是一种既可以够得着接得上公理又能够避开那些过于琐碎且互不联系的现象的“中层理论”。机制理论更多的是一种非普适性但局部适用的理论。我们可以用“机制”这个“中层理论”来比较、分析、解释各国的管理实践，寻求理论创新。图 1 是罗家德对《Z 理论》一些思想的归纳，可以成为机制理论适用性的一个很好的说明（罗家德，2010）。大内先生所提炼出的日本企业的控制机制不正是我们所要寻找的一种非普适性的但局部（日本）适用的理论吗？

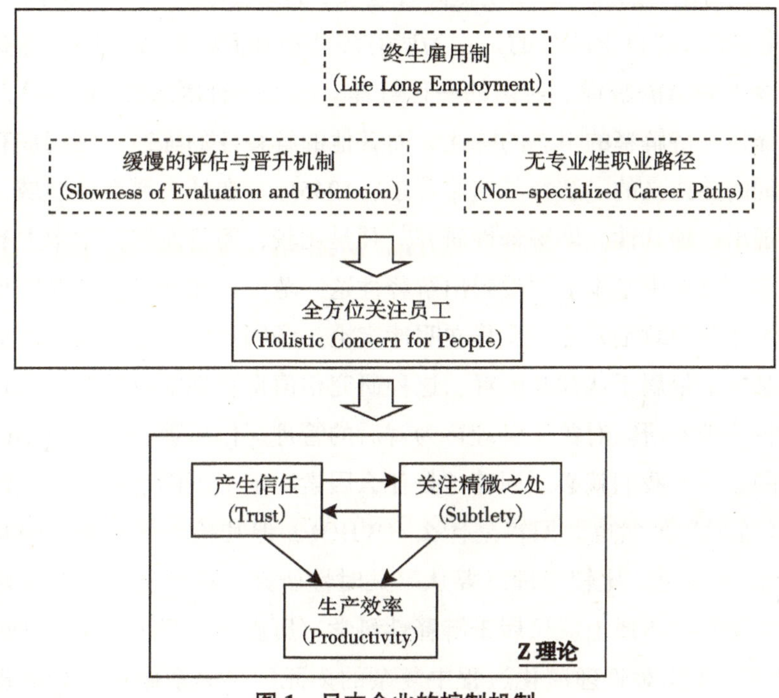

图 1 日本企业的控制机制

三、怎样理解比较管理学的学科性质

科学研究不但要描述可观察的世界，而且要描述隐藏在现象背后的世界。描述可观察的世界可称为“描述性研究”（WHO），相应地，描述隐藏在现象背后的世界，可称为“解释性研究”（WHY）。翻阅国内 20 世纪 90 年代出版的一些《比较管理学》教材，有意无意地把比较管理视为描述性研究，许多内容停留在浅层次的比较或表面的现象堆积上，致使比较管理研究偏离了其发展的轨道，失去了其应有的学术魅力。不难说明，这种简单描述方法根本无法完成比较管理的使命。当然，不是说不需要描述性研究，描述性研究是比较管理研究的重要组成部分，是解释性研究的重要基础和前提。比如大内的《Z 理论》一书，有约一半篇幅在讲述从 A 到 Z 的应用问题。但大内本人很清楚很谨慎，他提醒人们这些"步骤只是供人们讨论的焦点，而不是提高管理水平的'食谱'"（威廉大内，1981）。

波普尔指出，"科学的目的是：为所有那些给我们印象深刻而又需要解释的东西找到令人满意的解释。所谓的一种解释（或是一种因果性的解释），就是指一组用来描述有待解释的事态的陈述，而其他的解释性的陈述，则构成有关'解释'这个词的更狭义的'解释'"（波普尔，1945）。"在社会科学各领域，比较研究似乎呈现出一种共性，即解释性研究。凡是比较，而且能够在学术上有所创见者，在已有的事例中基本上都没超出解释性这一范围。比如，亨廷顿的比较研究著作《变化社会的政治秩序》及其文明冲突论，汤因比的皇皇巨著《历史研究》。这种比较基本上都属于认知和解释，这种研究很值得管理学界借鉴。"（刘文瑞，2009）比较管理的研究对象是管理行为背后的管理运作机理，要比较不同情境下管理活动的异同，我们就必须回答"是什么因素决定了不同情境下管理活动的异同"。比较管理学虽然也要回答是什么（WHO），但其根本任务是要回答为什么（WHY）。换句话说，比较管理既要从事共时性研究，更要从事历时性研究，因此，比较管理学在本质上应该属于解释性科学（历史一诠释性科学）。唯有如此，比较管理研究才能对管理演化过程中复杂的多元因果关系做出深刻的理解和说明。这样，我们对管理模式进行解释性分析，就可能超越"存在"（共时性），进入"过程"（历时性），通过历史的时间长河分析其遗传机制、变异机制和选择机制等，从而对一国管理模式今天为何这样而不是那样做出有说服力的解释。这种解释既有利于人们发现一国管理模式中的特殊经验，也有利于提炼出管理模式中的普适规律。事实上，比较管理学从来没有离开解释和认知，大内的《Z 理论》、戴尔的《伟大的组织者》、钱德勒的《战略与结构》，这些经典的比较研究的成功之作，也都没超出解释性这一学科的性质。

现实生活中还有一类研究，这类研究属于"改造世界"性质的研究，我们姑且把这类研究称为"对策性研究"（HOW）。我们不是不需要对策性研究，问题是，对策性研究的建议往往应该发生在理论解释之后。有许多学者常常不是先找准问题，寻找问题产生的原因，不去探究问题背后的社会环境与结构，不去运用恰当的理论工具和方法对问题进行深度剖析和解释，而是匆匆忙忙地提建议，做对策。这种所谓的“研究”不应该提倡。我们可以看到一些学者的有益提醒：“比较管理学的研究，不在于找出可以引进或者模仿的楷模，而在于通过比较，认识不同模式之间的差异形成机制，提供引进或者模仿的可能性论证。学术研究从来都是解释性的，而不是对策性的。由比较研究直接进入对策研究，很可能不是比较管理学的真正出路。但是，对策研究往往具有现实的吸引力，这值得学界警惕。”

四、比较管理研究可以引入演化分析范式吗

解释性学科必须拥有解释性的分析范式与之匹配，我们才有可能对事物之间纷繁复杂的关系做出深刻的解释和说明。我们刚刚提及共时性（Synchronicity）与历时性（Diachronicity）这一对术语。共时性和历时性相对，是索绪尔提出的对系统的观察研究的两个不同的方向。共时性的一切牵涉到对事物的静态的方面，历时性的一切牵涉到事物的进化方面。共时性方法可以归结为对事物收集整理后在一个时点上进行截面式研究；历时性方法则随着时间从上往下探究或从下往上追溯（索绪尔，1980）。在比较管理研究领域，颇为流行的仍然是“文化分析范式”。比如，人们仍然习惯于采用霍夫斯泰德的文化五维度理论去解读管理问题，特别是跨文化管理问题。这是必要的，但又具有明显的局限性。五维度分析可以解释管理活动中的“文化”现象，可以进行一些管理活动的共时性分析，但在回答诸如一种管理模式的发生、发展和演化这类复杂的问题时，“文化分析范式”就显得有些苍白或空泛。在研究这类复杂问题时，进化生物学和演化经济学为我们提供了科学的分析方法，特别是一些历时性分析的方法。遗憾的是，迄今为止，这种科学方法没有进入比较管理学家的视野。

与功能生物学研究分子工程不同，进化生物学研究物种的演化。遗传、变异和选择是进化生物学的核心范畴。演化经济学同进化生物学一样，始终在提问上致力于历史起源和过程解释，主张比较的、历史的、回溯的方法。霍奇逊指出，生物学将一般性原则（例如分类法和进化规律）与关于特定机制和现象的特殊研究相结合。这就是为什么社会科学必须更接近生物学而不是物理学的

一个原因：生物学具有一个历史（或者演化）特性的问题（G. M. Hodgson，2001）。社会科学家发现：在自然界，人类社会几乎一切组织和复杂系统的演化（Evolution）都必然牵涉到遗传（Inheritance）机制、变异（Variation）机制和选择（Selection）机制，在这些机制共同作用下，当一个“复制体”（Replicating Entity）未能成功完全复制其自身时，达尔文演化（Darwinian Evolution）发生了。因此，生物体的这种进化机制同样适用于社会组织的发展与演进分析。当然，为了避免生物学隐喻和类比引起的学术争议，可以采取一种新的描述方式，它既遵循达尔文主义的基本原则，又充分体现社会经济演化系统的主要特征。比如，有学者提出可以用“扩散、创新和选择机制”替代“遗传、变异和选择机制”（黄凯南，2001）。

比较管理学之所以在相当长的一段时间里几乎成为一门“沉闷的科学”，一个方面的原因就是由于其缺乏有效的分析工具去解释是什么因素导致不同情境的管理特性的形成，这些因素是如何演化从而影响到管理特性的改变。现在，我们欣喜地发现，演化分析方法完全可能“激活”比较管理学，使其从“沉闷”转入“活跃”。在科学研究中，隐喻或类比是一种常见的方法。它是从其他学科引入新的认识论并与本学科杂交产生理论创新的重要途径。它既可以帮助当事人从本专业已“锁定”的思维模式中挣脱出来，又有助于新范式的内核的形成。演化理论中许多重要范畴和理论，对比较管理研究具有非常重要的价值。比如，演化经济学强调事物发生的初始条件与结构、注重分析主体能动性与制度结构的关系、致力于寻找事物发展的基因及发展过程中惯例的特殊作用，以及历史的偶然性和不确定性、累积因果效应、个体群思维方法、路径依赖、互补性等重要理论范畴具有深邃的学术内涵和极大的学术魅力。可以预见，引入演化分析方法会大幅度地改写比较管理学，甚至可能引发一场管理学方法上的革命。

五、是否可以考虑重构管理学科体系

科学研究有不同的进路，一种是唯理的、演绎的或建构的，另一种是经验的、归纳的或演化的。循着不同的科学进路分析，我们会发现当下的管理学科体系存在很大的缺陷。在嵌入比较维度的基础上，我们来尝试构建不同的学科体系。

第一类是演化的管理学科体系。徐淑英曾经对管理知识体系进行过分类。她把管理知识体系分为三个层次：第一层次是针对具体情境的理论或知识；第二层次是受情境制约的理论；第三层次是超越具体情境的具有普遍意义的理论（见图2）（徐淑英，2005）。受徐淑英“管理知识体系”理论的启发，可否将管理学科做另一种分类：第一层次是国别（或情境）管理学，研究“具体或单一情境的管理活动”；第二层次是比较管理学，比较不同情境管理活动；第三层次是一般管理学（演化主义的），研究“超越具体情境的具有普遍意义的，从比较中提炼出来的理论”。

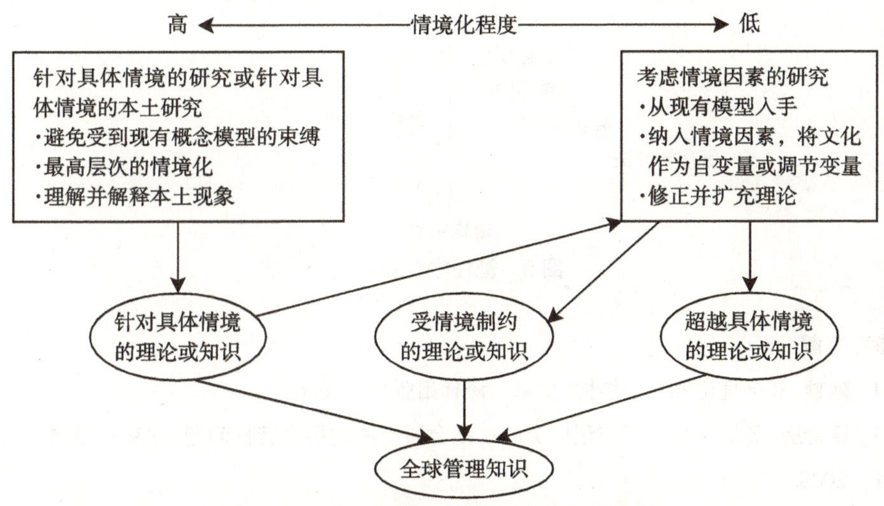

图 2 建立全球管理知识体系的几类研究

按照这种分类，此前的比较管理学更可能是国别（或情境）管理学，主要以描述研究作为主要手段，完成分类研究的基本任务；真正的比较管理研究是在情境分类研究的基础上，对不同情境的管理进行历时性和共时性研究，以解释“是哪些因素影响了不同情境下管理的异同”；一般管理学则从演化主义导向出发在比较研究成果中提炼并抽象出管理的一般规律。

按此标准审视现在流行的西方管理学教科书，我们会发现，这些教科书所提供的管理学原理是在西方文化传统下发展起来的一套管理思想体系，它可能包含“超越具体情境的具有普遍意义的理论”，但是其发挥全部作用的前提是西方的情境。离开了西方情境，就会有相当一部分管理知识失去用武之地。因此，不能笼统地把这种理论定义为普适性理论。

第二类是建构的管理学科体系。也分为三个层次：管理哲学、管理学方法论和一般管理学（建构主义的）。这样，管理学研究就可以循着不同的进路展开并顺势去搭建两类不同的学科体系（见图3）。

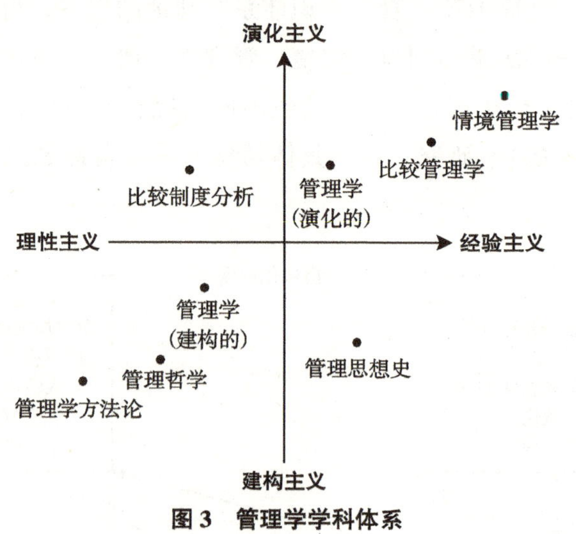

图3　管理学学科体系

参考文献

[1] 默顿. 社会理论和社会结构. 南京：译林出版社，2006.

[2] 霍奇逊. 经济学是如何忘记历史的：社会科学中的历史特性问题. 北京：中国人民大学出版社，2008.

[3] 波普尔. 开放的思想和社会：波普尔思想精粹. 南京：江苏人民出版社，2000.

[4] 威廉·大内. Z理论. 北京：机械工业出版社，2007.

[5] 徐淑英. 科学过程与研究设计，组织与管理研究的实证方法. 北京：北京大学出版社，2008.

[6] 杨虎涛. 演化经济学讲义——方法论与思想史. 北京：科学出版社，2011.

[7] 吕力. 比较管理：共时与历时、说明与理解. 比较管理，2011（1）.

[8] 黄群慧. 比较管理学的春天——比较管理学的研究方法、理论模式及对我国的现实意义. 比较管理，2009（2）.

[9] 刘文瑞. 探寻美日管理模式交融的经典著作——《Z理论》评析. 比较管理，2009（1）.

[10] 罗家德，王竞. 圈子理论——以社会网的视角分析中国人的组织行为. 战略管理，

2010 (1).

[11] 曹德骏等. 我国比较管理研究的学科发展问题. 比较管理，2010 (2).

[12] 黄凯南. 现代演化经济学基础理论研究. 杭州：浙江大学出版社，2010.

[13] 蔡立新. 比较管理的演化分析方法——范畴、意义及应用路径. 比较管理，2010 (1).

（高闯，原载于《比较管理》2012 年第 1 期）

比较管理的研究对象与边界

一、引　言

哈宾森和梅耶斯的奠基性著作《工业世界的管理：国际分析》（Harbison & Meyers，1959）面世后，比较管理研究正式拉开了序幕。作为管理学的一个重要分支，比较管理学引起了学者们的极大兴趣，并得到了快速发展，取得了丰硕的理论成果。在“比较管理理论丛林”一文中，汉默回顾了已有比较管理研究的理论取向，归纳出社会—经济研究法（The Socio-economic Approach）、生态学研究法（The Ecological Approach）、行为研究法（The Behavioral Approach）和折中—经验研究法（The Eclectic-empirical Approach）四大学派，成为比较管理研究的经典之作（Scholl Hammer，1969）。进入20世纪80年代后，在探究日本企业成功秘诀的过程中，学界一度掀起了美日比较管理研究热潮，出现了“管理新潮流的四重奏”——《日本的管理艺术》、《Z理论》、《寻求优势》和《企业文化》。20世纪90年代以后，作为新制度主义的一个主要流派，历史制度主义进入比较管理研究领地，并显示出其特有的学术魅力。

比较管理研究在近40年的时间里曾盛极一时，然而，从90年代后期至今，却逐渐归于沉寂，经典著作和学术论文几如凤毛麟角。特别是在我国，比较管理学这一重要的管理学分支趋于“边缘化”，规范的研究成果寥寥无几。取而代之的是跨文化管理研究的日益繁荣。90年代以来，伴随全球经济一体化趋势的不断加剧和跨国公司的快速发展，诸多学者纷纷改弦易辙，加入到跨文化管理研究的大军当中，甚至还出现过很多将跨文化管理与比较管理混为一谈的有趣现象。

从曾经的繁荣到如今的冷寂，究其根源，就是学术界从一开始就没有对比较管理的研究对象和边界做清晰的界定，以致研究者们乘兴发挥，各执一词。这不仅直接造成了相关学科间的边界模糊，难以形成一个较为完整的比较管理学学科体系，而且严重阻碍了比较管理研究分析范式的构建，最终酿成了比较管理研究停滞不前的尴尬局面。由此，我们深刻地认识到，作为研究基点，比较管理的研究对象和边界的清晰界定，不仅对比较管理学的学科建设、完善和发展具有重要的理论价值，而且对“中国模式”中管理元素的发掘以及“中国管理学派”的形成具有重要的现实意义。基于此，本文尝试借助企业商业模式的概念模型，界定比较管理的研究对象和边界，阐明比较管理研究的性质，为推进比较管理研究廓清方向，奠定理论基石。

二、基于企业商业模式的一般分析框架

之所以选择从企业商业模式的视角来思考比较管理的研究对象、边界与性质问题，是因为它较为直观地反映了企业全部管理活动。而且，作为企业内外部环境交互作用的结果，企业商业模式还清晰地展现了微观、中观和宏观三层界面链接规则。更有意义的是，一种企业商业模式的形成和演进的背后总是蕴藏着一种深刻的具有支配力量的机理。因此，从企业商业模式入手，极大地方便了我们对比较管理研究对象的界定，能够使我们较为直观地观察到比较管理的研究边界，还有助于我们更加清晰地认识了比较管理研究的基本性质。

（一）企业商业模式的概念内涵

杜伯森（Dubbinson，2002）、拉帕（Rappa，2004）和翁君奕（2004）等学者曾对企业商业模式概念进行过讨论，在此基础上，高闯和关鑫（2006）从价值链创新的理论视角创造性地重新诠释了企业商业模式的概念。他们指出，在明确外部假设条件、内部资源和能力（企业被界定在某一产业内）的前提下，企业商业模式是企业价值链的一个函数，并可以将其看做是一种基于价值链创新的企业价值活动，及对这些价值活动所涉及的全体利益方进行优化整合以实现企业超额

利润的有效的制度安排的集合。就本质而言，企业商业模式是对企业全部价值活动的有效整合。

笔者认为，商业模式涵盖了从原材料供应、新产品和新技术开发、企业融资、公司治理、生产运作、人力资源管理、物流管理到市场营销和结算管理等企业的所有价值活动，而这些价值活动在嵌入企业价值系统的过程中，由于同时受到企业内外部环境（包括企业内部微观环境，如企业的基础资源、能力和价值观，中观的产业环境和宏观的政治、经济、文化、技术等环境）的影响，因此，最终以一种具有较为明确的战略意图和可以获取持续竞争优势的结构与制度安排集合方式有机地组合在一起。从这种意义上讲，商业模式涵盖了企业所有的日常管理活动，还是企业内外部环境交互作用所形成的一种相对的均衡状态。

（二）企业商业模式研究的本质

透过企业商业模式的概念，我们似乎还不能一下子就抓住企业商业模式研究的本质，这显然直接影响到我们对比较管理的研究对象、边界与性质问题的界定与解释。因此，本文分别从研究的主体、活动域①和核心问题三个方面揭示企业商业模式研究的本质。

（1）以企业作为研究的主体。顾名思义，企业商业模式研究的主体自然是企业，这就将其他营利组织（私营性质的医疗机构等）、非营利组织（如行业协会、慈善机构及其他各种形式的协会组织等）和政府机构直接排除在外。作为现代经济系统中最具活力的因子，企业的经营理念、运作模式、投资策略、企业文化和社会责任等受到广大研究者的极大关注，有关企业商业模式的研究成为一大热点。同样，比较管理研究所关注的焦点也是企业，而非其他类型和性质的组织。

（2）同时考察企业主体的三大活动域。企业商业模式研究同时关注了由企业所处的微观环境、中观环境和宏观环境所构成的环境系统，并将企业商业模式视为内外环境相互作用下形成的一种相对的均衡状态。其中，企业的微观环境主要是指企业内部的所拥有的资源（各种有形和无形的资源）、能力和企业文化，这三者实际上构成了企业内部环境系统，为企业的各项管理活动提供了必要的基础

① 这里之所以选择使用“活动域”这个名词，是因为在企业所处的环境系统中，微观环境、中观环境和宏观环境分别从不同的方面、以不同的形式限定了企业内、外部的各种活动，即约定了企业的活动边界。因此，活动域可以分为微观活动域、中观活动域和宏观活动域。

保障；中观环境则是指企业所处的产业环境，包括产业吸引力、产业集中度、产业竞争力、进入与退出壁垒和产业生命周期等主要影响因素；宏观环境是指企业外部的政治、经济、文化和技术等大环境。斯科特（Scott，2001）又将前三种宏观环境概括成三种制度因素，或称制度分析的三个维度，即强制性制度环境、规范性制度环境和文化—认知性制度环境。大量研究表明，企业的环境战略屈从于制度约束，企业与制度之间的交互作用是一个动态过程，还是一个不稳定的力量均衡。因此，外部大环境的变化必然会影响到企业商业模式的选择与重塑，而且从长期来看，还会使企业商业模式处于一种不断调适的动态演化过程中。

（3）概念模型与研究的核心问题。根据企业商业模式的概念，可以将其视为是在企业价值导向的驱动下，在三大环境系统共同作用和影响下，企业最基本的价值活动——价值单元按照某些特定规则进行组合形成价值模块，这些价值模块再通过一定的界面规则相互连接，最终组成企业价值系统（如图 1 所示）。从企业整体来看，由于不同价值模块的功能不同，它们之间存在着极强的互补性，而所谓的将不同价值模块进行无缝对接的界面规则，就是这种互补性的最好说明。在动态演进过程中，新的效率更高的价值模块会替代原有的效率较低价值模块，从而实现与其他价值模块的新组合。

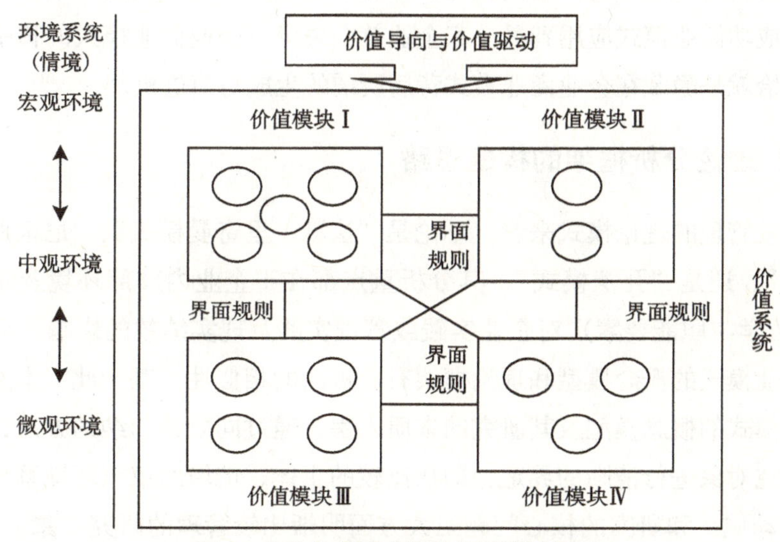

图 1　企业商业模式概念的逻辑抽象图

注：○代表企业价值活动中最小单位，即价值单元。

从企业商业模式的概念模型来看，价值模块进行连接后形成一个庞大的价值系统，在这一过程中，所体现的实际上正是企业不同层面上最基本的管理模式（包括制度和结构两个方面），这些管理模式再有效地黏合在一起，所呈现出来的就是企业商业模式。因此，企业商业模式研究所关注的核心问题不是简单的商业模式形态，而是这种企业商业模式形成与演进背后蕴藏的机理。只有揭示出这种深藏其中的机理，才能够对企业商业模式的生成与演进、造成不同企业商业模式间差异的根源，以及企业商业模式移植等问题有更为深刻和系统的认知与解释。

企业商业模式的生成与演进显示出来的不仅仅是一种直观的现象，更重要的是现象背后所隐藏的深刻机理。企业商业模式可能在一段时间内保持相对稳定，但在经济租金的驱动下，在外部经济、政治、文化和技术环境及产业环境的影响下，在企业内部资源和能力等条件的约束下，企业商业模式会不断地发生动态演进。

由此可见，在企业商业模式形成与演进的过程中，研究者们更为关注的并非是企业由一种商业模式向另一种商业模式的简单转变，也不是哪种商业模式更成功，而是究竟哪些关键影响因素影响和决定了企业商业模式的转变，它们对企业商业模式的作用机制如何，它们决定了企业商业模式怎样的演进方向，为何将一家企业的成功商业模式应用到另一家企业就会失灵（企业商业模式的移植问题）。而这些恰恰就是隐藏在企业商业模式背后所谓的生成与演进机理。

（三）理论分析框架的构建思路

从比较管理的理论模式来看，不论是“法默—里奇曼模式”、“尼根西—埃斯塔芬模式”，还是“孔茨模式”，其分析重点都在于企业内外部环境及管理要素（如管理哲学与职能要素）对企业实践或管理实践及现实绩效的影响，而这恰恰与企业商业模式的概念模型和理论框架有着极高的相似性。基于此，本文尝试从企业商业模式的概念模型及其研究的本质入手，通过同质性归纳的方法，对比较管理的研究对象进行清晰的界定，即从比较的主体、情境约束（环境系统或三个层面的活动域）和研究的核心问题三大方面明晰比较管理的研究对象。紧接着，仍是在企业商业模式的概念模型下，通过对多重环境要素约束下企业的基本管理模式及其组合的有限列举，框定比较管理研究的概念边界和理论边界。最后，依照本文的研究脉络，在对前两者进行清晰界定的基础上，对比较管理研究的性质（比较管理研究的解释性及其现实意义）加以说明，从而使我们对比较管理研究有更加深刻的认识和理解。

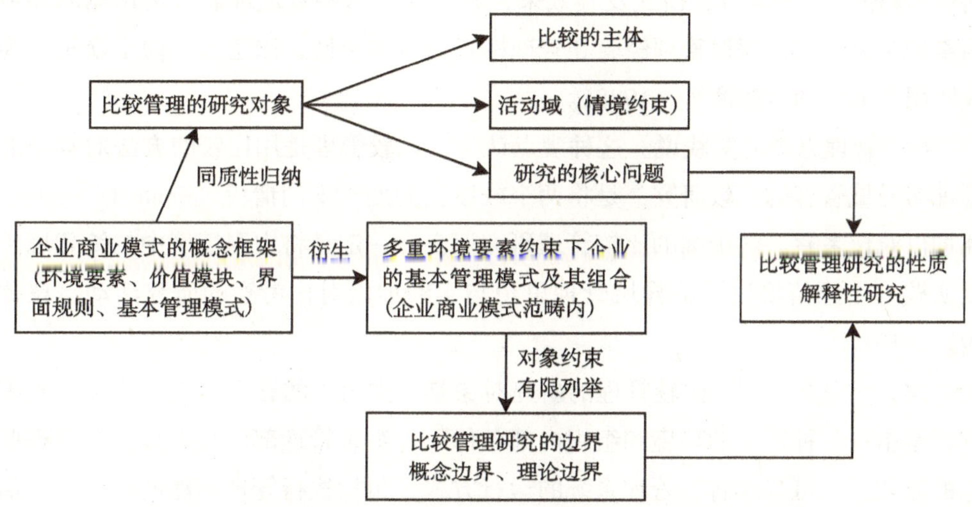

图 2　企业商业模式概念框架下比较管理研究的一般分析思路

三、比较管理的研究对象

（一）现有的几种观点及其评述

比较管理研究之所以会出现由盛而衰的演进轨迹，一个最根本的原因就在于对比较管理的研究对象界定不清，学术界也难以形成统一的认识，致使研究者们各自为政，分庭抗礼。目前，关于比较管理的研究对象主要有以下四种诠释：

（1）重合说。顾名思义，这种观点认为比较管理的研究对象与管理学的研究对象一致。作为管理学的一个重要分支，比较管理学脱胎于管理学，因此，其研究对象与其母学科管理学的研究对象是一致的。诚如管理学的研究对象是管理活动的基本原理、方法与实务，比较管理学的研究对象也是管理活动的基本原理、方法与实务。二者间所不同的是，比较管理学在研究这些问题时采用了比较分析方法，并把它作为本学科的基本研究方法。

(2) 管理现象说。这种观点认为，比较管理学是建立在比较分析基础上的对管理现象进行研究的一门管理学分支。比较管理学研究不同国家（和地区）之间“管理现象”的异同点、模式及其效果，并且研究这些管理现象与文化地域环境因素的关系，进而探讨管理经验和管理模式的可移植性，以达到“博采众长，为我所用”的目的（杨海涛，1988）。

(3) 管理思想与实践说。这种观点认为，比较管理是用比较的方法对本域的管理与异域管理的比较研究，是将两个或以上的处于不同情境（Context）中的主体加以对比考察。就中国的比较管理研究而言，一定是将中国情境中的管理思想及实践与中国情境以外的异域管理思想与实践加以对比考察的研究活动（曹德骏，2010）。

(4) 管理方式说。比较管理的研究对象是各类组织的管理方式。这里的管理方式是指在某种特定的环境和组织内部条件下，组织管理部门和人员履行管理职能的方式，也可以理解为管理系统的运行方式，包括执行管理职能的观念、价值标准、方法、分析技术等内容（黄群慧，2009）。

重合说实质上是简单地把“比较分析”嵌入管理学的概念范畴上，没有从本质上对两者进行明确的区分，更谈不上对比较管理研究对象的准确界定，而且还忽视了处于不同层面的管理理论与管理实践之间的区别。因而，致使比较管理研究者虽然言必及管理，但却只是停留在不同国家和地区间企业管理活动表面的比较，抓不到比较管理的本质。管理现象说、管理思想与实践说、管理方式说在很大程度上都是受到“法默—里奇曼模式”、“尼根西—埃斯塔芬模式”和“孔茨模式”的影响，致使研究者仅仅看到了管理系统表层现象化的要素，而忽视了深藏其中的管理机理。通常具有统计学意义的质量特征值或典型化事实才能成为具有规律性的元素，才具有研究意义。以上四种观点分别把管理活动、管理现象、管理实践和管理方式作为比较管理的研究对象，而活动、现象、实践、方式的总量中包含着许多不具有统计学意义的零散的、“碎片式”的元素。因此，它们对比较管理研究对象的认知是表面化或表层化的，没有看到比较管理研究的本质。比较而言，支配管理行为和方式的管理机制或管理机理更接近“具有统计学意义的质量特征值”范畴，应该作为比较管理的研究对象。

（二）比较管理研究对象范畴的系统诠释

借用企业商业模式的概念模型，笔者认为，比较管理的研究对象可以从三个层次来界定。首先，比较管理以企业作为比较的主体，这一点与企业商业模式研究是一致的。其次，比较管理高度关注企业的三大活动域，特别是这三大活动域或环境系统通过要素提取、空间交叉和有序排列最终凝结而成的“管理情境”。[①]最后，在明确研究主体与管理情境的前提下，即不同的管理情境下，比较管理所关注的是企业间管理[②]的显著差异及其影响因素与形成机理，而其中的核心问题就是“不同的管理情境下，企业间管理模式显著差异的形成机理”。比较管理研究的核心问题其实就是比较管理这一学科所要论证的普适性命题。这一命题区分了其他学科与比较管理研究的问题与范围，高度凝炼了比较管理研究这个学科的基本假设、主要研究方面和重点所在。这一界定可以抓住比较管理研究的各种问题的基础与根本，并努力探索和寻求所研究的各种问题的终极解释。

通过这三个层次的界定，可以直观地看出，比较管理研究的绝不仅仅是实践层面的企业管理活动，而是致力于寻求“不同情境下企业管理模式为何出现差异”的理论解释，也就是所谓的理论层面上的企业管理模式的生成与演进机理。

笔者由此将比较管理学定义为：比较管理学是从比较分析的视角研究不同环境系统中（不同国家或地区的宏观环境、中观环境和微观环境中）企业的管理模式、运行机制及其内在规律性，揭示不同国家或地区企业管理模式的基本特征、生成与演进机理，破解其一般演化规律，探寻不同国家或地区企业管理与经济增长之间的关系，为不同国家或地区企业管理的相互借鉴与移植提供可能性论证和理论依据。从此种意义上说，比较管理学又可称为比较企业管理学。

---

① 笔者认为，这种情境实际上就是企业内外部环境（微观环境、中观环境和宏观环境）要素按照一定的规则组合在一起形成的一个集合体。管理情境的概念可以等同于整个环境系统，是由三大活动域组合而成的。

② 此处所言之管理，不是简单的管理现象、管理活动和管理方式，而是在企业商业模式概念模型下，局部价值模块有序排列组合形成的基本管理模式及这些基本管理模式的不同组合。换言之，比较管理所研究的是企业的管理模式，只不过这种管理模式有整体和局部之分。

四、比较管理的概念边界

如何界定比较管理的研究边界？换句话说，究竟什么样的管理研究才属于比较管理的范畴？根据本文的研究逻辑，笔者借助企业商业模式概念模型和一般分析框架，分别从实践与理论两个方面入手，从概念边界和理论边界两个方面界定比较管理的研究边界。首先看比较管理的概念边界。

比较管理研究作为一门独立的学科具有两个基本特征：一是跨越性，二是对比性。跨越性是指在两个以上的独立情境（Context）中展开的比较研究。跨越性既包括空间的跨越，也包括时间的跨越。空间的跨越是不同对象的共时性对比，时间的跨越是对比较对象的形成与演化机制的一种历时性的对比。对比性则是指对具有相同性和相似性内容的管理活动（如对不同情境企业间的战略、人力资源管理、市场营销等活动）所进行的比较研究。

按照比较管理研究的基本特征，根据企业及其管理情境的匹配类型，可以将比较管理研究分为单一企业的跨域管理比较、不同地区单一企业间管理比较、同一地区不同国家企业间管理比较和不同地区企业群体间管理比较四种基本类型（如图 3 所示）。

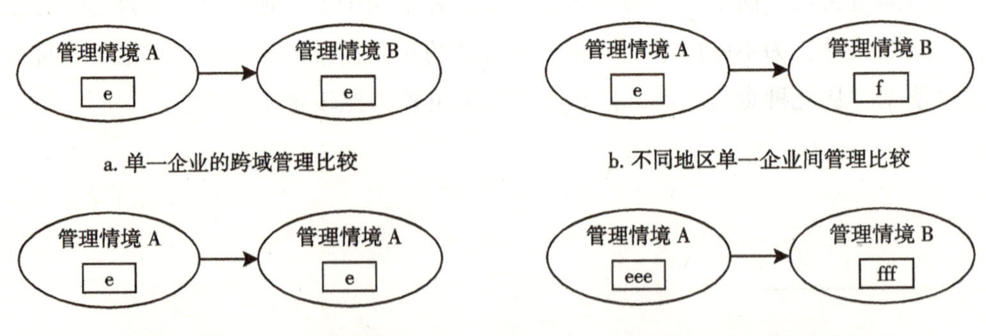

图 3　比较管理研究的四种基本类型

注：e、f、h 分别代表单一企业个体，eee 代表管理情境 A 中的企业群体，fff 代表管理情境 B 中的企业群体。另外，图中对管理情境异同的约束条件是，在企业内部环境异质性假设前提下，如果具有可比性的两个企业处的外部环境系统相似，即可认为具有相同的管理情境，否则具有不同的管理情境。

（一）单一企业的跨域管理比较

这一类型的比较管理研究的主体是同一企业，但是这一企业所处的管理情境是不同的。根据造成管理情境不同的原因，又可以将这种基本类型分为两种一般形式：一种是单一企业跨时间演进脉络研究，这是由于企业在时间序列上不断演进而导致管理情境相应的变化，进而造成企业在不同时间跨度下管理模式乃至企业商业模式间的差异。这种一般形式的研究重点是通过不同时间维度下企业管理模式及活动域的对比旨在揭示特定区位的单一企业管理模式乃至企业商业模式的生成与演进机理。另一种是单一企业跨时空管理比较，这是由于企业跨区域经营造成的活动域的相应变化，并由此引起企业在不同时空管理模式间的差异。这种一般形式的研究重点则是通过不同时空下企业管理模式及活动域的对比旨在揭示单一企业在不同地理空间上管理模式乃至企业商业模式的变革与演进机理。

（二）不同地区单一企业间管理比较

这一类型的比较管理研究与前一种类型的第二种一般形式有些相似，不同的是比较的主体不是同一企业，而是两个处于不同地理空间上的企业。也恰恰是由于这种地理空间及其造成的诸多差异，才导致两个企业各自管理情境的差异，并最终造成企业管理模式乃至企业商业模式及其演进轨迹的不同。因此，这一类型的比较管理研究旨在通过对企业管理模式与活动域差异的比较分析，揭示出造成企业管理模式差异的关键因素，并对这些关键因素的作用机理及企业管理模式乃至企业商业模式的演进机理进行系统解释。

（三）同一地区不同国家企业间管理比较

这一类型的比较管理研究的主体是处于同一地区的不同国家企业。由于所处同一地理区位，企业的外部宏观环境和中观环境是相似或相同的，即假设它们所处的管理情境是相同的。而区别在于企业内部差异，特别是由于国别差异所造成的先天的管理思想、价值观、宗教信仰、风俗习惯等，所以，尽管它们处于相同的外部环境系统中，企业管理模式乃至企业商业模式却大相迥异。这一类型的比较管理研究重心是通过对同一地区企业间由于“国别差异”造成的重要差异进行比较分析，旨在揭示不同国别企业的内部关键差别要素对企业管理模式乃至企业商业模式的作用机制，以及一般演进机理。

（四）不同地区企业群体间管理比较

这一类型的比较管理研究是一种学者们最为普遍认同的，也是最为典型的一种比较管理研究。通常学术界对比较管理的认知大都局限在这一类型。之所以称为企业群体间管理比较，是因为单一企业间可能因个体差异而导致存在诸多难以限定的差异，而处于同一地区或国家的诸多企业因具有相同或相似的经济与文化制度背景，在管理模式乃至企业商业模式上存在诸多共性或共同特色、共同成功之处，而这些共性的交集就构成这一特定地区或国家中企业特有的管理模式。这一类型的比较管理研究旨在分析不同国家或地区（两个或两个以上地区间必然在宏观和中观环境上存在显著差异）之间政治、经济、文化和社会等环境差异对企业一般管理模式乃至企业商业模式的影响，进而揭示企业管理模式的生成与演进机理。

这四种基本类型都属于比较管理的范畴，研究的核心问题都是“不同的管理情境下，企业间管理模式的显著差异、影响因素、形成及演进机理”，因此，它们集合在一起，实际上就构成了比较管理研究的概念边界。不论是单一企业的跨域管理比较，还是不同地区企业群体间管理比较，尽管它们的研究重心略有差异，但是对比较管理理论体系的完善和发展，以及加快企业绩效的有效提升和促进区域经济的快速发展，都有着极为重要的理论价值和现实意义。

五、比较管理的理论边界

从企业商业模式的生成过程来看，它受到了企业内外部诸多要素持续的共同作用。其中，既包括企业外部的制度要素和其他要素（如宏观的技术环境要素和中观产业结构要素等），也包括企业内部的资源基础、能力要素（建立在资源基础之上的关键能力）、企业文化（特别是核心价值观，以及由此形成的内部氛围）和内部结构（基于资源基础和能力要素）。企业的基本管理模式以及在此基础上按照不同界面规则形成的基本管理模式组合，乃至于整体的企业商业模式，都是在这些内外部要素作用之下形成的。因此，笔者分别从理论解释和模式比较两个角度对比较管理研究的理论边界加以界定。①

（一）环境要素边界下对企业管理模式生成与演进的理论解释

从内外环境要素的角度对企业管理模式的生成与演进进行系统而深刻的理论解释，并由此形成不同的理论派系，实际上就是对比较管理研究的核心问题的一般诠释。企业内外部环境要素的差异、变化及其不同组合构成了所谓的“不同的管理情境”，这些要素对企业管理模式的作用机理和实际影响，就是造成企业间管理存在显著差异的关键原因，在内外部环境要素的影响下，企业管理模式乃至商业模式的生成与演进必然会呈现一定的规律性，即其中的内在机理。

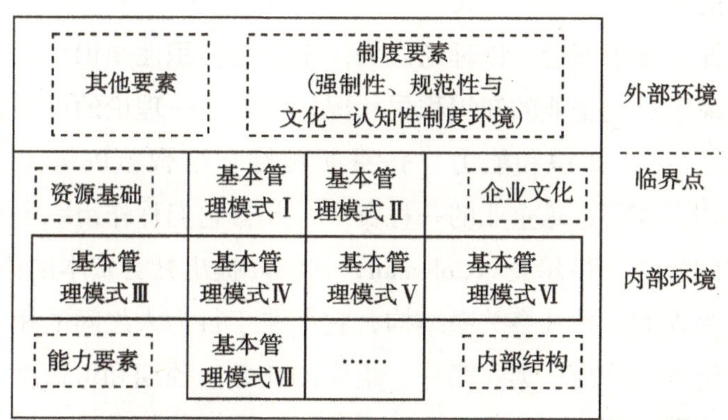

图4　企业商业模式概念框架下比较管理研究的理论边界抽象图

按照影响因素的类型及其作用层面可以将现有的理论解释分为以下三大流派：

（1）能力流派：基于资源基础与企业能力②差异的理论解释。这一流派将企业看成一个不同能力的集合体，在假定企业外部环境要素不变的前提下，企业管理活动及其管理模式主要受企业内部资源基础和能力的影响。但是，由于对企业能力认知视角不同，形成了几种不同的理论和观点：

① 虽然划分的角度有所不同，但是这两个角度下的比较管理研究还是有很多相同之处，这是由比较管理研究的核心问题所决定的。

② 笔者认为，企业能力可以概括为企业拥有的各种经济与社会资源（资金、设备、技术、信息和社会资本等）的总和。通过对这些资源的高效利用，特别是经过长期的学习与知识积累，才能够形成企业核心能力，进而获得其他企业难以模仿的核心竞争力。企业能力包括在企业经济与社会资源支撑下的技术创新能力（T）、管理能力（M）、资本运作能力（C）和社会关系资本（S）等。

第一种是资源基础理论。该理论认为，企业具有不同的有形的和无形的资源，这些资源可转变为独特的能力，是企业持久竞争优势的源泉。如彭罗斯（Penrose，1959）所言，企业本质是一个管理性生产组织，管理资源是企业进行专业化生产活动的关键性要素。因而，稀缺的管理资源是企业规模和扩张的最重要限制因素。在现有管理资源的约束下，企业的过度扩张会导致企业生产效率的降低。

第二种是核心能力理论。这一理论的代表人物普拉哈拉德和哈梅尔（Prahalad and Hamel，1990）首先提出核心能力的概念，并把企业的核心能力界定为组织中的累积性学识，特别是关于怎样协调各种生产技能和整合各种技术的学识。企业核心能力是企业所拥有的各种技能、能力的综合，是企业在竞争中获得领先地位的关键性能力。

第三种是知识基础理论。该理论认为，企业是累积性知识与能力的载体，对未来的把握取决于特定企业的知识积累状况。支持这一理论的许多学者把企业的核心能力概括为核心知识和能力。普雷斯科特和维舍（Prescott and Visscher，1980）认为，知识和信息是企业的一种资产，并将它们称作组织资本，知识和信息是组织资本的源泉。科尔曼（Coleman，1988）提出社会资本的概念，并指出，社会资本是行为人的一种社会关系结构，它存在于行为人之间的相互关系中。他进一步将社会资本划分为三类：第一，组织的任务、预期和可信度；第二，有效的评价和奖惩体系；第三，沟通信息的渠道。可见，信任是社会资本必不可少的组成部分，包括组织内成员间的相互信任、组织成员与组织外部或社会成员间的相互信任。从企业组织角度看，社会资本属于共同知识的一部分，即作为价值前提的共同知识。

（2）文化流派：基于文化差异的理论解释。文化流派是在其他环境因素影响确定的前提假设下，从企业外部文化和企业文化两个维度解释不同管理情境中企业管理模式差异的成因及其演进机理。这一流派对比较管理研究的发展具有非常重要的贡献，同时，也是理论成果最为丰富的一个流派。

按照对文化要素进行划分与测度的标准和维度的不同，到目前为止，文化流派已经形成了15个理论分析框架，如克拉克洪和斯乔贝克框架（Kluckhohn and Strodtbeck，1961）、爱德华·霍尔框架（Hall Edward.，1976）、泰普斯特框架（Terpstra，1978）、霍夫斯泰德框架（Hofstede，1980，2001）、大内框架（Ouchi，

1981)、罗兰和申卡框架（Renen and Shenkar，1985)、奈斯框架（Nath，1988)、特罗普纳框架（Trompenaars，1993)、孔茨—韦里克框架（Koontz and Weihrich，1993)、卡路里—屋特框架（Calori and Woot，1994)、吉伦框架（Gullen，1994)、文迪·霍尔框架（Hall·Wendy，1995)、利普托特框架（Leaptrott，1996)、沃纳框架（Warner，1996，2002)、盖斯特兰德框架（Gesteland，2003)。这些理论成果还被广泛地应用于跨文化管理的研究中。

（3）制度流派：基于制度因素差异的理论解释。诺斯（North，1990）在《制度、制度变迁与经济绩效》一书中将制度界定为“一个社会的博弈规则，或者更规范一点说，它们是一些人为痕迹的、型塑人们互动关系的约束”。制度由三个基本部分构成，即正式制度、非正式的约束（行为规范、惯例和自我限定的行事准则）以及它们的实施特征。他认为，制度界定并限定了个人或企业的选择集。制度包括人类所发明和设计的型塑人们互动活动的所有约束。制度流派所强调的是，在特定背景下，周遭各个系统和各种社会制度（政治、经济、社会和文化等）对组织的影响，这些影响以极为微妙且普遍存在的方式型塑社会和组织的认知和行为。

按照分析特征的不同，制度流派中存在着两大理论分析体系，其中一个是以诺斯和斯科特（Scott）为代表的制度理论，另一个则是以青木昌彦为代表的比较制度分析。诺斯（1990）强调，人们过去做出的选择决定了他们现在可能的选择。他认为，沿着既定的路径，经济和政治制度的变迁可能进入良性循环的轨道并迅速优化，也可能顺着原来的错误路径往下滑，甚至锁定在无效率的状态之下。由此，利用“路径依赖”理论可以很好地解释企业管理模式的历史演化；比较制度分析则是在同时关注制度“路径依赖性”和“战略性互补”的基础上，运用进化博弈论分析方法，分析以“适应性进化”为基础的社会制度的活力，进而解释一个国家经济体制的形成、转变与革新。

（二）企业商业模式边界下对企业管理模式的比较分析

企业商业模式实质上是企业全体价值活动的一种有效组合，因此，自外而内可以将其视作是一个多重结构的有机体。显示出来的最外一层是作为整体的企业商业模式，由此向内，分别是企业各职能管理模式、构成职能管理模式的基本管理模式局部组合、基本管理模式、构成基本管理模式的价值模块局部组合、价值模块、构成价值模块的价值单元局部组合和价值单元。企业商业模式虽然处于最外层，但由于其作为诸多职能管理模式的集合体，对它直接进行比较分析还是有相当的难度。因此，研究者们往往选择的是对企业职能管理模式进行比较分析。

从模式比较的角度来看，按照企业职能模块可以将比较管理研究划分为比较公司治理（包括企业内部公司治理的比较分析和企业网络组织治理的比较分析）、比较战略管理、比较运营管理、比较创新管理、比较人力资源管理和比较营销管理等。

研究者的触角虽然早已触及这些领域，然而到目前为止，尚未对这些职能比较管理全部进行准确界定。其中只有少数几种因作为研究热点而受到高度关注，进而形成了相对较为系统的理论框架，如比较营销管理。巴特尔斯（Bartels，1963）最早提出比较营销的观点，他认为，"营销中假定的普遍原理之所以要理解为是相对的，是因为随着世界空间的不断缩小，人们认识到了作为社会构造的营销系统具有固有特性。关于世界各市场以及营销的比较应该成为今后营销思想发展的主题"。他的营销理论坚持了"环境主义"，他反复论述环境对营销系统和组织发展的作用，特别是论述了环境与营销实务之间的关系。孙明贵和张莹（2009）通过对现有相关文献的系统梳理，将比较营销研究分为营销制度与活动、环境条件、消费者行为、方法论研究和构筑比较营销研究的概念框架五个问题领域。按照本文的界定，比较营销管理实际上就是对处于"不同营销情境下"企业的营销系统和营销模式之间存在的显著差异进行比较分析，进而构建系统的理论分析框架，全面地、客观地揭示其生成与演进机理，为市场营销实践提供必要的理论支持。其他职能比较管理也可按照这一逻辑进行相应界定。

刘文瑞（2009）指出，事实上，在社会科学各领域，比较研究似乎呈现一种共性，即解释性研究。凡是比较，而且能够在学术上有所创见者，在已有的事例中基本上都没超出解释性这一范围。通过本文对比较管理的研究对象和研究边界的重新界定，尤其是比较管理研究的理论边界，不难看出，比较管理就是一种典型的解释性研究。它虽然也要回答"是什么"，但其根本任务是要回答"为什么"。要揭示管理行为和管理模式背后所蕴藏的管理运作机理，要回答"究竟是什么因素决定了不同情境下管理的异同"，比较管理既要从事共时性研究，更要从事历时性研究。这种解释性研究，就是要对管理模式进行解释性说明，应当超越"存在"，进入"过程"，通过历史长河分析其承袭机制、选择机制和变异机制等，从而可以更好地解释一国或一个地区企业管理模式今天为何是这样而不是那样的。这种解释既有利于人们发现一国或一个地区企业管理模式中的特殊经验，也有利于发现管理模式中的普适规律。

六、结　语

（一）研究结论

本文通过对国内外比较管理研究经典文献的回顾与系统梳理，明晰了比较管理研究的发展脉络，同时也发现比较管理研究之所以由曾经的盛极一时到逐渐归于沉寂，以致不断被边缘化，其根源就在于理论界忽视了对于比较管理的研究对象和边界的清晰界定。基于此，笔者尝试运用企业商业模式的概念模型分别从比较的主体、活动域和研究的核心问题三个维度对比较管理的研究对象进行界定，并根据比较管理研究的基本特征和"不同情境"约束，分别从概念边界和理论边界两个方面对比较管理研究的边界进行较为全面系统地阐释。通过研究，得到以下重要结论：

（1）在明确研究主体与管理情境的前提下，比较管理研究所关注的核心问题就是"不同的管理情境下，企业间管理模式显著差异的形成机理"。比较管理研究或比较管理学就是从比较分析的视角研究不同活动域中（不同国家或地区）企业的管理模式、运行机制及其内在规律性，揭示不同国家或地区企业管理模式的基本特征、生成与演进机理，破解其一般演化规律，探寻不同国家或地区企业管理与经济增长之间的关系，为不同国家或地区企业管理的相互借鉴与移植提供可能性论证和理论依据。

（2）比较管理的研究边界包括了概念边界和理论边界。从概念边界来看，并严格依据比较管理研究的两个基本特征，比较管理研究包含了单一企业的跨域管理比较、不同地区单一企业间管理比较、同一地区不同国家企业间管理比较和不同地区企业群体间管理比较四种基本类型。从理论边界来看，按照企业内外部环境要素的不同组合，可以将比较管理研究划分为能力流派、文化流派和制度流派，按照企业职能管理模式的差异，又可以分为不同的职能比较管理研究。

(3) 比较管理研究是一种典型的解释性研究，解释性才是比较管理研究的性质。比较管理研究的本质就是“通过对不同管理情境下企业间管理的显著差异进行比较分析，揭示造成这种显著差异的关键因素及其作用机制，进而系统解释企业管理模式的生成与演进机理”。

（二）理论价值

大到一个学科的发展，小到一种理论的构建，都离不开对其研究对象和边界的明确界定。可以说，这些基础界定就如同理论大厦的地基，如果地基不牢固，即使再华美的摩天大楼也会轰然倒塌。在比较管理研究史上，本文首次对比较管理的研究对象、边界与性质进行系统界定和阐述，这将有助于深化对比较管理基本范畴的研究和共识，拓宽比较管理研究的“共同话语系统”，促进比较管理一般分析范式的构建，为比较管理理论体系的不断完善和发展奠定坚实的理论基础。

（三）研究局限与未来研究方向

限于篇幅，本文在阐释比较管理理论边界的过程中，很难对比较管理研究的每一种类型逐一详细并进行系统的评论，这会影响读者对比较管理理论流派的深刻理解。当然，这不会影响本文的结构框架和理论体系的完整性。本文独辟蹊径，从企业商业模式的视角界定和诠释比较管理的研究对象、边界与性质，虽然是初步的，但无疑是一个有益的尝试，完全有可能为后续研究奠定理论基础并指明方向。在后续研究中，笔者将继续通过对比较管理理论边界的深度挖掘，系统梳理和评述已有理论流派和分析框架，在此基础上努力构建比较管理的一般分析范式，为比较管理理论体系的不断完善和发展做出更大的贡献。

参考文献

[1] Ajiferuke. M., and J. Boddewyn. Culture and Other Explanatory Variables in Comparative Management Studies [J]. Academy of Management Journal, 1979, 6: 153-163.

[2] Ajiferuke, Musbau; Boddewyn, J.. Socioeconomic Indicators in Comparative Management

[J]. Administrative Science Quarterly，Dec.，1970，15（4）：453–458.

[3] Barksdale H. C. and Anderson M.L. Comparative Marketing：A Review of the Literature [J]. Journal of Macro–marketing，1982，2（1）.

[4] Farmer，Richard N.，Richman，Barry M. A Model for Research in Comparative Management [J]. California Management Review，1964，7（2）：55–68.

[5] Kelley，Lane；Worthley，Reginald. The Role of Culture in Comparative Management：A Cross–Cultural Perspective [J]. Academy of Management Journal，1981，Mar. Vol. 24 Issue 1，164–173.

[6] Negandhi，Anant R. Comparative Management and an Open System Theory [J]. Academy of Management Journal. Briarcliff Manor，1970，Aug.150.

[7] Negandhi，Anant R. Comparative Management and Organization Theory：A Marriage Needed [J]. Academy of Management Journal，1975，Jun. Vol. 18 Issue 2，334–344.

[8] Perrow，C. A framework for the Comparative Analysis of Organizations [J]. American Sociological Review，1967（25）：194–208.

[9] Ronen，Simcha；Shenkar，Oded. Clustering Countries on Attitudinal Dimensions：A Review and Synthesis [J]. Academy of Management Review，1985，Jul.，Vol. 10 Issue 3，435–454.

[10] Schollhammer，H. The Comparative Management Theory Jungle [J]. Academy of Management Journal，1969，12.

[11] [英] 道格拉斯·诺斯. 制度、制度变迁与经济绩效 [M]. 杭行译. 韦森译审. 上海：格致出版社、上海三联书店、上海人民出版社，2008.

[12] [日] 青木昌彦. 比较制度分析 [M]. 周黎安译. 上海：上海远东出版社，2001.

[13] 曹德骏. 比较管理学科的发展问题 [J]. 比较管理，2010（2）.

[14] 高闯，关鑫. 企业商业模式创新的实现方式与演进过程——一种基于价值链创新的理论解释 [J]. 中国工业经济，2006（11）.

[15] 黄群慧. 比较管理学的春天——比较管理学的研究方法、理论模式及对我国的现实意义 [J]. 比较管理，2009（2）.

[16] 刘文瑞. 探寻美日管理模式交融的经典著作——《Z 理论》评析 [J]. 比较管理，2009（1）.

[17] 拓向阳. 国外比较管理学的发展与流派. 外国经济与管理，1985（7）.

[18] 杨海涛. 比较管理学导论 [M]. 南昌：江西人民出版社，1988.

（高闯、关鑫，原载于《中国工业经济》2010 年第 12 期）

比较管理研究范式的完善与发展

一、引　言

比较管理理论产生于20世纪50年代，其后得到快速发展。60年代形成了比较管理理论丛林，从概念体系上初步建立了比较管理的理论模式。70~80年代，随着日本经济的崛起，比较管理研究掀起了"日本热"，涌现出以《Z理论》、《日本的管理艺术》、《公司文化》、《成功之路》等"管理新潮流的四重奏"为代表的一系列论著，这些著作围绕日美企业管理的异同进行了深入的比较分析，拓宽了比较管理的研究视角，将比较管理研究推向了高潮。90年代以来，比较管理研究虽然在文化与制度等领域得到进一步拓展，但总体上研究成果较为稀缺，学科发展进入一个较沉寂的时期。

比较管理学近年来的停滞不前，原因是多方面的，其中一个重要的原因是，学者们对比较管理的研究范式缺乏统一的认识，致使相关研究无法在共同的逻辑框架下展开，无法准确地进行自我定位，从而无法有效地整合到比较管理理论体系中，相关研究对比较管理发展的贡献就大打折扣。近年来，一些学者也尝试对比较管理的分析范式进行综合（黄群慧，2009；王雪梅，2010），然而相关研究对比较管理理论体系的阐述不够深刻，未能形成广泛的共识。事实上，60年代发展起来的经典比较管理理论模式已经为比较管理研究的逻辑体系勾画了基本的框架，只是后来的一些研究成果忽视了与此的关联，导致无法形成合力。

当然由于提出年代较早，经典比较管理研究范式略显粗糙，还存在诸多的不足。本文尝试对经典比较管理研究范式进行总结、梳理，在此基础上，结合经济管理理论与实践的新发展对其进行改进和完善，以求形成一个较系统的比较管理研究范式，为夯实比较管理的学科基础进行一些积极的探索。

二、比较管理的研究对象与研究范式

（一）比较管理的研究对象

探讨比较管理的研究范式，首先应明确比较管理的研究对象。关于比较管理的研究对象，学者们的认识并不一致，高闯和关鑫（2010）将不同学者的观点概括为四类：①重合说，即比较管理的研究对象与管理学的研究对象重合，研究管理活动的基本原理与普遍规律。②管理现象说，即研究不同国家或地区之间“管理现象”的异同点、模式及其效果。③管理思想与实践说，即研究对比不同情境中的管理思想与实践。④管理方式说，即各类组织履行管理职能的方式。他们认为，一方面，比较管理并不是简单地重复研究管理学中的一般理论，而是更加侧重管理实践层面；另一方面，只有具有统计学意义的要素才具有研究价值，管理“现象”、“实践”、“方式”均属表面化、碎片式的元素，它们都是对不同层面、不同形式的管理模式或其组合的认识，企业间不同情境下的管理模式才是比较管理研究的核心问题。然而，管理模式这一概念过于宽泛，并没有将管理“现象”、“实践”、“方式”等表面元素与其背后深层次的管理问题区分开。两位学者同时提到“管理机制”这一概念，认为管理机制支配着管理行为和管理方式。黄群慧（2009）虽然认为比较管理的研究对象是管理方式，但对管理方式的认识也没有仅仅停留在管理实践的表层，他指出管理方式是管理系统的运行方式，包括执行管理职能的观念、价值标准、方法、分析技术等内容。

综合以上观点，比较管理的研究对象应介于一般管理原理和管理实践活动之间、能够反映管理系统的内在结构与运行机理，而管理机制这一概念更能体现以上特征，因此，简单来说比较管理的研究对象就是管理机制。进一步讲，比较管理主要研究不同情境下企业管理系统的运行机制，识别管理机制间的相同、相似及差异性，分析其根源与演化过程，并为不同情境下的管理移植提供功能性论证。

（二）比较管理的研究范式

范式（Paradigm）这一概念由美国科学哲学家托马斯·库恩最早提出，他先后对范式进行了多次表述，指出范式是模型、模式、框架，是事例或例证，是共同信念或承诺，等等，涉及范式的外延和内涵等多方面，概括起来，库恩认为范式从本质上讲是一种理论体系，是一定时期科学共同体内的共同见解、信念、约定、预想，也包括理论、定律和仪器设备等。高闯认为范式是一门学科的研究活动能否顺利展开的基本条件，是科学家们在交流学术问题时所一致认同并共同使用的逻辑系统、分析理路与叙事方式。王雪梅（2010）将范式描述为选择、使用研究方法过程中所需要的一个指导框架或模式，即科学共同体从事某一类科学活动必须遵循的一般规律。

可见，范式是某一科学共同体围绕某一科学研究所具有的共同信念，这一共同信念规定了该科学研究的理论体系、基本观点与方法，提供了理论模型和解决问题的基本框架（王宝玺，2008）。比较管理的研究范式是指比较管理研究共同体在研究中所遵循的共同信念与理论体系，所采用的基本观点与方法、逻辑框架与模型等，它既包含共同信念或共识这种内涵式范畴，也包括比较分析模型与方法等外延式范畴。明确范式的概念，有利于对比较管理的经典理论模型进行梳理和总结，发现规律，建立比较管理研究的共同基础。

三、经典比较管理研究范式及其完善

（一）经典比较管理理论模式

20世纪60年代，比较管理研究领域先后出现三个代表性的理论模型，这些模型探讨了比较管理研究的基本框架，有力地推动了比较管理学科的发展。国内学者对这些模型的称谓略有差异，黄群慧（2009）、高闯和关鑫（2010）称之为理论模式，杜鹃（2010）称之为研究框架，王雪梅（2010）则直接将其称为分析范式，从本质上看这些模型均属于范式的外延范畴，在此沿用“比较管理理论模式”这一表述。

1. 法默—里奇曼模式

法默（Richard Farmer）和里奇曼（Barry Richman）于1964年开创性地提出了第一个比较管理理论模式（见图1），该模式强调外部环境因素对企业管理过程、管理效果直至经济系统效率的影响，对外部环境因素和管理过程要素进行了细分并分析了二者之间的关系，初步构建了一个由外部环境、企业管理过程及效果三个方面组成的体系，为不同国别环境下企业管理的比较研究提供了分析思路。

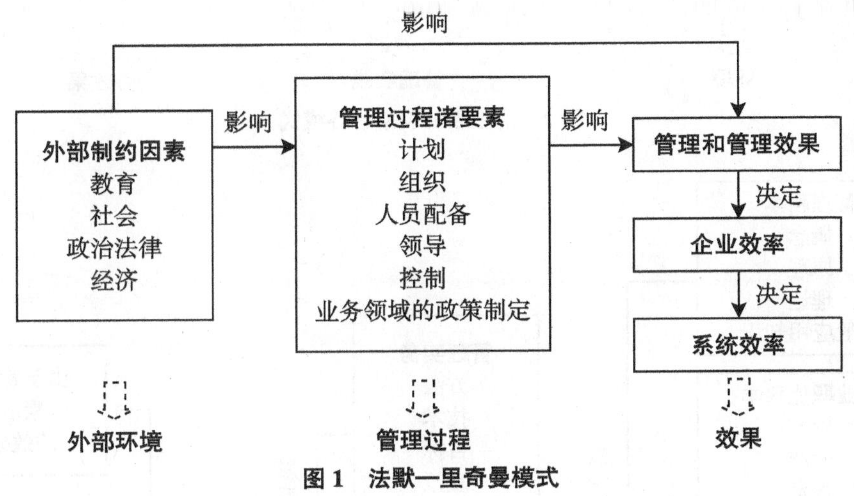

图1　法默—里奇曼模式

2. 尼根希—埃斯塔芬模式

尼根希（Anant Negandhi）和埃斯塔芬（Bernard Estafen）于1965年对法默—里奇曼模式进行了修正，引入管理哲学这一企业内部变量，认为之所以同一文化环境中不同企业的管理实践结果各不相同，是因为企业的管理哲学存在差别，管理哲学和外部环境因素共同影响企业的管理实践，并通过管理实践影响管理绩效与企业绩效。如果将管理哲学看做企业内部的一种环境要素，那么该模型同样包含了三个部分，即环境、管理实践与效果（见图2）。

3. 孔茨模式

1969年，美国著名管理学家孔茨（Harold Koontz）提出了一个更加全面的理论模型（见图3）。孔茨认为，管理哲学这一要素实际是企业对环境要素做出的反应，不能作为一种独立变量存在，企业的人力、物力资源则是应该考虑的要

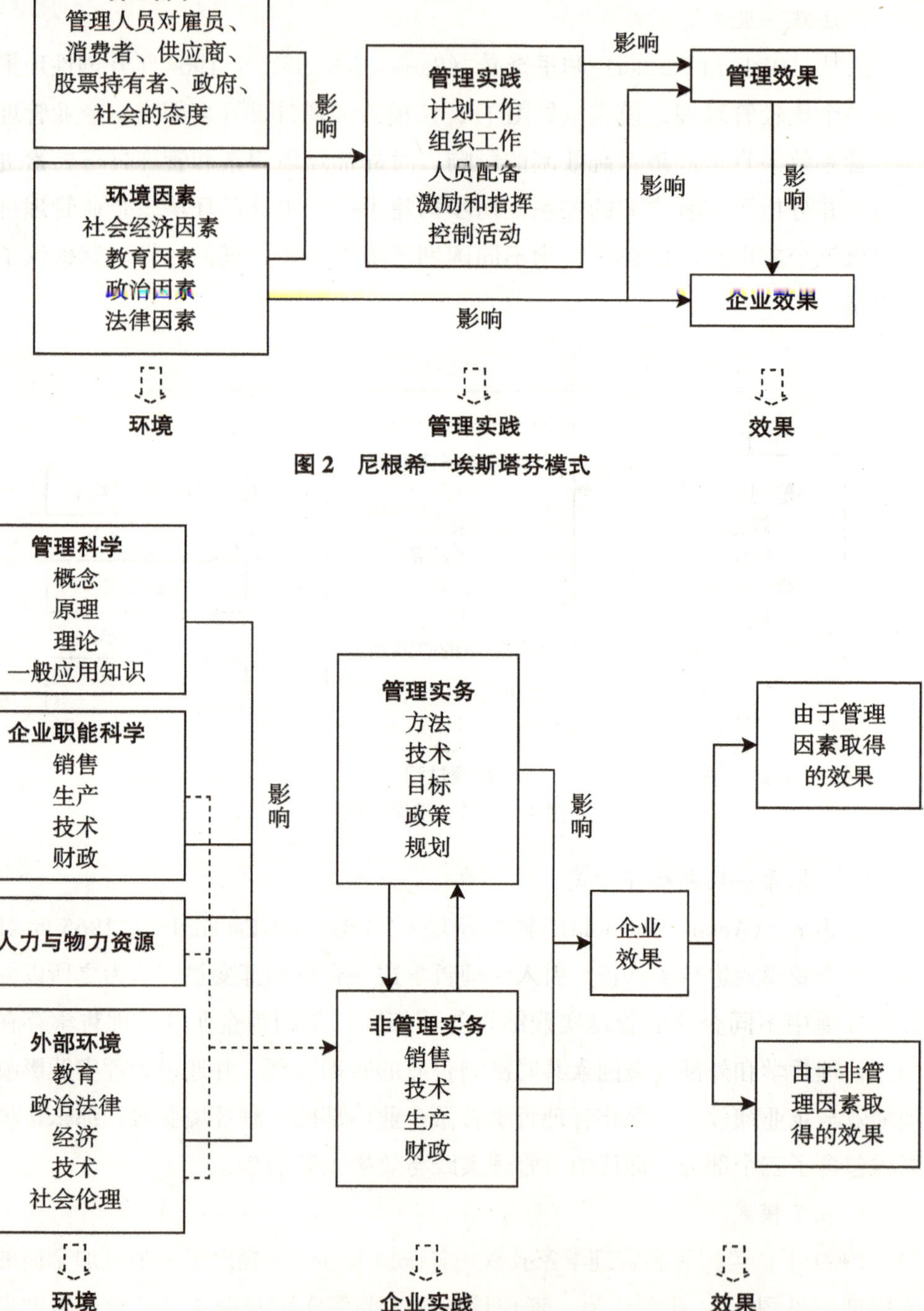

图 2　尼根希—埃斯塔芬模式

图 3　孔茨模式

素。他强调比较管理的重要目的是研究管理移植问题，管理的基本理论和原理是普遍适用的，但在不同环境下的应用方式不一样，研究管理移植问题就需要辨别、分析管理理论和原理在不同环境下是如何应用并发挥作用的，从而有必要对管理科学与管理实践、管理科学与企业职能科学、管理实务与非管理实务进行区分。尽管孔茨对比较管理的理论模式进行了较大幅度的调整，我们仍可将该模式分为环境、企业实践与效果三个部分。

（二）经典比较管理研究范式的梳理

比较管理的上述三种理论模式存在以下几个共同的认识或假设：

（1）比较分析的对象是管理实践活动。三种模式中，比较研究的重点或中心环节分别是：法默—里奇曼模式的管理过程（包括计划、组织、人员配备、领导、控制等10种要素），尼根希—埃斯塔芬模式的管理实践（包含要素与前者基本相同），孔茨模式的管理实务（管理知识的应用方式，包括方法、技术、目标、政策、规划等），可以将它们统称为管理实践。三种模式均认为，企业间的管理实践活动是可以进行比较的，采用比较的方法可以在不同企业间实现管理实践经验的相互借鉴或管理知识的移植。

（2）企业管理实践在一定环境下进行，受环境要素的影响。法默—里奇曼模式首先引入了教育、社会、政治法律、经济等外部环境因素，展示了外部制约因素对管理过程的影响；尼根希—埃斯塔芬模式进一步加入了管理哲学这一变量，认为管理哲学和外部环境共同影响管理实践；孔茨模式强调外部环境、内部人力、物力资源及管理科学、职能科学知识等因素，它们既影响企业的管理实务，又影响非管理实务。由此不难推论，不同企业的管理实践活动在不同环境因素的影响下会表现出相同、相似或相异性。

（3）不同企业的管理实践会产生相同、相似或相异的管理效果，管理效果是检验管理实践的重要标准。三种理论模式都把管理效果或企业绩效作为从属变量或因变量加以考虑，它们既是管理实践活动的结果，又可作为分析评价不同管理方式的依据，从而使管理实践的分析更加直观、更具可比性。

在这些共识的基础上，经典比较管理理论模式形成了一个由环境、管理实践和管理效果三部分内容组成的理论体系（图1、图2、图3已初步展示），这一看似简单的体系包含以下逻辑：比较分析的对象是管理实践活动，是研究的中心；

但由于管理实践受环境制约，应从环境分析着手，明确环境与管理实践之间的关系，进而分析、比较不同环境下管理实践存在的异同及其原因；而对管理实践的评价则离不开管理效果的分析，效果较好的管理实践才具有被借鉴或移植的价值。我们可将这一逻辑系统称为经典比较管理的研究范式（简称“经典范式”），该范式是对三种经典比较管理理论模式的提炼与综合，经典比较管理理论模式则是该范式的外延（见图4）。

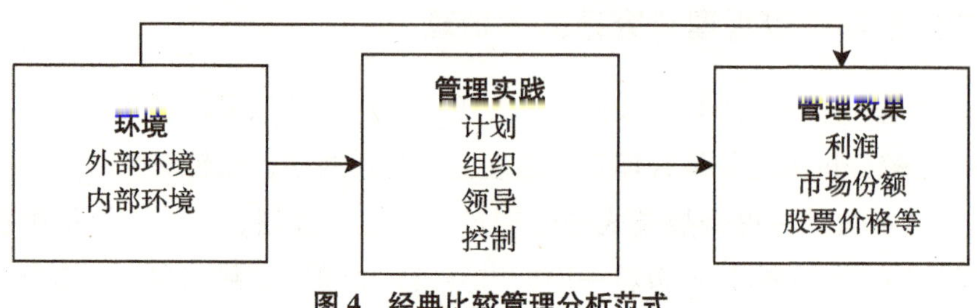

图4　经典比较管理分析范式

需要说明的是：

(1) 该研究范式对环境的认识存在一个不断深化的过程。法默—里奇曼模式只论及外部环境；尼根希—埃斯塔芬模式中的管理哲学，是企业对利益相关者的态度，或者说是企业对环境要素做出的反应，体现了企业与环境间的互动性；孔茨模式进一步关注人力、物力资源等企业内部环境要素，并将管理科学和职能科学也作为自变量加以考虑，事实上也可以将这些科学知识归类于企业内部的资源要素，那么该范式中影响管理实践的环境就主要由外部宏观环境和内部微观环境两个方面构成。

(2) 孔茨模式把企业的实践活动分为管理实务和非管理实务，并由此得出管理因素绩效和非管理因素绩效，这种区分方法虽然有一定道理，但作为一种管理研究范式，没有必要将这些非管理实践作为研究的重点，可以换一种思路，把非管理实务看成影响企业管理行为的内部环境要素，这样我们仍然认为该范式将管理实践作为研究对象，避免了孔茨模式中过多的非管理因素对比较管理研究造成的干扰。

(3) 关于管理实践的结果，除了管理效果，三种理论模式还论及企业绩效，法默—里奇曼模式更提到经济系统效率，但从经典比较管理理论模式的研究对象看，需要关注的应是管理实践的管理效果或绩效。另外，鉴于管理绩效和企业绩效的关系，对管理绩效的衡量又离不开企业绩效，如尼根希和普拉萨德（1971）提出用总利润与纯利润、利润增长、市场份额的增长、股票价格的增长、人员流动率、顾客数量六项具体指标来衡量管理效果，显然这些指标均源于企业绩效指标。因此在比较管理研究范式中没有必要再单独讨论企业绩效，管理绩效本身就是管理实践对企业绩效所做的贡献，或者说，管理绩效是企业绩效中能够反映管理实践成果的部分，这部分才是比较管理需要分析的内容。

（三）比较管理研究范式的完善

经典比较管理理论模式及其所包含的分析范式为比较管理研究提供了良好的理论基础，然而该研究范式尚存在一些不足。

首先，对环境的认识有待进一步深化。

经典范式认为环境（Environment）影响管理实践活动，然而环境是一个较宽泛的概念。近年来，管理学者越来越关注管理知识的情境（Context）化应用问题，徐淑英和张志学（2005）将管理知识分为超越情境的理论或知识、受情境制约的理论或知识、针对具体情境的理论或知识，主张进行本土化管理研究；高闯（2010）认为，比较管理研究的是受情境制约的理论或知识，指出情境是企业内外部环境要素按照一定的规则组合而成的集合体；蓝海林（2012）等认为，“情境”更多地是指企业与企业之外的各种因素的前后、内外和上下的关系及其交互作用。由此可见，情境与环境的含义是有差别的，比较管理研究范式中的管理实践实际上是处于具体情境（环境要素的组合）之下，而非受泛泛的环境影响。因此，使用情境代替环境更能反映比较管理研究的本质，同时情境与企业管理实践也不再是单向的影响关系，而是交互作用的关系。

其次，对比较管理研究对象的理解过于表面化。

经典范式将管理实践作为研究对象，正如本文第二部分所述，管理实践活动属于表面化、碎片化的元素，对它们进行研究缺少统计学意义，会使比较管理研究陷入杂乱无章的境地。比较管理应在管理普遍原理和管理实践之间搭建一座桥梁，应揭示具体情境下管理现象背后的管理机制或运行机理，或者说应研究受情境制约的管理理论或知识，只有这样，不同的研究对象之间才真正具有可比性，比较管理的研究才有意义。

最后，没有分析如何进行管理移植。

比较管理研究的目的是分析管理知识的移植问题，孔茨的这一观点对比较管理研究具有指导意义。然而，三种经典理论模式中，法默—里奇曼模式并没有直接分析管理移植问题，只是隐含了通过比较分析可以实现不同环境下管理经验的相互借鉴这一思想；尼根希—埃斯塔芬模式明确指出管理哲学可以从一种文化引入另一种文化；孔茨模式更加强调移植的重要性，为此对管理要素和非管理要素进行了一系列的区分，但三者都没有真正考虑如何进行管理移植这一重要问题。这一不足可能与其对比较管理研究对象认识的局限性有关，现实中企业的管理实践活动如此纷繁芜杂，只对这些管理活动或现象进行比较分析而忽视其内在机制，很难找到管理知识与具体情境下的应用之间的结合点，导致管理移植的具体实施缺乏可行性。

对经典范式的上述缺陷进行适当补充和完善，可以得到一个改进的比较管理研究范式（简称“新范式 1”，见图 5）。新范式 1 包含情境、管理系统、管理效果和移植四个子系统，四个子系统间的逻辑关系是：管理情境影响管理系统及其运行机制，管理系统又对情境具有反作用；管理效果既受管理系统运行状况的直接影响，又受情境因素的间接影响，同时根据强化理论，管理效果又反过来影响管理系统和情境；管理移植是在对管理系统中的管理机制比较分析的基础上，结合管理情境和管理效果，实现组织间管理机制的借鉴或转移，同时管理移植又会直接引致管理机制的变化并间接影响情境和管理效果。它们各自的含义及构成如下。

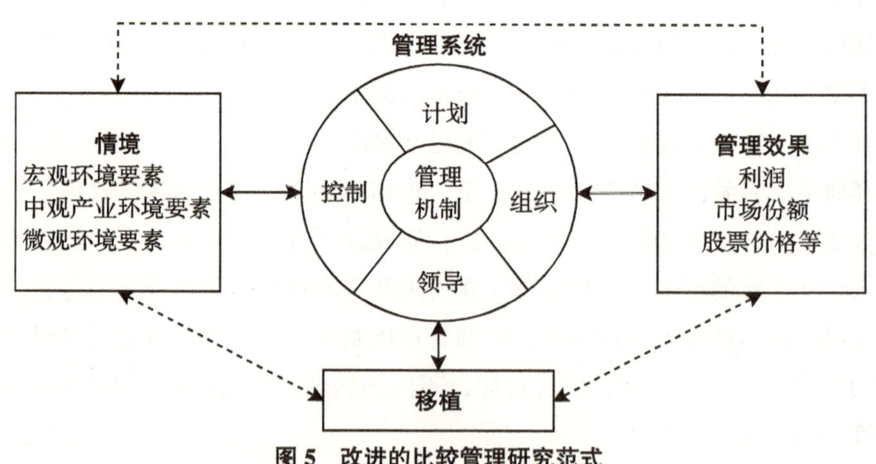

图 5　改进的比较管理研究范式

（1）情境。情境由外部宏观环境要素、中观产业环境要素和内部微观环境要素组合而成，环境要素的构成及其组合方式对每个企业来说都是不一样的，这意味着每个企业所处的情境都是独一无二的。宏观环境主要包括政治、经济、社会文化、技术等因素，每一个因素又可细分成不同的层次、指标或维度，如霍夫斯泰德（2010）将国家文化分成五个维度：权力距离、集体主义—个体主义、阴柔气质—阳刚气质、不确定性规避、长期导向—短期导向。中观产业环境主要包括产业总体规模、供需状况、竞争状况、进入退出壁垒、产业生命周期等因素。微观环境主要包括企业内部的资源、能力、文化等因素，这些因素属于企业可控的环境变量，与管理系统具有较强的互动性。

（2）管理系统。管理系统是由企业的管理职能活动和隐藏于管理活动背后的管理机制共同构成。管理职能活动包括计划、组织、领导、控制等，这些活动处于管理系统的外层，形成可直接观察的各种管理现象。管理机制是管理系统的核心，反映了管理系统的内在结构及关联、运行规律和机理，决定了各项管理职能的活动规则及活动方式，具有动态性和相对稳定性，同时又受企业具体情境的影响和制约，适合做比较分析的对象。

（3）管理效果。此部分的含义及度量指标与经典范式的相应内容并无差异。

（4）移植。管理移植是指在现有管理实践与环境条件的基础上，通过引进和吸收外来的适用性管理知识，提高自身管理水平，实现管理方式创新的动态过程（孙世重，1998；曹洲涛，2005；高良谋、胡国栋，2011）。在新研究范式中，鉴于研究对象的限定，移植的内容是管理机制或受情境制约的管理知识。管理移植强调实际功能的移植而非简单的形式模仿，移植包含引进、吸收和创新的过程，因此管理机制虽受情境制约，但并非不可移植，其所包含的核心机理或功能仍可以在情境不同的企业间转移。如日本大企业的终身雇用制移植到美国企业中变为长期雇用制，虽然由于情境差异该机制的形式有所变化，但其核心机理和发挥的作用却得以传承。

前面各种范式或模型均展示的是对单一组织或同类组织群进行分析的基本过程，这是比较分析的基础；下面借助两个组织或两类组织群间的比较分析，进一步说明新研究范式 1 的逻辑理路（见图 6）。假设有两个分处不同国家的组织或组织群 A 和 B，为实现两者间管理机制的移植，比较分析应遵循以下步骤：①分别对 A、B 的管理情境、管理系统及其机制、管理效果的具体状况及之间的关系进行独立分析。②比较双方管理机制的相同、相似、相异性，并结合具体情境分析原因。③对比 A、B 的管理效果，如果 A 优于 B，则分析 A 的管理机制是否可以移植到 B 中，移植可行性的判断应重点考虑 A 管理机制的功能是否可在 B 情境中实现、是否可与 B 原有的管理机制有机融合。④实施管理机制的移植，移植过程中 A、B 的管理机制都发生了改变，A 的管理机制需针对 B 的管理情境进行调整，B 原有的管理机制并没有被完全否定或弃用，而是在引进 A 管理机制的基础上进行消化、吸收和再创新，从而形成一种全新的管理机制。可见，在新研究范式中，移植的地位和作用非常突出，通过不同组织或组织群间管理机制的比较及转移，移植成为比较对象间产生关联的桥梁和纽带，它既是比较管理的目标又是比较管理的最终结果。

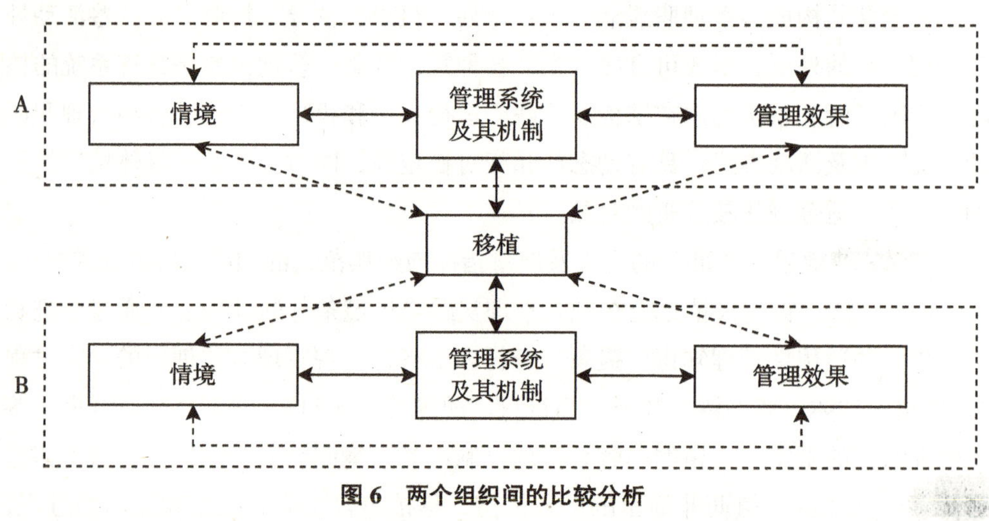

图 6　两个组织间的比较分析

四、研究范式的进一步发展——基于历时性的比较管理研究

（一）基于历时性的比较管理研究范式

无论是经典范式还是改进的新范式 1，本质上都属于静态的共时性研究，即

在当前时点上分析跨区域（情境）的不同组织在管理上的异同。然而事物的发展都是历时性的过程，管理机制的当前状况有其历史渊源和演进路径，为了更好地分析管理机制间的异同及原因，有必要超越“存在”而进入“过程”，采用历时性的分析方法，探寻管理机制的遗传、变异和选择机制（高闯和关鑫，2010）。将比较管理共时性研究的范式和历时性研究的思想结合起来，可构建一个如图 7 所示的新的比较管理研究范式（简称“新范式 2”）。

由于引入时间因素，新范式 2 的研究内容和思路得到较大的扩展。仍假定有两个组织或组织群，A、B 分别表示二者当前的状态，A_0、B_0 表示各自的初始状态或研究可追溯的历史起点的状态（A_0、B_0 不一定处于同一历史时点），A′、B′则表示由初始状态到当前状态过渡的各种可能存在的状态（并非某一固定时点），那么比较研究的变化至少体现在两个方面。

首先，对单个组织或组织群的研究不再局限于在当前时点上分析其管理机制的状况及情境、管理系统和管理效果间的关系，而是可以分析历史上某一时点上（如 A′）三者的具体状况及彼此间的关系。同时，运用演化方法可分别分析情境要素和管理机制由初始状态演进到当前状态的历史路径，并可分析评价不同状态下管理效果的变化，这既有助于发现管理机制自身的演进规律，又有助于深刻把握管理机制与情境要素之间的关系。可见，对单个组织或组织群的分析实现了历时性和共时性的结合。

其次，两个组织或组织群间的对比分析也不再局限于同一时点上的比较，而是可以将一个组织或组织群某个时点上的状态与另一组织或组织群任意可观测的时点上的状态进行比较；反之亦然，如 B 可以和 A、A_0、A′进行比较，A_0 可以和 B、B_0、B′进行比较。这种变化一方面使组织间管理机制的异同性及原因的分析更加深入，如 A 与 B 之间的管理机制存在较大差异，而 A_0 和 B′之间的管理机制则无明显差异，那么就可以通过分析 A_0→A、B′→B 的演进过程来探寻两种管理机制出现分化的原因；另一方面，管理移植的内容和范围也大大丰富，在比较分析的基础上，两个组织间的管理机制可实现跨时性移植，如 A_0 的情境与 B 的情境极为相似，而 A_0 的管理效果也明显优于 B 的管理效果，则可以考虑将 A_0 的管理机制移植到 B 中。

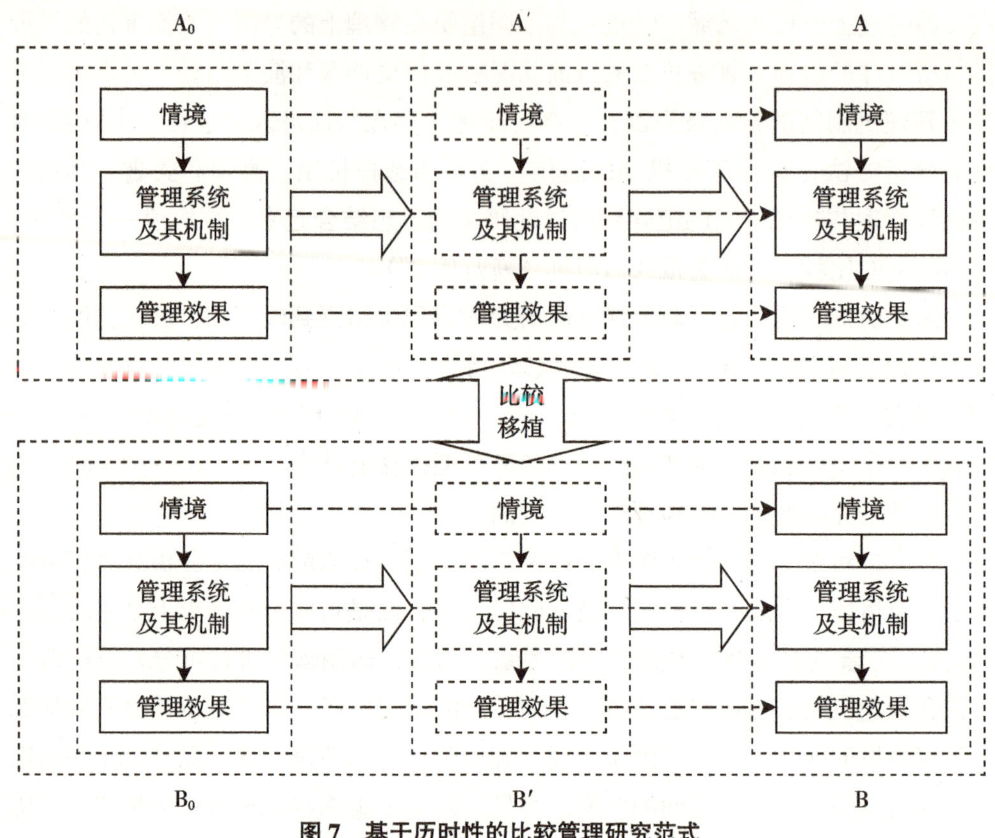

图 7　基于历时性的比较管理研究范式

(二) 理论兼容性分析

研究范式在于构建一门学科理论研究的逻辑框架和共同基础，检验一种研究范式是否成立，主要考查该范式是否可以为该学科的不同理论、模式、方法搭建一个共同的平台，将它们有机地整合在一起。基于历时性的比较管理研究范式是对经典比较管理理论模式的综合与发展，显然可以兼容经典比较管理理论；那么对于目前处于比较管理研究主流的文化流派和近年发展迅速的制度流派，该范式是否可以实现有效兼容呢？

比较管理文化流派主要研究文化对企业管理活动的影响（假设其他环境要素不变），这一流派的成熟做法是将企业外部的宏观文化和企业内部的微观文化划分成不同的维度，分别研究这些维度对管理活动的影响，并采用演化方法分析文化的演进、发展的历程。企业内、外部的文化都属于企业的情境要素，因此该流派本质上是研究情境与管理系统间的关系问题，并在研究中采用了演化分析等方法，这些研究内容和方法均是新范式2中所包含的。

比较管理制度流派强调制度的内生性和制度变迁的路径依赖性，主要分析、解释制度变迁的路径。制度流派大量使用进化博弈论的方法分析制度的演进过程，认为制度是博弈规则，博弈各参与方基于博弈规则进行策略选择，并最终达到均衡状态（意味着规则最终实现了某种功能或机理），随着制度的演进，博弈规则→策略选择→均衡状态的过程是不断循环发展的。从管理机制的视角看，这一过程实际上就是一种管理系统或其子系统的内在运行机理，因此制度流派研究的制度变迁过程也是管理机制演变的过程，可以将制度流派作为新范式2中管理机制演进路径分析的一种工具或方法。

此外，Schollhammer（1969）提出的“比较管理理论丛林”观点，认为比较管理有社会—经济方法、生态方法、行为法和折中—经验方法四个理论派别，实际上这些派别只是运用不同的方法研究情境要素与管理实践或行为的关系，以解释不同情境或国别中管理实践或行为的差异性，其研究思路也没有摆脱“情境—管理系统—管理效果—移植”这一框架。因此“比较管理理论丛林”也可以融入新研究范式2中。

可见，基于历时性的比较管理研究范式对比较管理主要学派的理论、方法均具有良好的包容性和整合能力，在这一共同的理论平台上，各个学派完全可以互相兼容、互相促进、共同发展。

五、结论与展望

鉴于比较管理研究范式不明确对学科发展的限制，基于对比较管理研究范式进行梳理和完善的目的，本文首先对比较管理研究对象和研究范式的概念进行了界定，然后对经典比较管理理论模式的逻辑体系进行了整合，总结了经典比较管理研究范式，在此基础上提出了两个改进的比较管理研究范式，并探讨了新研究范式对比较管理相关理论的兼容性。主要有以下结论：

（1）比较管理的研究对象是管理活动或管理现象背后的管理机制，管理机制反映的是管理系统的内在结构与运行机理，是介于“超越情境的理论或知识”和“针对具体情境的理论或知识”之间的“受情境制约的理论或知识”。

（2）比较管理的研究范式是指比较管理研究共同体在研究中所遵循的共同信念与理论体系，所采用的基本观点与方法、逻辑框架与模型等，它既包含共同信念或共识这种内涵式范畴，也包括比较分析模型与方法等外延式范畴。

（3）三种经典比较管理理论模式具有共同假设或认识，基于这些共识可以梳理、归纳出一个由“环境—管理实践—管理效果”三部分构成的研究范式。

（4）经典比较管理研究范式尚存在不少缺陷，对这些缺陷加以修正，可构建一个由“情境—管理系统—管理效果—移植”四部分组成的新研究范式1；在新研究范式1的基础上引入历时性研究的思想，可形成一个更为综合的新研究范式2，这一研究范式对比较管理各理论学派具有良好的兼容性。

本文在经典比较管理研究范式的基础上提出了新的比较管理研究范式，搭建了一个总体性的逻辑分析框架，但文中对该范式和比较管理各种理论学派、各种方法间的关系只做了简要的分析。后续研究中，一是需继续对文中提出的研究范式进一步优化，使其理论基础更牢固，兼容性和解释力更强；二是要进一步明确比较管理各学派在该研究范式中的地位和作用，进一步理顺各学派之间的关系；三是要进一步整合包括比较制度分析方法、演化经济学等理论、方法在内的先进经济管理研究方法，为比较管理学科发展提供新工具、新活力，在理论框架逐步完善的基础上促进比较管理具体研究方法的成熟和完善。

参考文献

[1] Farmer R. N.，Richman B. M.. A Model for Research in Comparative Management. California Management Review，1964，7（2）.

[2] Negandhi R.，Prasad B.. Comparative Management. Appleton Century Crofts，1971.

[3] Schollhammer H.. The Comparative Management Theory Jungle. Academy of Management Journal，1969（12）.

[4] 吉尔特·霍夫斯泰德. 文化与组织：心理软件的力量. 北京：中国人民大学出版社，2010.

[5] 托马斯·库恩. 科学革命的结构. 北京：北京大学出版社，2003.

[6] 青木昌彦. 比较制度分析. 上海：上海远东出版社，2001.

[7] 曹洲涛. 管理知识移植中的组织学习探讨. 科技管理研究，2005（12）.

[8] 杜鹃. “法默—里奇曼”比较管理研究框架修正. 比较管理，2010 (7).

[9] 高闯，关鑫. 比较管理的研究对象与边界. 中国工业经济，2010 (12).

[10] 高良谋，胡国栋. 管理移植与创新的演化分析. 中国工业经济，2011 (11).

[11] 黄群慧. 比较管理学的理论模式研究. 外国经济与管理，1991 (5).

[12] 黄群慧. 比较管理学的研究方法、理论模式及对我国的现实意义. 社会科学管理与评论，2009 (4).

[13] 蓝海林，宋铁波，曾萍. 情境理论化：基于中国企业战略管理实践的探讨. 管理学报，2012 (1).

[14] 孙世重. 论管理的移植与创新. 学习与探索，1998 (4).

[15] 徐淑英，张志学. 管理问题与理论建立：开展中国本土管理研究的策略. 南京大学商学评论，2005 (12).

[16] 王宝玺. 高等教育学研究范式及其演进. 高等教育管理，2008 (1).

[17] 王雪梅. 经典比较管理分析范式及其整合框架. 比较管理，2010 (7).

[18] 赵大远. 中韩企业管理比较的借鉴与启示. 复旦大学，2003.

（高闯、房茂涛，原载于《比较管理》2012 年第 1 期）

新管理理论丛林及其发展趋向

一

15年前，世界前10位首富几乎全是石油大王。但在今天，排在前10位的一半以上与知识型产业有关。知识对财富创造的决定性作用被凸显出来。这一现象引发了管理学界的思索，并导致一系列以知识、智力为研究对象的新兴管理理论的出现。

如果说工业经济时代生产的要素是资本、劳动力和土地的话，那么，知识经济时代生产的最重要的要素就是知识。在知识经济时代，一切以知识为基础，所有财富的核心都是“知识”。然而，“知识社会是一个组织的社会，其中心器官是管理”，“只有管理才能使今日的所有知识成为有效”（Peter F.Drucker，1992）。并且，与有形的物资资产不同，知识是一种无形的储存于人的大脑中的资产，因此需要有不同于管理物质资产的理论、范式与方法。于是，知识管理理论应运而生。由于知识系统中存在着不稳定性和不确定性，为了使知识成为创新的源泉，就必须建立一种机制使显性知识（Explicit Knowledge）和隐性知识（Lacit Knowledge）相互转换（Lkucro Nonaka，1991）。从这个意义上说，知识管理就是为企业或其他组织实现显性知识和隐性知识的共享及有效转换提供新的途径。其基本任务是管理好智力资本，运用群体的智慧提高组织的应变和创新能力。可见，知识管理是研究知识如何在组织中传播、生产、运用和管理的一门新兴学科。

在知识管理理论研究中，有两种思路引人注目。一种是侧重于信息管理导向的思路。这一思路的研究人员和推进者大都来自于信息科学或计算机专业，研究主要涉及管理信息系统的搭建、人工智能、创新工程和组件等。对他们而言，知识相当于信息系统中界定和管理的目标。由于有新的开发系统和信息技术支撑，这条行动路线是新的，而且发展得非常迅速。另一种思路则侧重于人的管理导向。这一思路的研究人员和管理者大都受过哲学、心理学和社会学的教育，或有过工商管理的经历，其研究主要涉及评估、变革和改进个人知识和技能等领域。对他们而言，知识等于过程、复杂的动力技能装置、技巧等。这一研究在传统上涉及学习和管理中的个体竞争问题。这条行动路线比较古老，发展得比较缓慢。可见，两种思路对知识的理解明显不同。在前一种框架下，研究人员和推进者主要受制于他们对知识信息理论概念的理解；而在后一种框架下，研究人员和管理者的认识主要源于其认知理论。由于两种行动路线采用了不用的语言，因而在相遇时便难免出现一些混乱。

事实上，人们已从不同的视角开展知识管理方面的研究，并且已经取得重大突破。日本学者野中郁次郎把研究视角定位于管理研究与创新研究的界面上，他从日本企业生产新发展的经验研究中，提出了组织据以创造知识的各种方式的模型，并为知识创造过程的最佳管理提出一种特定的管理组织框架和范式，定名为“超文本组织”。超文本知识可理解为不只停留在文本上的知识，更有内在于人的头脑中的知识和个人的技能，即有意会知识；组织存在的意义就在于凭借组织的力量整合并发挥意会知识的作用。野中先生认为，显性知识和隐性知识可以相互转化，管理的本质就是设计某种机制促成这种转化。通过对各种“知识转换模式”的管理，知识才能生成财富，才能转变为行动并为生产实践服务。

与“超文本组织”理论比较，圣吉先生的“学习型组织”理论不论是视角还是方法都颇为独特，对知识学习与管理做了深层次的开掘。圣吉先生运用系统动力学理论研究团队的学习或“修炼”问题，提出管理的要诀在于借助于“五项修炼”提升组织的能力。这种思想的真谛在于，组织为适应环境与生存而学习，虽然是基本且必要的，但必须与开创性的学习结合起来，才能使员工在组织内由工作中活出生命的意义。圣吉强调用 Metanoia 即心灵的转变来表达学习型组织的精神，以区别日常意义上的学习。他指出，人们一般将学习理解为吸收知识或是获取信息，其实这与学习还有相当一段距离。学习的更深层意义在于心灵的根本转变或运作，这是圣吉理论区别于一般知识学习与传播理论的魅力所在。

虽然企业核心能力范畴的出现，被认为是现代战略管理理论的最新进展，但这一范畴仍可被置于“知识管理的整体系统”框架中。殊不知，核心能力本身的含义就是“组织中的积累性学识，特别是关于如何协调不同的生产技能和有机结合多种技能的学识”（C.K. Prahalad and Gary Hanel，1990）。巴顿（D.L. Barton）先生长期关注核心能力理论，并将其整合于知识管理的整体系统之中。他强调能力优势的一种整合或集成要素，或称“核心技术能力”，而这一整合可被视为一种知识管理过程。这一过程主要涉及“关键知识建设”活动、共同的问题解决、执行和集成新技术过程与工具、实验和原型、输入并吸引技术知识和市场知识。

虽然知识管理领域的研究已有某些突破，但在另一些方面还相当薄弱。根据美国管理学界的认识，知识管理研究涉及如下主要领域：对知识和最佳业务经验的共享；知识共享责任的传播；积累和利用过去的经验；将知识融入产品、服务和生产过程；将知识作为产品进行生产；驱动以创新为目的的知识生产；建立专家网络；建立和挖掘客户的知识库；理解和计量知识的价值；利用知识资产。目前，这些领域中许多方面的研究还刚刚开始甚至还是空白。

二

在20世纪的大部分时间内，西方经济资源的配置基本上是依据微观组织上的福特主义和宏观制度上的层级制资本主义，其特征是市场与企业作为可供选择制度确定的相对成本和利润，来实现生产和交易活动。进入20世纪的最后1/4个世纪，复杂的国际竞争环境、经济全球化和技术发展，对企业提出了多方面的挑战。效率、灵活性和学习能力成为企业存在发展的首要条件与要求。欧默指出，“在一个复杂的、充满危险对手的不确定世界中，最好的路子是不要踽踽独行”（K. Ohmae，1993）。顺应这一要求，伯思特指出，世界正在步入一个新的路径，这一新的路径被描述为联盟、关联、合作及“新资本主义”，其本质特征是生产的组织与交易活动通过主导财富创造主体之间的合作过程实现。这一现象引起经济学家和管理学家的极大兴趣，有关文献相继问世。战略联盟、网络结构和无国界经营理论成为跨世界发展的又一新兴的“理论族”。

旦宁曾经以“联盟资本主义”为题，论述了从层级制资本主义向联盟资本主义的转变及其意义（Dunning，1995），其中的核心问题便是企业之间的战略联盟。我们可以简单地把企业之间出于战略目的而进行的合作解释为战略联盟。联盟可以采取不同的形式，从市场合约到合资企业。研究表明，兼并、接管和收购是一个企业获取对一个新实体的控制权，但这不是联盟。学者们给出了构成联盟的充要条件：①两个或多个企业联合致力于一系列目标，并在联盟后保持独立性；②合作企业在一个或多个关键战略领域如技术、产品等方面持续做出贡献；③合作企业分享联盟收益并控制特定业务的绩效。这是联盟给管理提出的最复杂的难题。联盟是介于市场与企业科层组织之间的一种有效形式，在市场机制的灵活性和科层组织的权威控制之间，联盟兼具这两方面的优势。关于联盟的动机，经济学家发现，它可能降低市场的交易和协调成本，并且影响伙伴企业的资产、技能和经验。海纽则注意到，联盟企业可以通过学习和内部化合作伙伴的缄默知识技能而获得优异的绩效（Hanel，1991）。有关战略联盟的类型划分是该理论研究的重要方面。类型不同，联盟目标的位序或重要性也不一样。有代表性的是按照结盟组织之间的互动关系和潜在冲突的程度，所做的类型区分（Yashino and Rangan，1995，见图1）。

潜在冲突					
	高	前竞争联盟	处在不相关产业内的企业的联盟	竞争联盟	伙伴企业在终极产品市场上可能成为直接的竞争者
	低	后竞争联盟	产业内的垂直价值链关系	非竞争性联盟	产业内非竞争企业间结成战略伙伴关系
			低		高

图1　组织互动的程序

迄今为止，战略联盟的研究尚有许多问题有待解决。首先，就联盟的概念而言，还缺乏一个能够有机整合各类理论的框架，大多研究只考虑了联盟中的某一个或几个方面的目标，而企业的战略目标常常是多维且相互冲突的，这需要给出优先顺序，需要一套权衡各种目标的理论框架。其次，战略联盟不仅是一种竞争策略和组织形式，更多的还是一个伙伴企业通过合作增强效能和附加值的过程，这就必然涉及复杂的联盟管理问题。一方面联盟要增加合作企业的附加值；另一方面又要防止企业的效能损失，这是联盟管理中的两难困境。最后，经济全球化使得战略联盟成为必要，但对这种联盟还缺乏深刻的理解和研究，目前的研究还只停留在全球战略联盟的个案或特定问题分析的层面。

在战略联盟框架中，主要研究的是两两企业间的合作关系。如果我们将视角置于一个个产业，就不难观察到两两企业之间的结盟现象在产业组织内有“传染病式”的传播效应，会引起一系列的效仿和跟随行动。这便形成产业中的企业网络。于是，相应的网络理论也随之出现。

理论界这样区别联盟与网络，网络由组织间的长期连接关系构成，内部成员间的关系根据个体需要而有不同程度的连接；而联盟则因为其联合的本质为短暂而紧密，故可视为是在大网络下的一个小集群。网络是一群企业以松散的关系联结，并不一定有实质或正式的契约关系；联盟则指企业间具有紧密的合作关系，因而可将联盟视为强化网络的连接性以提升总体力量的一种选择性方法（吴青松，2000）。网络理论认为，企业的战略行为不仅受两两企业之间关系的影响，而且与整体的网络结构有关。从这一意义上说，构筑战略网络是获取市场高回报的基础。

网络理论研究还处于初始阶段，较多的实证研究揭示了产业中企业的战略网络，诸如韩国大财团的网络结构、日本企业系列网络组织以及中国台湾中小企业的网络集群。但还缺少普遍认同的理论框架及标准，以至于学界即使在如何研究和哪些方面是网络研究的重要点等基本问题上都存在分歧。Nohria 和 G. Pont（1991）指出，在学术界，“网络”的概念仍停留在理论层面，很少有分析性的内涵。理论探讨仅集中于网络存在的理由及意义，很少有努力理解和解释这些网络为什么这样构成，以及这对企业的行为和绩效有何影响。直到近期，企业战略网络如何发展及其经济绩效的分析才受到重视。

三

当企业的“黑箱”逐渐被打开的同时，从不同角度对组织所进行的分析也日臻完善和全面，各种流派的组织理论呈现多头并进的态势。尽管在 20 世纪之初，古典管理理论的三位大师泰罗、法约尔和韦伯相继从不同角度提出了组织应当遵循的原则，包括设立职能岗位、建立组织等级链和法约尔跳板以及明确理想行政组织形态等内容，但组织理论的真正发展还是得益于各种学科对管理学的不断渗透，相继出现了结构权变理论、制度组织理论、总体生态理论以及代理理论等主要流派，其中值得关注的是经济学与管理学的彼此交融，特别是以经济学中的新兴流派——制度学派中的代理理论、契约理论和交易费用理论为基础，逐渐发展形成了一个非常重要的分支，这就是组织经济学。可见，要进一步回顾组织经济学在组织理论发展中的作用，有必要先探讨代理理论、契约理论和交易费用理论的内核。

代理理论、契约理论和交易费用理论的共同前提，都是将组织看做是一组契约关系的集合。交易费用理论认为在制定、执行以及监督契约的过程中，都需要发生一定的费用，这就会产生所谓的交易费用或成本。企业这种特殊的组织形式之所以能够出现，可以解释的原因在于它作为一种替代机制，在一定规模下可以比市场机制更加节约交易费用。但是从另外一个方面看，随着组织规模的不断扩张，企业对交易费用的节约呈现出边际递减规律，这就限制了企业边界的持续延展，说明企业规模不可能是无穷尽的，即使在大量新兴技术逐渐进入到企业当中并得到广泛采用的今天，信息沟通和传递的效率大大提高，组织内部的协调费用不断降低的情况下，我们仍然无法为“庞然大物”而欢呼。与交易费用理论存在一定的差异，合同理论的观点在于，企业家是一组合约中的中心签约人，为了担负起这个角色，企业家也应当负责组织谈判和监督执行等工作，这也说明了为什么在组织结构中要赋予企业家绝对的权威和明确的核心地位。而代理理论则从委托—代理关系的角度出发，提出由于存在事实上的信息不对称，代理人可能会从自己的利益最大化着想，采取损害委托人利益的行为，因此委托人必须强化对代理人的监督和约束机制，同时也要加大激励的力度，增加代理人采取不道德行为的机会成本。那么，在组织执行和监督机构设计和安排的过程中，就务必要考虑合理的设计监督机制，例如设立专门以及具有较高独立性的监事会、在董事会中增加外部独立董事的比例等，都可以避免出现损害企业整体效率的代理问题。

组织经济学对组织理论发展的最大贡献就在于，它推动了经济学在管理学中的拓展，促使组织理论具有更深刻的理论内涵，这一点是其他学科难以替代的。此外，组织经济学还从全新的角度重新诠释许多以前难以得到充分解释和论证的组织理论或组织中出现的问题，促进了组织理论的发展。

在组织理论借助外部力量——其他有关理论的融入获得不断发展和创新的同时，其理论范畴的内生性扩张的脚步也没有停滞。自从巴纳德提出组织是一个开放性系统的观点之后，人们就认识到组织无时无刻不在与外界环境进行各种资源和信息的交换，因此环境的变化对组织具有重要影响。于是，将组织与环境进行有机整合也显得非常必要。到了20世纪80年代后期，特别是进入了90年代以后，世界经济和政治环境的变化节奏急速加快，震荡幅度也在持续增大，与此相对应，组织模式也呈现出不同于以往的全新变化，虚拟公司、团队结构、网络组织以及无界限组织和女性化组织等模式相继出现，组织结构变化也显现出扁平化、柔性化、分立化和网络化的明显特征，企业作为一种特殊类型的组织，其边界较以往要更加模糊和不确定，即使规模非常庞大的组织，其内部的决策活动也相当分散化；组织内部信息沟通和命令传达的渠道更加多向化；组织始终处于不断地变革当中。这些新模式和新变化的出现，对组织理论提出更严峻的挑战。未来组织将会继续承接这种演变的趋势，并向更广和更深的领域拓展。那么，如何将这些新模式建立在稳固的理论基础之上，并建立能够指引未来组织发展的重要理论工具，就成为组织理论发展的重要方向。

四

以20世纪90年代美国管理学家迈克尔·哈默和詹姆斯·钱皮提出的企业流程再造理论为分野，生产管理理论也在蜕变的过程中实现了一次质的飞跃。流程再造理论锋芒直指影响人类数百年管理活动以及管理理论中的分工思想，提出了以"合工"为指导思想的新理论。

亚当·斯密最早解释了一条基本原理，即分工可以带来较高的劳动效率。通过将一个完整的生产流程分解为若干个细小的具体环节，同时将这些环节分别安排员工来负责，每个员工只负责很少的几个甚至一个环节，这样组织社会化大生产的协作方式可以大大消除原来那种混乱无序生产的低效率。

进入20世纪后，在实际生产运作中相继出现了两种模式：规模模式和质量模式。在规模模式形成的过程中，泰罗的科学管理理论、亨利·福特的流水线生产模式以及斯隆的事业部体制都为此做出了重要贡献。规模模式的核心在于通过大量生产、低投入和低成本，获取最大限度的利润。此后，随着北美公司管理经验在日本和欧洲的推广普及，规模模式也得到了改造，质量模式悄悄地出现在生产管理领域。其中，戴明、朱兰和菲根鲍姆三人对这种模式的形成和发展做出了巨大的贡献。朱兰最早系统地把作为生产管理中一部分的质量管理提升到整个企业经营管理活动中的战略地位，从而为质量创新运动奠定了基础。戴明为企业提高质量意识的普及做出了不可替代的贡献，并提出了“质量管理圈”等。而菲根鲍姆则提出了全面质量管理的概念。

无论是质量模式还是规模模式，都以在分工思想下形成的生产管理理论为基础，没有摆脱分工理论的束缚。90 年代初，迈克尔·哈默和詹姆斯·钱皮等人出版了一系列著作和文章，阐述了企业流程再造的思想，他们认为流行已久的分工理论已经成为阻碍生产力进一步发展的负面因素，将企业完整的生产流程分割的支离破碎可以提高效率的观点已经不再适用，需要重新思考现有生产流程的安排，并运用崭新的合工思想和流程理念对企业加以改造，从而形成全新的企业生产和组织模式（Mickel Hammer and Jarnes Charnpy，1993）。

借助一系列计算机化的先进制造技术和信息技术，如 CAD（计算机辅助设计系统）、CAM（计算机辅助制造系统）、FMS（柔性制造系统）、CIMS（计算机集成制造系统）、IT（信息技术）、GROUPWARE（群件）、IMS（智能制造系统）和 CNC（计算机数控机床）等，生产管理领域相继出现了多种全新理论，其中以精益生产（LP）、制造资源计划（MRPⅡ）、灵捷制造（FM）、企业资源计划（ERP）和供应链等内容最为重要。

随着对组织边界和形态、生产流程认识的加深，人们也逐渐意识到一个企业无法将一个完整流程的所有环节都包含在内，这就需要企业发现自己的核心能力和最大价值所在，将一些不必要的环节延伸到企业外部的其他企业当中，从而形成一条可以创造最大价值的供应链。精益生产是一种典型的日本现代生产管理模式，可以把这种管理方法归为拉动式准时化生产、全面质量管理、团队工作法和并行工程四大支柱。准时化生产（JIT）就是以看板为形式，追求零库存，充分提高物流的效率，实现柔性化生产；全面质量管理则为控制质量奠定基础；团队工作法提供了灵活多变和分权处理的模式；并行工程则是一种项目组织形式，可以在产品设计开发过程中综合考虑多方面的需求。制造资源计划则是美国现代生产管理模式的代表，与精益生产更加充分地考虑利用人的集体意识和团队组织不同，它主要依靠现代先进制造技术和计算机辅助管理，打破传统的工厂车间、班组甚至工序之间的界限，通过计算机一次完成计划编制，这具体包括产品生产大纲、资源需求量计划、主生产计划、物料需求计划、粗生产计划、能力需求计划等。

沿着企业流程再造理论所指引的方向，现代生产管理理论不断增加灵活性和适应性，制造资源计划（MRP Ⅱ）和灵捷制造（FM），将成为未来最可能居于主导地位的生产管理理论和模式。根据美国政府1992年的一份报告指出，灵捷制造是以具有创新精神的组织体和管理结构、以信息技术和柔性智能技术为核心的制造技术系统、具有高素质和丰富知识而且得到适当授权的员工三类资源为基础，才能够得以有效地实施。相比其他制造模式来说，灵捷制造具有更强大的反应能力。与此同时，互联网的浪潮席卷全球，上网的企业和个人越来越多，互联网已经成为企业开展经营管理活动必不可少的一环，对任何企业来说，都不得不面临电子商务的挑战。开展电子商务需要企业内部能够适应互联网的需求，制造资源计划可以为企业开展电子商务奠定扎实的基础。从目前的发展态势看，企业必须要全面参与电子商务，才能够在未来的竞争中占有一席之地。

五

20世纪70年代，日本公司迅速崛起，此后在世界范围内掀起了向日本学习的浪潮。通过比较分析，人们发现日本公司能够在较短时间内获得成功的一个重要原因，在于其独特的企业文化。80年代初日裔美国管理学家威廉·大内创造了“Z理论”，并提出与此前不同的人性假设——文化人假设。在这个阶段中企业文化理论得到了极大的发展，并逐渐渗透到管理学的各个领域。人们开始认识到，企业在经营上获得成功不仅取决于所谓的“硬件”和对个体、群体的研究，还要充分考虑企业作为一个整体所具有的价值观、理念体系，以及以此为基础而形成的特殊企业文化。

如果说企业文化理论仅仅将分析的视角局限于企业内部这个狭窄的空间里，那么企业伦理理论的触角则伸到了企业外部社会环境当中的诸多领域。随着人们对企业经营活动本质的认识日益深刻，一个普遍的观点是：企业经营互动不仅仅为企业的经营者团队创造最大价值，也不单单是为股东或企业的所有者创造最大的价值，而是要充分符合许多相关利益团体的利益，这就产生了所谓的“利益相关者”假说。“利益相关者”（Stakeholder）一词最早出现于20世纪60年代（Ambler. T. and Wilson. A.，1995），可能是关于股东（Shareholder）的一个文字游戏。一般来说，利益相关者包括企业所有者及股东、行政管理人员、雇员及其家属、顾客、供应商和竞争者，当地社区、政府，以及最近又提出的物理环境。从某种观点看，利益相关者假说的出现，把关注的范畴扩大到全社会所有在商业交易活动中所涉及并应当受到注重的各种团体和成员。从目前发展的情况看，越来越多的上市公司的股权结构呈现日益分散化的态势，股东的人数也在不断增加。随着企业的规模变大，销售的地域范围扩展，产品种类和数量的增加，以及在不同国家和地区设立分支机构，需要在当地雇用人员，因而所涉及的利益相关者的数量和范围也就越多，所产生的各种利益关系也就更加复杂。

企业伦理学的另两个主要研究领域分别是公司责任和社会责任，戴维·弗里切将之称为微观契约理论和宏观契约理论，两者合起来形成了综合社会契约（戴维·弗里切，1999）。唐纳森和邓斐主张将综合社会契约理论看做是一种“真实的、全面的、全球的规范性企业伦理学理论……”宏观社会契约提供了全球性规范，具有普遍性的意义，而微观契约则提供了社团规范，必须是在社团内部意见一致的基础上确定形成的规范。

企业伦理学能够取得发展很大程度上要归功于其他学科（如哲学、神学）的学者所做的贡献。因此，德乔治（De George，1987）认为，早期企业伦理的研究主线是规范研究而不是经验研究，这种研究旨在把各种道德理论更加广泛地应用于企业经营决策活动中，分析商业活动中的道德问题与不道德行为，并开拓出诡辩术的新领域，用于解决企业活动中经常遇到的两难处境。最近几年，企业管理学者将更多的兴趣投向企业伦理学，也带给这门理论更多经验研究的方法和应用。不过在企业伦理学发展过程中，一个重要且最有争议的问题是没有固定的或公认的道德尺度，原因在于文化的相对性，如果有人主张任何绝对的或超越文化差异的道德规范，就会导致道德霸权主义的指控（Donaldson，1989）。在未来的发展中，宏观社会契约或得到普遍承认的道德规范必然会发生变化，那么企业所要遵守的微观契约也要在一定强度上随之调整。如何在调整的过程中降低利益冲突，减少对企业的影响也成为了一个必须研究的课题。再者，要分析不同利益相关者对企业可能造成的不同影响，找出能够对企业产生长远和重大影响的团体和力量。应当说，在企业需要承担更多社会责任和公司责任的时代，企业伦理学将会得到进一步的发展。

在经济全球化、知识网络化和信息技术广泛应用的背景下，“新管理理论丛林”呈现出明显的时代特征。它包含的特有的理论、范式和方法是孔茨时代所无法比拟的。21 世纪的管理学越来越多地渗入知识理论、信息理论以及经济学、伦理学、社会学和法学等学科的有关知识，一个充满活力和探索、融汇多学科知识的“新管理”世纪正在到来。

参考文献

[1] 黄顺基. 走向知识经济时代. 北京：中国人民大学出版社，1998.

[2] 李新春. 企业联盟与网络. 广州：广东人民出版社，2000.

[3] 彼得·圣吉. 第五项修炼. 上海：上海三联书店，1996.

[4] 理查德·达夫特. 组织理论与设计精要（中译本）. 北京：机械工业出版社，1999.

[5] 马尔科姆·沃纳. 工商管理大百科全书（中译本）. 沈阳：辽宁教育出版社，1999.

[6] 戴维·弗里切. 商业伦理学（中译本）. 北京：机械工业出版社，1999.

[7] 陈佳贵. 现代企业管理理论与实践的新发展. 北京：经济管理出版社，1998.

[8] 于中守. 现代管理新视野. 北京：经济日报出版社，1996.

[9] Chester Spell. Where do Management Fashions Come From, and How Long do They Stay? Journal of Management History, vol.5, Issue 6, 1999.

[10] Jane Whitney Gibson. Management History Guns of the 1990s Their Lives, Their Contributions. Journal of Management History, vol.5, Issue 6, 1999.

（高闯、邵剑兵，原载于《经济管理》2000 年第 13 期）

基于动态耦合的企业管理国际竞争力（EMGC）评价体系

在经济全球化和中国“入世”的背景下，准确把握与提升国际竞争力成为企业经营中的重要任务。现有基于外生竞争优势理论或内生竞争优势理论的企业竞争评价指标体系不能准确地评价企业的国际竞争力。借助于更科学的理论，设计出更合理、更贴近实际的企业竞争力评价指标体系成为当务之急。本文提出的动态耦合理论是一种把内生竞争优势理论与外生竞争优势理论结合在一起的综合竞争优势理论。基于动态耦合理论我们设计出 EMGC 企业竞争力评价指标体系，尝试采用 EMGC 三维动态耦合分析法，展示不同竞争环境下的企业策略空间。

一、当前企业竞争力评价体系的解读

随着经济全球化进程的加快，我国经济逐渐和世界经济融为一体，经济增长率每年平均以 8.4%的速度向前推进，国家经济实力日益增强，但我国企业在国际市场竞争中的位次却逐渐后移。根据《世界竞争力年鉴》等资料分析，中国企业的总体生产率在世界范围内排名一直呈下降趋势，从 1999 年的第 10 位下降到 2003 年的第 24 位（见图 1），企业效率的下降制约了国家整体竞争力的提高。特别是加入世界贸易组织后，中国企业的竞争环境发生了重大变化，而对新的竞争规则，中国企业显得力不从心。通过对企业现有竞争力评价指标体系的调查与分析，找出现有指标体系存在的问题，进而提出适合我国企业实际情况的新指标体系就显得尤为重要。

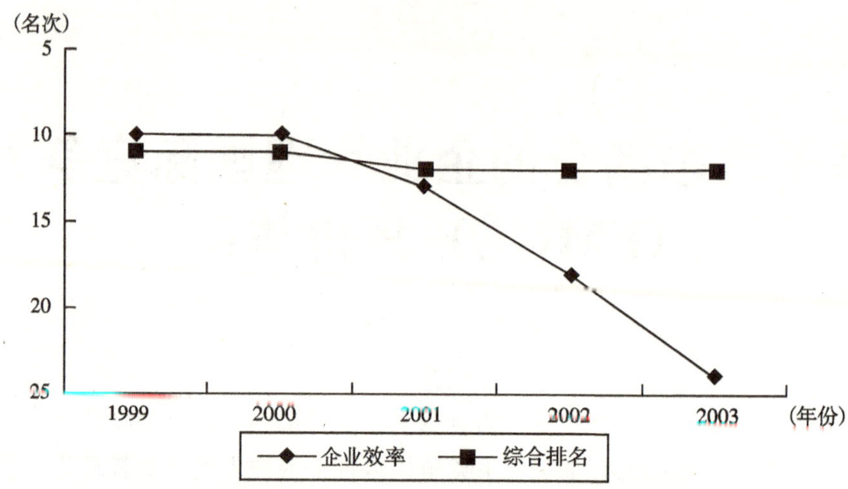

图 1　中国国际竞争力——企业效率、综合排名变动状况

资料来源：http：//www.imd.ch/wcy.

目前研究国家竞争力的机构主要有世界经济论坛（WEF）、瑞士洛桑国际管理发展学院（IMD）和中国人民大学竞争力评价研究中心。WEF 与 IMD 是国际上权威的国际竞争力评价机构，每年对工业化国家和重要发展中国家的竞争力进行综合评价，在国际竞争力研究方面已分别构建了系统的评价体系，形成了较为完善的评价方法。这些评价体系只是把各国企业管理国际竞争力作为国家整体评价的要素之一，针对各国或地区进行整体评价，而不是专门评价企业个体。

专门从企业角度研究企业竞争力的机构主要有《财富》、《商业周刊》、《福布斯》、国家体改委中国国际竞争力研究小组、国家经贸委经济研究中心及中国企业联合会等。

这些机构的评价指标体系对比详见表 1。

WEF 与 IMD 都选择与经济中长期增长密切相关的数据构建指标评价体系。二者的评价体系数据均为两类：一类是能够合理反映一国经济表现、技术能力和基础设施等总体状况，即经济活动事后结果的数量数据（硬数据），这些数据来自有关国际和区域性机构、各国统计机构及私人机构的正式统计结果；另一类是问卷调查数据（软数据），这些数据主要来自参评国家和地区企业家及政府官员每年问卷调查中对本国或本地区经济竞争力状况的主观意向性评价指标，软指标的设计是为了量化那些不容易评测的问题。

WEF 对调查的作用推崇备至，从总体来看，WEF 的国际竞争力评价体系向

表 1　竞争力评价指标对比

<table>
<tr><th></th><th>评价机构</th><th>评价对象</th><th colspan="3">评价主要要素</th></tr>
<tr><td rowspan="6">国家竞争力评价机构</td><td rowspan="3">世界经济论坛（WEF）</td><td rowspan="3">102 个国家和地区（2003 年）</td><td>八大要素</td><td colspan="2">开放程度、政府效能、金融实力、基础建设
科技实力、企业管理、劳动市场、法律制度</td></tr>
<tr><td rowspan="2">微观竞争力指标</td><td>成长竞争力指标</td><td>科技指标、公共政策指标、宏观经济环境指标</td></tr>
<tr><td>微观经济竞争力指标</td><td>公司运营及策略指标、国家商业环境品质指标</td></tr>
<tr><td rowspan="2">瑞士洛桑国际管理发展学院（IMD）</td><td rowspan="2">59 个国家和地区（2003 年）</td><td>八大要素体系</td><td colspan="2">国内经济、国际化、政府、金融、基础设施、企业管理、科学与技术、国民素质</td></tr>
<tr><td>四大要素体系</td><td colspan="2">经济绩效、政府效率、企业效率、基础设施</td></tr>
<tr><td>中国人民大学竞争力评价与研究中心</td><td>中国</td><td colspan="3">同 IMD 四大要素及八大要素</td></tr>
<tr><td rowspan="7">企业竞争力评价机构</td><td rowspan="3">《财富》</td><td rowspan="2">全球 500 强</td><td>主指标</td><td colspan="2">年度总收入，即中国“主营业务收入”</td></tr>
<tr><td>辅指标</td><td colspan="2">税后利润、资产、股东权益和雇员人数</td></tr>
<tr><td>全球“最受尊敬的公司”</td><td colspan="3">管理质量、产品与服务、创新精神、长期投资价值、财务实力、公司资产使用状况、社会责任、吸引培养和留住人才的能力、对全球业务反映的敏锐程度</td></tr>
<tr><td>《商业周刊》</td><td>全球 1000 家公司</td><td colspan="3">当年 5 月最后 1 个交易日的全球各大股市股票收市价</td></tr>
<tr><td>《福布斯》</td><td>全球 500 强</td><td colspan="3">公司每年的营业额、利润、资产额和股票市值</td></tr>
<tr><td>中国国家经贸委</td><td>主要为国家大中型国有企业</td><td>一级指标</td><td colspan="2">规模竞争力、市场开拓竞争力、管理竞争力
学习与创新竞争力、政策与环境竞争力</td></tr>
<tr><td>中国企业联合会</td><td>中国企业</td><td>主指标</td><td colspan="2">经济效益、财务状况、管理水平、科技进步、员工素质、对外开放程度、社会效益</td></tr>
</table>

软指标的倾斜度较大，在全部测评指标中硬数据所占比例仅为 1/3 弱，软数据的比例高达 2/3 以上。以企业管理要素为例，我们能够非常清楚地看到这个特点（详见附表 1）。建立这种指标结构的理论依据是，目前全球经济发展的基本趋势表明，一国经济国际竞争力的提高程度，越来越取决于该国各项“软指标”的表现。

IMD 指标体系中，硬指标占 2/3，软指标占 1/3。我们仍以企业管理要素为例来说明（详见附表 2）其主要原因：一是 IMD 拥有一个由 52 家长期协作机构的独特网络，可以帮助他们收集到第一手的可靠、准确及最新的所在国数据资料；二是其回避了指标的主观随意性。

在分析方法上，WEF 首先对指标均赋予不同的权重；其次是采用回归、因子分析方法构建增长指数和微观经济竞争力指数，并把指标数据进行统计标准化处理，再分别对各大要素的下属数据指标加权综合，得出各大要素指数；最后把各大要素指数加权综合，所得结果即为一国经济的总体国际竞争力指数。微观经济竞争力指数的综合方法与此基本相同。IMD 的分析方法主要是通过收集整理 321 项国际竞争力评价指标的相关数据，将硬数据的权重设为 1，调查数据的权重设为 0.64（主要是为了控制调查数据可能具有的随意性）。同时对每一个子指标，不管它包括多少具体的评价标准均设为同样的权重，即 5%。这样就可“锁定”各子指标的权重，这样可与过去的评价结果兼容。《财富》主要根据公司年度总收入和利润两个指标来选取全球 500 强企业；《商业周刊》以股票市价为主指标评选全球 1000 家公司；《福布斯》也评选全球 500 强企业，它则以公司的年营业额、利润、资产额和股票市值为主要指标。

这些指标体系尤其是 WEF 和 IMD，经过多年的应用及不断调整已经相对稳定并具有相当的权威性。但它们也不是完美无缺的，特别是用于评价刚“入世”的中国企业，局限性就比较明显了。具体来说，主要表现在以下几个方面：

（一）评级体系的动态性与静态性的偏离

WEF 和 IMD 逐年修改研究方法和改进评价指标，虽然更切合经济发展的内在逻辑和现实情况，但却给分析一国竞争力状况的历年变化带来了难度，同时也不能在分析某个企业或行业时给以针对性的指导；而《财富》、《商业周刊》及《福布斯》在评价某些企业时，指标的选取及分析相对来说是长期不变的，这对分析一个企业或行业的总体发展有一定的指导意义，但在深入分析企业的个体经营现状及潜力时又显不足。

（二）评价体系中过多地运用软指标影响了评价结果

现有评价体系的数据多数都分为软指标和硬指标两个方面，WEF 和 IMD 的评价体系都采用了许多软指标。如 WEF 在 2001 年 174 个指标中的 80.5%及 2002 年 314 个指标中的 40%都是软指标。软指标的优点是个性化信息保留较多，对未来的把握相对来说比硬指标好，但其缺点是主观随意性较强。同时，不同国家或地区间的差异性影响了软指标的可比性。

（三）管理要素指标设计不完善，无法独立地评价一个企业的竞争力

WEF 和 IMD 的评价体系主要用来分析一国或一个地区的竞争力，企业管理

只是该体系中的一个因素，指标设计过于粗糙、简单，不能独立地、完整地作为一个体系来评价一个企业的竞争力状况；而《财富》、《商业周刊》及《福布斯》则以具体的企业为分析对象，但是它们仅以几种要素来评测企业，评价要素不全面、不完整。

（四）评价指标设置的随意性和重复性导致结果不准确

有些评价指标的重复性、交叉性较大，指标处理又不进行关键指标和相关指标的分析和筛选，对不同层次、重要性不同的指标用统一的权重来计算，导致计算结果有失正确性。

在确定指标评价标准时，某些方面显得比较武断，甚至用一些有争议的结论作为评价标准，如汇率、政府支出、赤字对一国竞争力的影响；另外，还将不同竞争主体（如国家、企业）和竞争政策（如制度、产品）等因素放在一起，加权计算，使加权值几乎失去了意义。

上述分析可知，现有的评价体系并不能准确全面地反映出一个企业的国际竞争力。所以，在借鉴国内外企业竞争力指标体系的基础上，设计中国企业管理国际竞争力评价指标体系就显得非常重要。

二、EMGC 指标体系的分析框架

企业竞争力是众多因素共同决定的结果。根据公司竞争理论和企业的利益相关者理论，从表征上看，公司价值的大小是企业国际竞争力的直接表现形式，也就是说，反映公司价值的资产规模、获利能力、治理效率等指标，直接影响企业的竞争力。所以，构造企业竞争力评价指标体系时，应引入反映公司价值的影响因子和指标。但从根本上讲，虽然公司价值是决定企业竞争力的直接因素，但不能仅以此作为评价企业竞争力的唯一指标。公司价值更多地反映出企业竞争力的结果，是以结果为导向的要素指数，它只是“冰山”露出水平面的部分；而影响和支撑公司价值指数的因素主要是公司战略协同能力，也是企业保持持久发展的关键。战略的有效性取决于企业制度、组织文化和技术等企业变革和创新基础。

这些因素共同作用，反映出企业的创新能力。进一步讲，打造企业战略协同能力和创新力的基础是包括生产与质量效能、人力资本效能和市场营销效能在内的企业运营能力。营运力指数是企业日常经营管理活动的具体反映，企业的战略协同力和创新力都需要贯彻到日常经营活动中，并通过日常经营活动推动企业价值指数的增加，进而促进企业竞争力的提升。同时，三种能力需要相互协调、相互配合，单个能力的提高不足以产生强大的企业竞争力。

（一）EMGC 的核心框架

基于上述分析，本指标体系由三种能力、四种指数以及多重指标构成。包括战略协同能力、创新能力和市场影响能力；公司价值指数、战略协同力指数、创新力指数和营运力指数。

$$C = f(v, s, i, o)$$

其中，C 表示企业国际竞争力综合指标；v 表示公司价值指数，s 表示战略协同力指数，i 表示创新力指数，o 表示营运力指数。

首先，简单解释一下这几个指数的含义：①公司价值指数：提升公司价值并为利息相关者创造财富是公司的生存目的，也是企业竞争力的终极体现。根据利益相关者理论，本指标体系中引入了广义的股东范畴，即采用了利益相关者的概念。②战略协同力指数：企业进行战略规划、实施战略规划的能力，以及对市场进行控制的能力，包括市场中的影响力，对上、下游厂商的控制力和对竞争对手的影响力，等等。③创新力指数：进行变革以适应新环境的能力，创造新产品、新技术以及新管理手段和模式的能力。④营运力指数：企业日常经营运作的能力水平。

（二）EMGC 评价指数

下面详述 EMGC 评价指数的构成要素及其相互关系（见图 2、表 2）。

（1）公司价值指数。公司价值指数由三个指标构成，分别是资产规模、获利与安全和治理效率。其中，资产规模主要描述企业拥有的实物资产和无形资产的规模；获利与安全则从财务角度反映出企业的经营绩效及安全程度；治理效率从另一个角度反映出企业确保股东利益以及对利益相关者承担责任的能力（见表 3）。

（2）战略协同力指数。战略协同力指数包括下述三个指标，分别为战略规划实施、市场控制和国际化。其中，战略规划实施衡量被考察企业制订长远规划、

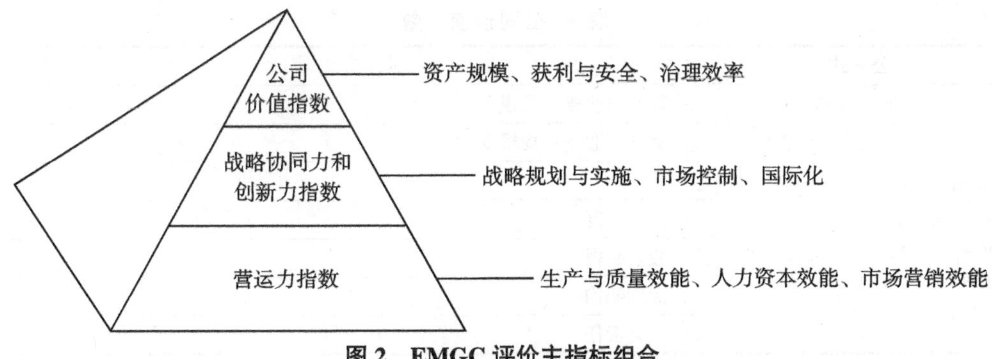

图 2　EMGC 评价主指标组合

表 2　EMGC 评价体系

一级分类	二级分类	三级分类
1. 公司价值指数（v）	资产规模 v_1	资产（业务）规模 v_{11} 资产（业务）规模变化 v_{12}
	获利与安全 v_2	获利能力 v_{21} 安全程度 v_{22}
	治理效率 v_3	股东回报 v_{31} 治理架构 v_{32} 社会责任 v_{33}
2. 战略协同力指数（s）	战略规划实施 s_1	高管人员 s_{11} 战略规划 s_{12} 战略实施与调整 s_{13}
	市场控制 s_2	市场影响力 s_{21} 服务质量 s_{22} 对其他企业的支配力 s_{23}
	国际化 s_3	国际拓展度 s_{31} 国际敏锐度 s_{32}
3. 创新力指数（i）	制度与架构 i_1	制度要素 i_{11} 结构要素 i_{12}
	组织文化 i_2	文化柔性度 i_{21} 文化认知度 i_{22} 创新性声誉 i_{23}
	技术 i_3	工艺设备 i_{31} R&D i_{32}
4. 营运力指数（o）	生产与质量效能 o_1	生产效能 o_{11} 产品质量 o_{12} 标准化 o_{13}
	人力资本效能 o_2	员工结构 o_{21} 员工满意度 o_{22} 人员素质与能力 o_{23} 人才安全度 o_{24}
	市场营销效能 o_3	渠道 o_{31} 客户关系 o_{32}

表3　公司价值指数

公　式	具体含义
$v=\{v_1, v_2, v_3\}$ 其中： $v_1=\{v_{11}, v_{12}\}$ $v_2=\{v_{21}, v_{22}\}$ $v_3=\{v_{31}, v_{32}, v_{33}\}$	v_{11}：资产（业务）规模
	v_{12}：资产（业务）规模变化
	v_{21}：获利能力
	v_{22}：安全程度
	v_{31}：股东回报
	v_{32}：治理架构
	v_{33}：社会责任

资源运用和战略的实际执行状况；市场控制则反映了企业在市场中的影响程度和范围；国际化从全球的角度分析目标企业在国际市场中的运作能力（见表4）。

表4　战略协同力指数

公　式	具体含义
$s=\{s_1, s_2, s_3\}$ 其中： $s_1=\{s_{11}, s_{12}, s_{13}\}$ $s_2=\{s_{21}, s_{22}\}$ $s_3=\{s_{31}, s_{32}, s_{33}\}$	s_{11}：高管人员
	s_{12}：战略规划
	s_{13}：战略实施与调整
	s_{21}：市场影响力
	s_{22}：服务质量
	s_{31}：对其他企业的支配力
	s_{32}：国际拓展度
	s_{33}：国际敏锐度

（3）创新力指数。创新力指数显示出企业打破原有的框架与模式，采用新的经营思想、理念、架构及运行机制的能力。在全球经济日益一体化以及不确定性逐渐增强的大背景下，创新力越来越成为决定企业竞争力的关键指标。在本评价指标体系中，将创新力指数划分为三个内容，即制度与架构、组织文化、技术。其中，制度与架构是创新力得以产生和发挥的基础；组织文化则是推动创新力形成并持续产生影响的软因素；技术则是创新力的直接显现（见表5）。

（4）营运力指数。营运力指数是企业日常运作的概括，也是企业国际竞争力的基础。我们将营运力指数划分为三个组成部分，即生产与质量效能、市场营销效能和人力资本效能（见表6）。

表5　创新力指数

公　式	具体含义
$i=\{i_1, i_2, i_3\}$ 其中： $i_1=\{i_{11}, i_{12}\}$ $i_2=\{i_{21}, i_{22}, i_{23}\}$ $i_3=\{i_{31}, i_{32}\}$	i_{11}：制度要素
	i_{12}：结构要素
	i_{21}：文化柔性度
	i_{22}：文化认知度
	i_{23}：创新性声誉
	i_{31}：工艺设备
	i_{32}：R&D

表6　营运力指数

公　式	具体含义
$o=\{o_1, o_2, o_3\}$ 其中： $o_1=\{o_{11}, o_{12}, o_{13}\}$ $o_2=\{o_{21}, o_{22}, o_{23}, o_{24}\}$ $o_3=\{o_{31}, o_{32}\}$	o_{11}：生产效率
	o_{12}：产品质量
	o_{13}：标准化
	o_{21}：员工结构
	o_{22}：员工满意度
	o_{23}：人员素质与能力
	o_{24}：人才安全度
	o_{31}：渠道
	o_{32}：客户关系

（三）EMGC评价方法

EMGC评价体系包含以下两种方法：

（1）特征量评价法。第一，将各个竞争力评价指标转化为同度量指标——竞争力特征分量，选择出行业最好水平和最差水平进行计算。

$$令\ Y_{ik}=(x_{ik}^{max}-x_{ik})/(x_{ik}^{max}-x_{ik}^{min})$$

其中，i表示x所代表指标在整个指标体系中所处的位置；k表示参与评估企业的数量，k=1，2，3，…，n；x_{ik}表示第k个企业第i个指标的实际测量值；x_{ik}^{max}表示在所调查的企业中第i个指标的最大值；x_{ik}^{min}表示在所调查的企业中第i个指标的最小值。

经过上述处理，就可以得到最底层指标的调整值，为下一步的统计工作奠定基础。

第二，将每一种竞争力的各个特征分量综合为一个指标——竞争力特征量。

对于第一层和第二层指标，可以利用下述公式计算获得：

$$Z_{ik}=\sum r_{(i+1)n}\times y_{(i+1)n}$$

其中，Z_{ik} 表示第一层和第二层的指标值；$r_{(i+1)n}$ 表示上述指标下一层次第 n 个指标的权重；$y_{(i+1)n}$ 表示上述指标下一层次第 n 个指标值。

表 7 1~9 比率标度

标 度	含 义
1	表示两因素相比，具有同样的重要性
3	表示两因素相比，一个因素比另一个因素稍微重要
5	表示两因素相比，一个因素比另一个因素明显重要
7	表示两因素相比，一个因素比另一个因素强烈重要
9	表示两因素相比，一个因素比另一个因素极端重要
2，4，6，8	上述两相邻判断的中值

上述权重矩阵可以利用下面方法得到：

根据经验数据以及基本理论模型，构造出一套具有一定普遍性的权重矩阵。可以采用表 7 所述方法：确定参数（权重）的过程主要利用层次分析法，运用 1~9 比率标度，对出于不同层次的指标分别进行两两比较，在获得上述分数后，就计算出适合不同层次指标的最终权重值。

$$r_{ik}=\sum_{k=1}^{m}P_{ik}\Big/\sum_{i=1}^{n}\sum_{k=1}^{m}P_{ik}\,(i=1,\ 2,\ 3,\ \cdots,\ n;\ k=1,\ 2,\ 3,\ \cdots,\ m)$$

其中，P_{ik}表示第 k 个专家对第 i 个指标的评价；r_i 表示第 i 个指标的权重。

根据上述公式可以得到权重矩阵：

$$r_i=\{r_{i1},\ r_{i2},\ r_{i3},\ \cdots,\ r_{in}\}$$

根据被调查企业所处行业的不同，在吸收专家意见的基础上，设计出各项下位能力的参数（权重），对各项下位能力的分数进行必要的调整，使之符合所处行业的特征。

第三，将各个规划值按照层次分别综合成一个指标——竞争力层次特征量。

即 $Y_i=x_i\times r_i$（$i=1,\ 2,\ 3,\ \cdots,\ n$）

第四，将各个竞争力层次特征量综合成一个指标——总竞争力特征量（方法同上）。

（2）要素计分评价法。设定不同的区间对应的分数，最终进行加总，就可以得到每个企业竞争力评价的总分。

总评价基本分数：1000分。其中，公司价值指数（v）：250分；战略协同力指数（s）：250分；创新力指数（i）：250分；营运力指数（o）：250分。

第一，设计出不同层次各个指标的分数。首先，设计出上述四个基本能力下位的各项能力的基本分数，这是本企业竞争力指标评价体系的基本分数框架。具体方法为：邀请行业专家对各项竞争力指标的权重按照由高到低的顺序进行判定，将上位指标的总分数分解为下位指标的具体分数。通过各层次的指标分数分解，就为每个指标确定了具体的分数。

第二，设计评判分数的标准。其核心在于：选择标杆企业，确定行业最佳水平；对定性指标，一般给予一定的判断区间；对定量指标，参照标杆企业和最差水平进行调整；对上述所计算出的数值，分别乘以所对应的预先规定之分数，即可以得到最终各项竞争力指标的分数值。

第三，采集数据后，对企业的各项指标给予打分。采集数据时按照调研指标、评价指标和分析指标分别进行处理。其中，评价指标需要对多个专家的意见进行综合处理，也可以按照专家的重要性程度设计权重，或按照同等重要性进行处理；分析指标是借助专家的力量，对分析指标进行处理。

第四，综合计算最后得分。通过以下步骤完成：确定指标体系，设计调研问题；进行体系和目标的收敛；收集数据，并在初步数据处理后获得调研指标和评价指标；专业人员分析，获得分析指标；确定权重，获得最终结果；确定标杆企业，进行比照；诊断原因，向企业提供改善性建议。

三、EMGC分析方法与策略空间

（一）EMGC三维动态耦合分析法

现有的分析方法主要有以下几种：

（1）寻找差距型方法。此方法是通过与国际上同类企业的相互比较，完成对现有企业竞争力差距的分析和比较。因而，在国际范围内选择适合的标杆企业，并努力寻找出与标杆企业之间竞争力指标中存在的差异，发现自身的不足和长处。寻找差距的方法主要有：雷达图法和波图法。

不过，寻找差距型分析法的主要目的就是寻找到被考察企业与标杆企业之间的差距。简单地应用这类方法只能寻找到企业竞争力的不足之处，无法从更深层次说明这种差异对企业的重要程度，以及怎样消除这种差异。因此，此类方法必须要与其他方法结合起来使用。

（2）综合分析型方法。利用企业国际竞争力指标直接进行比较可能会造成对外部环境的忽视。因此，综合分析法认为，要结合企业外部所面临的机会与威胁，对企业国际竞争力指标中所表现出来的优势和缺陷逐一分析，并对企业进行总体判断，从而为今后的战略规划提供依据。

综合分析的方法主要有：SWOT 分析法和 BCG 矩阵分析法。综合分析法特别是传统的 SWOT 分析法只是将外部因素简单地划分到环境中，并分解为机会和威胁两类要素。我们认为，这种划分方法过于简单化，无法更好地解释我国企业加入世界贸易组织后可能面临的特殊情况。

我们认为，在设计中国企业国际竞争力指标体系并加以利用的过程中，简单地将国际一流企业当做标杆企业，可能会使企业国际竞争力的评价出现偏差，而且单纯采用寻找差距型方法、综合分析法，可能会降低评价指标体系的实用性。因此，本指标体系中采用了如下方法：

本方法基于如下假设：①我国加入世界贸易组织之后相当长的一段时间内，国内环境与国际环境仍然会存在比较大的差别；②国内环境将逐渐向国际环境靠拢，即随着国际化程度的不断提高，对企业而言，国内环境越来越等同于国际环境；③由于上述过程是一个不断变化的动态过程，因此，要持续地跟踪竞争力和环境因素的变化，及时对企业发展方向与策略进行调整。

由上述假设出发，我们认为，国内环境可以理解为国内环境中竞争对手集合，而国际环境可以理解为国际环境中的竞争对手集合。两者的集合可能存在一定的交叉，随着一个国家国际化程度的不断提高，两个集合的交叉范围也逐渐增大，国内与国际环境下对被考察企业的影响力也逐渐趋同。

在获得被考察企业的管理国际竞争力指标后，下面的工作是：①对该企业所处的国内环境和国际环境进行全面和深入的分析，从动态的角度剖析国内环境向国际环境所组合形成的环境向量，寻找到在当时以及未来的一段时间内环境中各种有利和不利的影响因素，预测这些因素的影响程度；②将上述因素与企业竞争力指标进行综合考虑，确定企业所处的空间位置，从而指明企业的发展方向和策略。

上述思路可以用数学公式表示为：

$$u_{ik} = \{c_i, (n_i, w_i)\}$$

其中，$n_i \rightarrow w_i$；u_{ik} 表示企业 i 可以采取的策略空间集，按照图 3 所示，企业 u 可以采取的策略集有 8 个，即 $u_{ik}(k = 1, 2, \cdots, 8)$；$n_i$ 表示企业 i 所面对的国内环境的影响度，其含义为：国内环境中诸要素（专门指国内环境中的各个竞争对手）对被考察企业的综合影响程度，取值区间为［-∞，+∞］；w_i 表示企业 i 所面对的国外环境的影响度，其含义为：国际环境中诸要素（专门指国际环境中的各个竞争对手）对被考察企业的综合影响程度，取值区间为［-∞，+∞］。

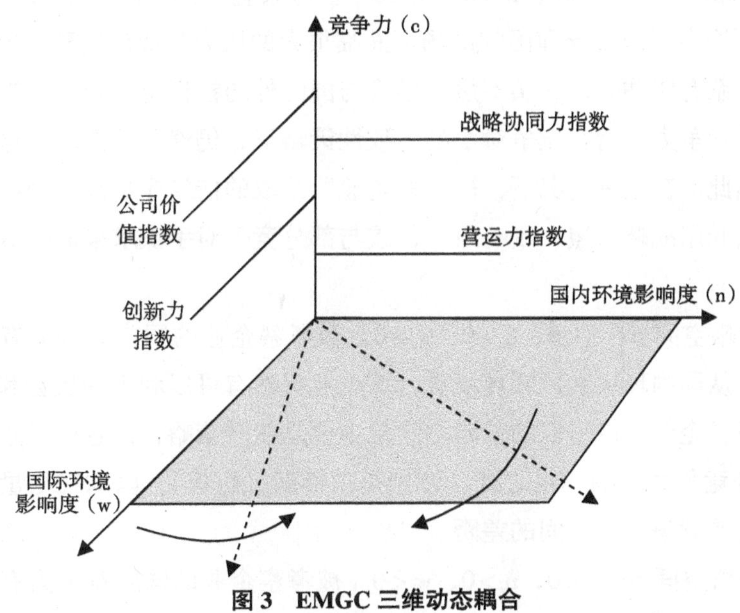

图 3　EMGC 三维动态耦合

（二）EMGC 多维策略空间集

（1）策略空间 1：$c_i>0$，$n_i>0$，$w_i>0$。被考察企业的国际竞争力具备一定的优势，国际环境和国内环境均呈现出有利的局面，即被考察企业与国际和国内的竞争对手之间形成了比较大的优势，企业就可以充分利用良好的外部机遇。因此，企业可以采取国际扩张战略、国际多元化战略和国际一体化战略。

（2）策略空间 2：$c_i>0$，$n_i>0$，$w_i<0$。被考察企业的国际竞争力具备一定的优势，国内环境中呈现出有利的局面，即相对于国内的竞争对手还具有一定的优势；但国际环境中却呈现出不利的局面，即与国际环境中的竞争对手相比，还存在较大的差距。在这种情况下，企业宜采取的策略为：利用在国内市场中的机会，抓住我国加入世界贸易组织并向国际化转型的时间差，尽快提高自身的国际竞争力。

（3）策略空间 3：$c_i>0$，$n_i<0$，$w_i>0$。被考察企业的国际竞争力具备一定的优势，国内环境中呈现出不利的局面，但在国际市场中却表现出良好的态势。国内这样的企业不多，但这类企业能够很好地在国际市场中发挥自身的优势，大多被称为“外向型”企业。

（4）策略空间 4：$c_i>0$，$n_i<0$，$w_i<0$。被考察企业的国际竞争力具备一定的优势，但不论在国内市场和国际市场都面临很大的压力，或许这种情况与 EMGC 评价指标体系有所冲突，其实不然。尽管与国内外的杠杆企业相比，被考察企业具有较强的竞争力，但在竞争对手的一致性策略下，仍然可能无法将这种优势发挥出来。因此，在这种情况下，被考察企业所采取的措施应当是推动产业结构的变换，包括利用战略联盟、收购兼并，或与部分竞争对手谋求采取一致性行动等手段。

（5）策略空间 5：$c_i<0$，$n_i>0$，$w_i>0$。被考察企业的国内竞争力有一定的劣势，不过，从国内环境和国际环境看，该企业仍然有可以利用的机会和优势。在这种情况下，企业可以采取的策略空间集主要是扭转策略，即企业最迫切的任务是迅速弥补竞争力中的不足之处，特别是关键的“短板”，以求在尽量短的时间里消除与主要竞争对手之间的差距。

（6）策略空间 6：$c_i<0$，$n_i>0$，$w_i<0$。被考察企业的国际竞争力有一定的劣势，尤其是在国际市场中，这种差距表现得非常突出；但在国内环境中并不明显，甚至还有一定的机会。这种状况可能是因为国内市场与国际市场相比的某些特殊性所决定的。因此，企业需要充分借助国内市场的机会，逐步提升自身的竞争力；与此同时，以国外优秀企业为杠杆，明确努力方向。

（7）策略空间 7：$c_i<0$，$n_i<0$，$w_i>0$。被考察企业的国际竞争力有一定的劣势，这种劣势在国内市场中表现得很明显，但在国际市场中却有一定的机会和优势。这种状况的原因可能在于：该企业具备一定的国际运作经验和能力，并能够很好地将国内市场与国际运作结合起来，尽管其竞争力不是很强，但却拥有比较好的机会。这类企业的策略空间集为：积极拓展国际化经营，并逐步提升竞争力水平，以国际市场为突破口，随着国际市场与国内市场的趋同，逐步构建在国内市场中的优势地位。

（8）策略空间 8：$c_i<0$，$n_i<0$，$w_i<0$。被考察企业的国际竞争力水平很低，在国际市场与国内市场中又都面临着严峻的威胁，这类企业的明智选择是维持策略或撤退策略。

四、EMGC 指标体系应用：一个实证研究

为了检验 EMGC 指标体系的适用性，“中国企业管理全球竞争力评价体系研究与应用”课题组于 2002 年对辽宁省 110 家企业、6 个行业进行了有关企业竞争力的问卷调查。经数据分析和处理后，我们选取电子信息产业来说明该指标体系的可行性。

本评价指标体系共有 108 个指标，由于各个指标对国际竞争力的影响不同，指标间的相关性也不同，因此在实际分析中，考虑各个指标的重要性、代表性及可比性，采用主要成分提取收敛法，对指标体系进行了收敛，剔除非独立指标和较次要指标、合成同类指标，使指标体系收敛到 70 个和 30 个指标后再进行详细的分析。表 8 中的数字代表各部分的指标数，这些收敛的指标经过专家多次讨论，而且用收敛的指标体系对企业竞争力评价结论与在全部指标体系下的分析结论大致相同，这说明收敛后的指标体系具有科学性和代表性。EMGC 的 32 个收敛指标见表 8。

表 8 EMGC 的 32 个收敛指标

公司价值指数	创新力指数
v_1 资产（业务规模）	i_1 制度要素
v_2 盈利能力	i_2 结构要素
v_3 财务结构	i_3 文化柔性度
v_4 股东回报	i_4 文化认知度

续表

公司价值指数	创新力指数
v_5 治理架构	i_5 创新性声誉
v_6 社会责任	i_6 工艺设备
	i_7 研发
战略协同力指数	营运力指数
s_1 高管人员	o_1 生产效率
s_2 战略规划	o_2 产品质量
s_3 战略实施与调整	o_3 标准化
s_4 市场影响力	o_4 员工结构
s_5 服务质量	o_5 员工满意度
s_6 对其他企业的支配力	o_6 人员素质与能力
s_7 国际拓展度	o_7 人才安全度
s_8 国际敏锐度	o_8 顾客忠诚度
	o_9 国际市场开拓能力
	o_{10} 全球销售网络
	o_{11} 本土化能力

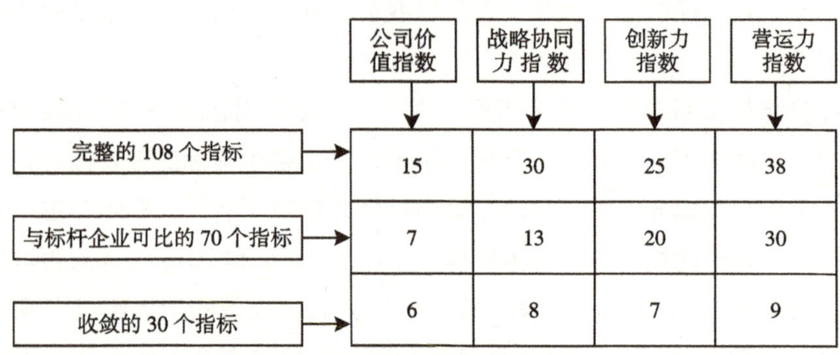

图 4　EMGC 指标体系构成

（一）EMGC 指标体系应用

1. 基本情况说明

辽宁信息产业发展起步于 20 世纪 50 年代末，进入 90 年代后，开始呈现快速发展的态势。沈阳市信息产业制造业工业总产值从 1991 年的 4.76 亿元到 2001 年的 140 亿元，11 年间增长了 29 倍，年平均增长速度为 40%；利润增长了 10.24 倍，年平均增长速度为 13%。1998~2000 年信息产品制造业工业总产值连续3年名列辽宁省第一位，形成了计算机、视听、通信及电子元器件四大类电子信息产品，并达到一定生产规模。长白、三宝、北泰、都市通、北电等信息产品制造企业已初具规模，详见表9。

表9　沈阳主要信息产品制造企业竞争力特征量评价

企业名称	名次	总分	公司价值指数 v		战略协同力指数 s		创新力指数 i		营运力指数 o	
			Y_{ik}	r_i	Y_{ik}	r_i	Y_{ik}	r_i	Y_{ik}	r_i
沈阳都市通网络通信股份有限公司	1	0.236	0.10	0.2	0.00	0.1	0.58	0.4	0.00	0.3
三宝电脑（沈阳）有限公司	2	0.284	0.40	0.2	0.27	0.1	0.00	0.4	0.59	0.3
长白计算机集团公司	3	0.485	0.00	0.2	0.30	0.1	0.68	0.4	0.61	0.3
沈阳中光电子有限公司	4	0.627	0.81	0.2	0.58	0.1	0.71	0.4	0.41	0.3
沈阳北电通信有限公司	5	0.805	0.66	0.2	0.70	0.1	0.96	0.4	0.73	0.3
沈阳北泰电子有限公司	6	1.000	1.00	0.2	1.00	0.1	1.00	0.4	1.00	0.3

表10　沈阳主要信息产品制造企业竞争力要素记分评价

企业名称	名次	总分	合计		公司价值指数 v		战略协同力指数 s		创新力指数 i		营运力指数 o	
			定量	定性	定量	定性	定量	定性	定量	定性	定量	定性
沈阳都市通网络通信股份有限公司	1	503.35	357.83	145.52	156.34	12.75	56.67	54.67	61.59	45.23	83.23	32.87
三宝电脑（沈阳）有限公司	2	473.82	302.76	151.06	126.96	23.24	46.87	59.56	87.24	43.78	61.69	24.48
长白计算机集团公司	3	467.76	311.24	156.52	167.23	30.76	45.98	55.34	57.59	53.12	0.44	20.29
沈阳中光电子有限公司	4	388.85	241.55	147.30	94.75	14.06	36.34	57.89	56.12	43.23	54.34	32.12
沈阳北电通信有限公司	5	341.24	210.34	130.90	101.23	21.89	32.12	45.23	45.35	34.14	31.64	29.64
沈阳北泰电子有限公司	6	232.89	145.74	87.15	67.45	12.56	21.52	34.12	43.76	21.09	13.01	19.38

2. 特征量评价法应用

以都市通公司的特征量（Y_{11}）为例，应用到公式 $Y_{ik}=(x_{ik}^{max}-x_{ik})/(x_{ik}^{max}-x_{ik}^{min})$ 中，得出：

$$
\begin{aligned}
Y_{11} &= (x_{16}^{max}-x_{11})/(x_{16}^{max}-x_{16}^{min}) \\
&= (167.23-156.34)/(167.23-67.45) \\
&= 0.10
\end{aligned}
$$

依次类推，$Y_{21}=0$、$Y_{31}=0.58$、$Y_{41}=0$。

其他 5 个企业的竞争力特征量详见表 9。

各个指标的比率标度（r_i）经过定量和定性分析，确定为 $r_1=0.2$、$r_2=0.1$、$r_3=0.4$、$r_4=0.3$。依据 $Z_{ik}=\sum r_{(i+1)n}\times y_{(i+1)n}$，得出各个企业的竞争力特征量值；其数值越小，则竞争力越强。

（二）竞争力指标体系分析

从表 9、表 10 中可以看出，竞争力排名基本符合实际情况，可见指标体系设计合理。

以信息产品制造业为例，都市通公司的公司价值指数 v 低于长白计算机公司，创新力指数 i 低于三宝电脑公司，战略协同力指数 s 和运营指数 o 为行业中最高；所以在比率标度的作用下，导致其竞争力综合排名为行业第一位。同样，长白计算机公司，公司价值指数 v 虽为行业最高，但其创新力指数 i，战略协同力指数 s 和运营力指数 o 均较低；由于比率标度的作用，导致其竞争力综合排名为行业第三位。可见，企业竞争力评价体系是一个综合的指标体系，是各竞争力要素综合作用的结果。另外，各要素对竞争力大小的影响是不同的，这种影响主要通过比率标度来实现。

（三）企业策略空间集解决方案

通过分析信息产品制造业行业 6 个样本企业的竞争力 c、国内环境影响度 n、国际环境影响度 w，根据企业策略空间集原理，我们确定了其所属的各自策略空间并给出发展对策，详见表 11。

表 11　企业策略空间集解决方案

企业名称	策略空间	竞争力 C_i	国内环境影响度 n_i	国际环境影响度 w_i	发展对策
沈阳都市通网络通信股份有限公司	1	>0	>0	>0	国际扩张型战略、国际多元化战略和国际一体化战略
三宝电脑（沈阳）有限公司	2	>0	<0	>0	外向型发展
长白计算机集团公司	3	>0	>0	<0	依托国内优势向国际渗透

续表

企业名称	策略空间	竞争力 C_i	国内环境影响度 n_i	国际环境影响度 w_i	发展对策
沈阳中光电子有限公司	4	>0	<0	<0	推动产业结构的变化，利用战略联盟、收购兼并，与部分竞争对手谋求采取一致性行动
沈阳北电通信有限公司	5	<0	>0	>0	扭转策略，迅速弥补竞争力的不足之处
沈阳北泰电子有限公司	6	<0	>0	<0	以国外优秀企业为标杆，借助国内机会，提升竞争力

附表 1　WEF 的管理要素中调查和评价指标

1	总体上看，管理质量是世界水平
2	全面质量管理被实实在在地应用
3	经营者能够吸引、培训和激励高级职员
4	职工培训被高度重视
5	向下属分权的愿望普遍高
6	报酬政策与业绩紧密挂钩
7	大多数公司有称职的财务职员
8	生产工艺一般采用世界最佳、最高效率的技术
9	国内企业的市场营销和世界最好企业可以一比高低
10	企业一般很重视顾客满意度
11	企业在国际市场的竞争优势来自于产品和生产工艺的唯一性
12	出口企业不只是生产，还可以进行产品开发和国际营销
13	公司通过自己的新产品或新工艺得到先进技术
14	产品设计在当地进行
15	国际市场销售企业自己开发其品牌
16	国际市场上销售的企业利用自己的销售机构
17	出口企业主要向邻近国家销售
18	出口企业在使用国际市场销售其产品
19	最高管理岗位只给熟练的职业管理者
20	一流水平的管理教育在当地能够得到
21	经营者一般会讲外语并有国际背景
22	经营者个人广泛地使用计算机和信息技术
23	企业董事会在控制公司业绩和代表股东利益方面非常有效

资料来源：张金昌. 国际竞争力的评价的理论和方法. 北京：经济科学出版社，2002.

附表 2 IMD 八大指标要素体系下的企业管理国际竞争力要素

主指标	子评价指标
劳动生产率	综合劳动生产率（PPP），综合劳动生产率增长率（PPP），雇员劳动生产率（PPP），农业生产率（PPP），工业生产率（PPP），服务业生产率（PPP）
劳动力成本	报酬水平，制造业单位的劳动成本，商业部门单位的劳动成本，服务业部门的年薪，管理者报酬
公司业绩	公司规模，产品价格质量比，广告费用支出，公司信誉，公司董事会
管理效率	公司的设立，高级管理者可获得性，国际业务经验，称职水平，股东价值，工作环境，劳资纠纷，劳资关系，工人的动机，雇员培训
公司文化	管理过程，顾客定位，营销文化，企业家精神，社会责任

资料来源：中国人民大学竞争力与评价研究中心研究组. 中国国际竞争力发展报告（2001）——21 世纪发展主题研究. 北京：中国人民大学出版社，2001.

参考文献

[1] Abbas J. Ali. How to Manage for International Competitiveness. New York，International Business Press，1992.

[2] C. K. Prahalad and Gery Hamel. The Core Competence of the Corporation. Harvard Business Review，May–June，1990.

[3] Foss N. J. and Knudsen C.. Towards the Theory of Competence of the Firm. London，Routledge Corporation，1996.

[4] George stalk Wtalk，Philip Evans and Lawrence E. Shulman. Competing on Capabilities：The New Rules of Corporate Strategy. Harvard Business Review，March–April，1992.

[5] International Management Development（IMD）. The World Competitiveness Yearbook，1997–2003.

[6] World Economic Forum（WEF）. The Global Competitiveness Report，1997–2003.

[7] 高世辑等. 2000 年中国国际竞争力评价. 国民经济管理，2001（7）.

[8] 国际竞争力比较课题组. 1998 年国际竞争力报告. 战略与管理，1999（3）.

[9] 国家体改委体制改革研究院，中国人民大学等. 中国国际竞争力发展报告，1997~2003 年.

[10] 王核成. 企业国际竞争力的测评研究. 数量经济与技术经济研究，2001（1）.

[11] 王忠明，白津夫等著. 大企业定位国际竞争力. 北京：中国财政经济出版社，2002.

[12] 张金昌. 国际竞争力评价的理论和方法. 北京：经济科学出版社，2002.

（高闯、邵剑兵、赵晶、樊玉臣、王海光，

原载于《管理世界》2004 年第 4 期）

应重视开发管理资源

在企业的各种资源中，管理是一种特殊的经济资源。开发企业的管理资源，是关系到企业的发展和取得良好经济效果的问题。在国外，凡具有远见卓识的经营管理者，都是给予高度重视的。本文拟就管理资源的特点、开发的途径和条件等问题做一些初步的探讨。

资源，意即资财的来源。在企业中，人们一般称人力、物力、财力为企业的"三力资源。"其实，除了"三力资源"外，管理、技术、信息和时间等都是企业的资源。其中，管理是一种特殊的资源。没有管理这种特殊的资源，企业的其他资源就无法从潜在的生产力成为现实的正在发挥作用的生产力。管理资源利用得当，其他资源才能得到充分合理的使用。否则，将造成其他资源的极大浪费。在其他资源不变的情况下，因企业管理水平不同，经济效果就会大不一样。因此，开发管理资源比开发其他资源更为重要。在一定的条件下，自然资源总是有限的，而管理资源却是无穷无尽的。第二次世界大战后，通过开发管理资源，自然资源贫乏的日本实现了"经济起飞"。因此，要开发企业的资源，必须抓住管理这个决定性的资源。

"管理出资源"，这是由它的特点决定的。与企业的其他资源相比，管理资源有自己鲜明的特点：

一是潜在性。这是就管理资源的形态而言。企业的人、财、物等都是有形的资源，而管理则是一种无形的潜在资源，无论是在企业的管理人员、工人身上，还是在企业的管理组织之中，或者是在管理手段、方法等方面，都潜在地存在这种无形的资源，它是一种动态的而不是静态的资源。二是结合性。这种结合性，是由管理者运用管理的基本职能作用于企业的其他资源来体现的。由于这种结合，一方面，它把企业的各种资源结合成一个有机的"多元合力"，使它们人尽其才，物尽其力，财尽其用；另一方面，它又不断引起和揭示出各种资源的内部及相互之间的矛盾，调整它们的发展关系，使它们成为一种最佳的动态组合。三是经济性。从费用上考察，它是一种最廉价的资源，不同于使用原料、设备，要付出相应的代价。四是广泛性。在企业中，从横向方面看，计划、生产、财务、营销等各个环节都存在着管理资源。从纵向方面看，上至最高管理层，下到车间班组，处处都有管理资源，开发管理资源具有普遍意义。五是无穷性。原料随着加工，将制成产品；设备由于使用，会逐渐磨损；劳动者消耗体力，需要经过恢复。而管理资源犹如滔滔江河，永不枯竭，永无穷尽。开发管理资源，是企业生产的永恒财富。

管理资源的这些特点对于企业生产的发展和经济效果的提高具有极为重要的意义。管理和科学、技术一起，被西方世界称为现代文明的“三大鼎足”。随着科学技术的飞速发展，管理资源的开发将越来越不容忽视。

就其要素而言，管理资源可分为三类：人才资源、组织资源和“技术”资源（指管理方法、手段）。这三大资源的开发，就构成了开发管理资源的三大途径。

一、管理人才资源的开发

企业的人力资源按其工作性质可分为管理人员和工人。其中，管理人员对于管理资源的开发起决定性作用。因为管理组织的改善、管理职能的实施、管理方法的采用、管理手段的运用，归根结底都取决于管理人员。因此，人才资源开发的主要方面就是提高管理者的管理能力。

一名优秀的管理者应该具备哪些管理能力呢？唐朝史学家刘知几曾说：“史有三长：才、学、识，世罕兼之，故史之少。”（《刘知几传》）郭沫若也认为：才、学、识三者，非仅作史，作诗缺一不可，即作任何艺术活动，任何建设事业，均缺一不可。当然，企业管理人员也不例外，而且，由于企业管理向现代化方向发展，要求管理者对于规模庞大、错综复杂、瞬息万变的情况及时作出全面的、富有预见性的决策，选择最优的方案，以达到最好的效果，这样，才、学、识三者对于企业管理人员的要求就显得更为重要。因为管理能力就是企业管理者的才、学、识三者的综合体现。“学”指知识、学问，一名出色的管理者应具备三方面的知识，即专业知识、邻近学科知识和一般基础性知识。“识”指见识、胆识、思想路线和思想方法，能运用马列主义世界观指导实践。对企业管理中的问题，具有远见卓识。“才”指才能、能力，就是管理者掌握和运用知识认识客观事物，解决实际问题的能力。在工业企业中，这种才、学、识兼备之才是非常重要的。为开发管理者的管理能力，一般说来需要通过学习和实践锻炼，但切实抓好对管理人才的选、训、用、退四个环节，是具有重要作用的。

第一是要讲究选才之法。选才是用才的前提。只有选得其才，才能用得其所。美国汽车工业史上，“福特”重聘布里奇、“通用”慧眼识斯隆的事例，足以证明选才之重要。在实际工作中，选才往往是与教育、培养结合进行的。具体方法有：①在实践中选拔，通过把既有实践经验又有工作能力的工作人员选拔出来，提升职务，加重他们的责任，促使他们努力提高和发挥自己的才能。②通过职务扩充，发现人才，采取破格提拔——不论资格大小，只要“才气横溢”，对管理企业具有真知灼见，一经发现，就及时提拔。③采用张榜招贤的方式，广泛征集贤能，依靠社会贤能，加强企业管理。④通过各种类型的社团组织，开展各种活动，选拔和锻炼一批有组织领导能力的人才。

第二是要广开育才之路。育才之路在于发展管理教育，培训管理人才。这不仅有利于提高管理人员队伍的素质，而且有利于企业生产的发展。目前，我国大约有六七百万名管理干部，其中，相当一部分人员没有受过系统的管理教育。近几年来，我国开始注意培训管理干部，并收到了一定的效果。例如，辽宁省截止到 1981 年末，全省共轮训各级、各类干部 53 万人，占全省干部总数的 57.6%。通过轮训，许多管理人员都提高了管理水平。“人才即财产，树人会生财”。为培育好人才，要注意的几个问题是：①培训基地。除企业建立培训中心外，国家和地方应投资设置专门的“管理学院”，培养人才；举办函授讲座，提高管理技术。美国现有管理学院 600 多所，而我国至今仍寥寥无几，这与我国经济建设的要求极不适应。②培训对象。企业的管理人员、年富力强的中青年干部，都应参加培训，根据各人的具体情况，通过领导者传授、分级教育、职能教育和厂外教育等方式，学习不同的内容。③个人进修。这是对人的能力开发和个人成功的关键。因为只有不断地进修，才能保持所学的知识不致陈旧，才能不断发挥出自己的能力。因此，保证个人必要的进修提高时间是非常必要的。

第三是要讲求用才艺术。选才、育才的目的是为了用才。用才是一种艺术。

同一管理人员，由于不同的安排和使用，会收到不同的效果，关键在于领导者的用才能力。用才的要诀有三：一是个体优化。就是人尽其才，才尽其用。要善于避其所短，展其所长，“因才授职，毋求备于一人”，并且“毋拘资格，无间疏远”，才能发挥其专长。二是总体优化。管理人才的能力凝聚在一起是一种“合力”，是一定范围内的变量，绝不是人才总数的简单相加。搭配得越得当，能力发挥得越充分；反之越小。总体优化的关键在于寻求一个最优的人才组合。三是才、权、责、效、利“五位一体”。有才无权，则才无用；有权无责，必然导致乱施权力；有责无权，其结果是无人负责；有权有责而无效，其才毫无实际意义；有效而无利，其积极性既不可能充分发挥，也不可能持久。只有“五位一体”，才能达到预想的效果。

第四是人才要不断更新。新陈代谢是宇宙间永恒的规律。贝尔实验室之所以闻名于世，原因之一就在于它能够不断吐故纳新，永葆青春的活力。管理队伍也是如此。管理人员逐渐老化，需要增加新生力量。年老者不断退休，年轻者勇挑重担，企业才能兴旺发达。

二、管理组织资源的开发

管理是一种组织体的机能，有了组织，管理者才能“如鱼得水”，才有“用武之地”，开发管理能力才有可靠的保证。而且，组织体内还蕴藏着丰富的管理财富，它本身就是一种资源。在企业管理史上，“现代化组织天才”斯隆大刀阔斧，改组“通用”集团，使“通用”跃居世界汽车工业之鳌首的事例充分证明：要开发企业的管理资源，必须注重发挥组织的能力。

组织资源的开发从形态上说，是要实现组织结构的合理化。为此，第一，设置组织结构应因厂而宜，不搞统一模式。因为企业的性质、规模、地理环境、技术力量、市场条件、人员素质及服务对象等各不相同，只有充分考虑这些因素，选择不同的模式，才能使组织结构合理。第二，一种组织模式的好坏都是相对于一定的时间、条件而言，没有一个永恒的理想模式。因此，要适应变化，及时调整，例如，为了适应以生产为中心向以经营为中心的转变，企业的权力机构必须大大缩小，而参谋机构则必须适当扩大，起用一批“智囊型”管理专家，充当企业权力机构的“外脑”和“思想库”。

组织资源的开发从动态上说，是要实现组织运转的高效化。组织运转的效率越高，组织能力就越能够充分发挥，管理的组织资源就越能够得到充分的开发和利用。要实现组织运转的高效化，首先要有共同的目标。企业组织体的目标在于：为社会提供物质产品或劳务；获得利润，不断扩大再生产；使全体职工的物质和精神需要得到必要的满足。企业内各子系统的活动，都必须服从于企业总系统的总目标。其次要有统一的意志。这是实现共同目标的可靠保证。为统一组织内成员的意志，一方面需要把各成员的经济责任与物质福利结合起来；另一方面需要运用行为科学的原理，做好各成员的思想政治工作。最后要有良好的信息沟通。信息是连接和协调目标与意志的桥梁，是组织生命得以维持的神经中枢。信息畅通，则组织活动井然有序。因此，信息流通的渠道要固定、直接和短捷；信息流到何处，要有明确的标志；信息传递要有明确的责任。对信息的要求是精确、及时、适时、易懂、完整、有益。

组织运转的高效化，要求企业必须实行管理工作标准化。只有实行管理工作标准化，才能使企业的共同目标变成管理人员的自觉行动，才能使管理人员的能力得到充分发挥，组织运转的高效化才有了基础。因此，需要按照管理工作的客观要求，把企业内各有关部门的工作内容、工作程序、工作方法等用制度的形式固定下来，作为行动的准则。这样，管理组织资源的开发才会取得成效。

三、管理“技术”资源的开发

这里的技术不是指生产技术，而是指管理技术（如管理方法、手段等）。管理技术可分为两类：决策技术和控制技术。两者的水平如何，标志着该企业管理技术能力的高低。因此，要提高管理技术水平，注重管理技术资源的开发。

提高决策技术水平，是为了实现企业与外部环境之间的动态均衡，从而取得最佳的经济效果。管理的重心在经营，经营的重心在决策。因此，要做到以下几点：①决策集团必须才、学、识兼备。决策集团是企业生产经营活动的核心。决策集团是否才、学、识兼备，是能否提高决策技术水平的关键。②决策方法必须科学。广义的决策技术包括了预测论、决策论、更新论等。单就决策论而言，按决策的可靠程度，决策方法可分为确定型、风险型和不确定型三种。决策者只有根据客观需要，拨开细枝末节，抓住本质，用科学决策法代替经验决策法，才能进行有效的决策。③遵循决策程序。首先是确定目标和收集资料；其次是分析资料，提出几种不同的方案；最后是比较，选优，“拍板定案”。④决策方案必须合理。一要考虑市场需求、价格的涨落、竞争对手的情况及消费者的消费水平、心理、数量等的变化。二要考虑对社会的影响，如环境污染等问题。三要有“后备方案”。这样，决策者进可攻，退可守，有多方面思考和回旋的余地。

提高控制技术水平是为了实现企业内部的动态均衡，从而取得最佳的生产效率。采用科学的控制技术，可以随时检查生产经营活动的实际进行情况，是否有与原定方案发生背离或差异的可能，通过输入、中间转换、输出、反馈的循环进行，消除弊病，实现企业的目标。因此，企业管理人员需要掌握各种控制技术。例如，在质量控制方面，要建立质量保证系统，借助于排列图、直方图、鱼骨图等七种基本统计分析方法，应用 PDCA 循环，实行全面质量管理。在成本控制方面，要采用价值工程，合理地处理成本与产品功能之间的关系；要采用盈亏平衡分析法，合理地处理成本与产量、利润之间的关系；要采用网络计划技术，合理地处理生产（工作）进度与成本之间的关系；等等。在库存控制方面，可应用 ABC 分类法及经济批量法等制定最适宜的储备点和定货点，以压缩原材料与在制品的资金，实现库存物资的最优化。再如，实现生产计划最优化、资源分配最优化、运输费用最优化等，都可以采用线性规划。

目前，运用管理技术综合治理企业的一种行之有效的方法是管理咨询服务（日本称为“企业诊断”）。我国安徽、黑龙江、天津等省市的一些企业已经实行。今后，开展咨询服务的关键是培训咨询人员，扩大咨询队伍，并在咨询服务中结合国外的经验创立一套“中国式”的咨询服务技术，这必将取得更好的经济效果。

开发企业的管理资源，除了要依靠企业自身的努力以外，还必须有必要的外部条件。这个条件从宏观上说，是要进一步改革现行的经济管理体制；从微观上说，是保证企业有从事正常生产经营活动的必要的自主权。

我国的工业企业是在以计划经济为主、市场调节为辅方针指导下从事商品生产的基本单位。它的活动受国家经济管理体制的制约。为发挥企业生产的积极性，必须采取措施进一步改革现行的经济管理体制，保证企业在人财物、供产销等方面有必要的权限，如计划的制订权，投资的确定权，人员调配的任免权，财务预、决算的审定权，企业内部的立法权，等等。企业有了必要的自主权限，才能主动地、自觉地从事生产经营活动的管理，管理资源才能够得到更合理的开发和有效的利用。

可以相信，随着经济管理体制改革工作的逐步展开和企业全面整顿工作的深入进行，企业的管理资源一定能够得到合理的开发和有效地利用，从而大大提高企业的管理水平，促进企业生产的发展。

（高闯，原载于《辽宁大学学报》1982 年第 5 期）

第二部分

公司治理结构中存在的问题、成因及出路

党的十五届四中全会《关于国有企业改革和发展若干重要问题的决定》（简称《决定》）指出，建立现代企业制度是国有企业改革的方向。公司制是现代企业制度的一种有效形式。但是，我国国有大中型企业从1994年开始进行公司制改革至今，多数企业经营状况并没有明显改善，其直接原因在于公司治理结构本身存在严重的问题和缺陷。本文着重探讨大中型国有企业进行公司制改革过程中陷入困境的成因，并寻找完善和健全公司治理结构的根本出路。

一、公司治理结构是公司制的核心

公司制是现代企业制度的一种有效组织形式。公司治理结构是现代企业制度中最重要的架构，是公司制的核心。一个现代公司能否搞好，在很大程度上取决于它的治理结构是否有效。同传统企业模式相比，公司制度的一个典型特征是公司股东的所有权与经理的经营权相分离。按照契约理论，企业是委托人和代理人之间的一种契约网络，其中股东是委托人，经理是代理人，代理人的行为是理性或有限理性的，亦即谋求自身利益最大化。因此，需要设计约束机制来制约潜在的权力滥用行为，设计激励机制促使经理的行为更加符合股东的利益。根据这个理论，公司治理被看做委托—代理关系，即契约关系。但是，当“相关利益者”理论出现后，公司治理的定义被广义化了。这种理论对新古典股东主观观念提出挑战，认为组成所有权的一束权利在现代公司中分散到了相关利益者手里，经理不仅对股东负责，而且应当对一切在不同程度上承担风险的利益相关者，包括雇

员、债权人、供应商、顾客及所有地区居民负责。因此我们可以把公司治理结构（Corporate Government，又译作法人治理结构或公司督导机制）看做一种制度安排，是一组联系各利益相关者的正式和非正式关系的机制。公司凭借这一套制度安排管理和控制，达到利益相关者之间权利、责任和利益的相互制衡，实现公司运作的目的。

公司治理结构是否有效，取决于以下三个要素：

（1）公司的产权关系清晰，所有者“在位”并能够真正行使权力。这是公司治理结构得以运行的前提，现代企业突出的特征表现为对公司法人财产的权利的分解，即所有权和经营权的分离。现代企业的经营规模和经营内容都不是传统的业主制和合伙制所能比拟的，需要把企业财产交给管理专家去经营。这必然意味着所有者和经营者的角色难以合二为一，因此形成对企业法人财产的一组委托—代理关系。伯勒和米恩斯于 21 世纪初发现了这个趋势，并将之定为“两权分离”，同时他们认为管理控制型公司比例逐渐扩大，经理在企业中的地位日益上升。既然存在着事实上的委托—代理关系，就需要有明确意义上的委托人，来监督委托—代理关系的实施。如果企业经营没有来自产权所有者一方的约束，势必会使企业目标偏离所有者的利益。因此，符合身份的委托人是十分必要的，同时还需保证委托人具有真正行使权力的能力，以保证在位的委托人能够有效地监督。

（2）董事会真正对所有者财产的保值、增值负起责任，成为真正的法人机构。这是公司治理结构得以有效运行的基础。公司治理结构的实际运作中，由于股东的数量很多，只能对经营的重大问题进行集体决策。而日常的公司经营需要交给一个常设机构，因此，在所有者和经营者之间还存在着一层委托—代理关系，即董事会。股东将企业财产信托给董事会托管，同时，董事会集体承担托管责任。在这个从所有者到经营者的链条中，包含两级委托—代理关系，分别是股东和董事会以及董事会和经营者，董事会起到非常重要的作用。董事会是公司的最高决策机关，它不干涉公司的日常经营，但受委托制定公司战略，包括对重大财产关系变动的决策权，以及对经营活动的和经理活动的监督权。这个链条的良好运行，不仅需要董事会能够真正代表股东和其他利益相关者的利益，而且要成为事实上的法人机构，具备相应的能力切实去完成股东大会交予的任务。

（3）有一套健全的激励和约束经营者的机制。这是公司治理结构有效运行的关键。在所有者和经营者的委托—代理关系中，经营者具有自己的利益偏好和取向，一旦其利益取向和所有者不一致，就会对所有者造成不利。而信息不对称的存在，也为这种情况的发生创造了条件。这就是“内部人控制”现象。要减少“内部人控制”带来的危害，需要加强对经营者的监督，股东要承担相应的责任，主要通过股东大会和董事会来行使监督职能。从另一个角度看，高层经理人员行使公司授予的日常经营活动的控制权和限额以下的投资决策时，承担重大的经营风险和管理责任，一旦经营失败，会对其经济收入和职业声誉产生不利的影响，必须将经理的收入制度与普通员工的收入制度区别开来，根据经营者的业绩对其进行有效地激励。因此，建立一整套有效的经营者约束和激励机制是尤为重要的。

二、当前公司治理结构中存在的问题

党的十四届三中全会以来，我国大多数国有企业进行了公司制改造，但是实际效果与预想的出入很大，国有企业整体管理和效益水平不升反降，近两三年来甚至呈现大面积滑坡的趋势。追根溯源，我们就会发现其症结并不是公司制本身的问题，而是公司治理结构在具体的操作中存在种种不足之处，严重制约了公司制发挥作用。

问题一：公司中各类国有产权代表缺乏所有者的有力监督和约束，国有资产所有者依然“虚置”，并由此导致国有产权代表“廉价投票权”的严重存在。从理论上看，我国国有企业的产权十分明确，国有资产归全民所有，由国家代表产权主体，由政府进行管理，这是显而易见、不容争辩的事实。当进入具体操作的层面时就遇到了问题，个人的所有权落实到每个企业时仅是微不足道的比例，而且每个人的持股比例是相同的，也就不存在大股东的情况。因此，从所有者层面上讲，没有谁会真正承担起财产所有者的责任。那么，再看既有委托人又有代理人身份的政府，国有企业改革已经进行多年，围绕的一条主线就是放权让利，尽管到目前为止，不能说已经实现完全意义上的企业政府分化，但政府做委托人的身份已经大大弱化了，大多数企业具有了很大程度的经营自主权，传统的国有资产管理模式已经打破。与此同时，新的国有资产管理模式尚未建立，在这个相对

“真空”的时期，缺乏明确的法律意义上的所有者代理主体。从另一个含义看，目前对国有企业经营者的委托权利由多个政府部门行使，暂时掩盖了所有者缺位的事实，但我们仍然可以看到：在国有资产的使用权、占有权、处置权、收益权分别被个别企业的行业主管部门、行政主管部门、财政部门、国有资产管理部门以及组织人事部门瓜分的同时，没有任何一个部门能够真正担负起委托人的责任，形式上的多头管理造成事实上的所有者缺位。国有产权代表的“虚置”引起了另外一个问题——廉价投票权。国有资产的保值增值与政府有关部门的利益缺乏必然联系，政府追求目标的多元化也势必会影响国有资产的效益最大化目标。所以，政府作为全体人民的代理人，在行使监督和管理国有资产权利的时候，投票的有效性就值得怀疑了。一方面，他们会对国有资产采取“不求有功，但求无过”的态度；另一方面，他们在权衡众多目标时可能无法考虑国有企业保值增值的目的，这些情况会使政府作为代理人形式的投票权贬值，并妨碍国有资产使用效益的最大化。

问题二：公司决策层中“新三会”、“老三会”并存，领导多头，权责不清，严重影响了公司的运行效率。一个完善的公司治理结构组要有科学的领导体制、决策程序和责任制度，保证所有者对经营者进行控制和制衡。而且，公司必须以支薪的高层经理人员为中心，建立以首席执行官为首的管理系统，在董事会的监督和领导下，形成对企业生产经营的统一控制。这就依赖于公司治理结构中的股东大会、董事会和监事会，这三者具有十分重要的作用，直接影响整个公司的良好运营。在我国现行的企业领导体制中，还有党委会、职工代表大会和工会，也是企业决策指挥系统中的重要机构。因此，在进行公司制改造的国有企业中，这六个“会”共同存在，俗称“新三会”和“老三会”。但是，在“新三会”和“老三会”并存于企业指挥系统中的情况下，如果这些权力机构的领导分别由不同的人员承担，则容易造成争夺决策权、相互制约的局面，很难实现集中统一指挥，并大大限制总经理作为公司的最高执行官进行指挥经营的作用。反之，将这些权力集中于一个人手中，会破坏治理结构中的权力制衡机制，为“内部人控制”打开方便之门。

问题三：国有资产所有者“缺位”使公司支薪经营者以“法人代表”的身份掌握对企业的控制权。在缺乏有效监督的情况下，公司出现了“内部人控制失控”的问题。在公司治理结构中，高层经理人员在授权范围内享有高度自治权，但是他们的经营活动会受到来自股东和其他利益相关者的全面监督，从而使其拥有的权利在一定程度上受到制约，这种制约是十分必要的，可以保证企业财产的所有者和利益相关者的利益得到充分保障。我国国有企业改革以“放权让利”为主线，在国有资产的产权关系中逐步明确了经营者的身份以及相应的权利，与此同时，却忽略了国有资产管理者的确立。由于缺乏来自所有者的监督和约束，委托—代理关系发生了权力失衡，经营者处于几乎没有约束的状态，并由此产生了大量的“内部人控制”现象，即经理人员依法或事实上获得对企业强有力的控制，他们与职工在利益取向上具有趋同性和关联性，从而结盟共同损害所有者的利益。内部人控制的另一个原因是对于高层经理人员的激励不足。在当前整个社会的大环境中，没有给予经理人力资本价值的充分认识。经理的名义收入只是处于较低的水平。由于来自合法途径的物质激励不充分，降低了经理人员与企业其他人员进行串谋的机会成本，也会导致经理人员主导的内部人控制。这也是当前我国国有企业资产流失的根本原因。

三、公司治理结构的出路与对策

当前国有企业的改革正步入关键时期，能否最终走出困境还需要跨过许多障碍，重中之重就是加快建立和完善国有企业的公司制度。那么，解决上述问题就成为建立有效公司治理结构的要旨。我们认为，最关键的还是要真正解放思想，破除传统观念对国有企业改革的影响。我们不能完全照搬西方的公司制度，但要借鉴西方市场经济国家实施公司制的经验与教训，抓住公司制运行的根本机理，结合中国的特点，创造出适合我国基本国情的企业制度。这些都需要以观念变革做基础，这一点毋庸置疑。

出路一：完善公司治理结构，要在公司中引入其他形式的股权，使股权结构分散化，以降低国有股权的比重，减少廉价投票权的存在程度。政府作为全体人民的代理人，行使监督和管理国有资产的责任，这一点不应当改变。但由于政府角色转换的滞后，严重影响了公司治理结构中的权利均衡，而这种状况在短时期内难以改变。因此，一个可行的办法是在国有企业中引入其他形式的股权，不断降低国有股权的比重，适应具有所有者行为能力的股东，发挥他们监督国有企业的作用。党的十五届四中全会《决定》指出，“股权多元化有利于形成规范的公司法人治理结构，除极少数必须由国家垄断经营外，要积极发展多元投资主体公司”。不过，在引入其他形式的股权，使股权结构分散化的同时，要注意保护中小股东的利益。在短时间内，在大多数国有企业中，国有股权仍然会占据绝对的控制地位，如果中小股东没有任何发言权，不注意发挥中小股东的监督作用，只会将公司改制上市作为筹集资金的手段，那么减少廉价投票权，改善国有企业治理结构只是空谈。

出路二：为确保董事会真正对公司财产负起责任，还必须理顺“老三会”、“新三会”的关系，使董事会采取符合股东利益的行为，加强股东对董事会的监督和约束。董事会对股东负起受托责任，任何股东认为董事会有意损害部分股东的利益，都可以提起诉讼。此外，还要明确董事会在公司治理结构中的作用，保证董事会在决策指挥系统中行使统一的权力。因此，有必要整合现有的权力机构，公司中的党委责任人和职工代表只能通过法定程序进入董事会和监事会，形成单一的最高决策机构和有效的监督机制。同时，要发挥国有企业党组织的核心作用，保证和监督党和国家政策在本企业的贯彻执行，参与企业重大问题决策，支持股东会、董事会、监事会、经理（厂长）依法行使职权，等等。需要指出一点，党的干部选拔标准不同于企业经营管理人员的选拔标准，将党的干部与企业经营管理人员划等号存在一定的风险。同时，要保持企业家的相对稳定，“不要与党政干部频繁交流”，也不用政治家的标准来选择企业家。因此，如何在保证党组织核心作用的同时，切实加强企业高层经理人员的统一指挥是目前的一个重要课题。

出路三：加强对经营者的监督和激励。一是建立和健全经营者的选择机制。要建立职业经理人市场。在全社会范围内，打破行业和所有制的沟壑，实现高层经理人力资源合理优化配置，并以管理专家的标准来选拔经营者，而不是按照政治家的标准来选择国有企业的经理，让具有管理经理能力的高级人才脱颖而出。二是建立规范的证券市场，严格贯彻实施《公司法》和《证券法》，对上市的国有企业进行公开的和有效的监督，运用“用手投票”和“用脚投票”的手段逐步淘汰经营不善的上市公司。并依靠健全的政府监督机制，对未上市的国有企业进行有效的监督，以切实保障所有者的根本利益，保证退出机制的有效运行。三是使经营者的收入与企业经营业绩挂钩。近年来，我国许多地区纷纷实施高层经理人员的年薪制，一些地区还进行了股票期权的试点。年薪制和股票期权作为可行的激励方式，可以使经营者有足够的物质激励，保证他们的短期和长期行为符合所有者的利益取向。但值得注意的是，年薪制的实行，遇到了很多阻力，甚至遭到了很多高层经理人的反对，并将之与国有资产流失划等号。关键原因在于原有观念还没有彻底改变，没有充分认识到经理人力资本的重要性。许多地区将实行年薪制的经理收入限制在职工平均收入水平的 3 倍左右，根本起不到激励作用。可以考虑针对竞争性行业中的国有企业，将其部分股权量化到高层经理手中，形成“持有部分股权的经理”，以增强对高层经理人的激励。

时至今日，国有企业改革仍然有许多难题要解决，特别是在公司制的改造过程中，许多待解决的问题严重制约了公司制改造的推进，并造成大范围内的国有资产流失现象。我们认为，必须从观念转变入手，实施一次彻底的思想革命，并针对目前的难点逐一突破，才能最终确立合理、高效的现代公司治理结构。

（高闯、邵剑兵，原载于《中国企业报》1999 年 10 月 29 日、11 月 5 日）

国有企业外部环境及面临问题的调查

1999 年是实现国有企业三年解困目标的第二年。为准确把握现阶段国有企业经营者对当前经济形势和国企改革进程的判断，辽宁大学工商管理学院选取全国著名的老工业基地——沈阳进行调查。本次调查采用邮寄问卷的方式，问卷由被调查企业的法人代表填写，本次调查共发出问卷 400 份，收回有效问卷 221 份，调查获得原始数据 2.3 万个。调查涉及沈阳不同行业和不同规模的多个国有企业，调查结果具有一定的代表性。

一、如何判断国企的外部环境状况

（一）宏观经济波动并不是影响沈阳国有企业绩效的主要因素

从企业经营者对当前宏观经济形势的判断来看，认为基本正常的占 39.5%，认为稍冷的占 27.4%，两者合在一起占 66.9%。可见当前的宏观经济波动并非如预想的对企业影响那么严重。这既反映了沈阳市国有企业对宏观经济的波动适应能力增强，也表明搞活国有企业应更多地从国有企业自身特点寻找原因。

（二）市场体制的发展使资源要素短缺的约束弱化

从经营者对 1998 年能源、交通和原材料供求状况的认识来看，基本上认为是正常或较宽松的。其中认为原材料正常的占 35.9%，认为能源正常的占 40.4%，认为交通正常的占 39.5%。从对当前企业所处行业竞争状况的判断来看，认为竞争过度的占 25.6%，适度竞争的占 52.0%，这些数据显示，改革开放以来，要素短缺的约束已经逐渐弱化。

（三）对经济发展的信心预期不是阻碍目前国企投资行为的主要因素

从调查的数据中看出，经营者对本企业所处行业的发展前景基本上还是比较乐观的，其中乐观的占 5.8%，较乐观的占 70.9%，两者合起来占被调查企业总数的 76.7%。这说明目前国有企业投资乏力的原因主要是受体制和效益的约束：一方面现行的企业投融资体制无法满足企业投资的要求；另一方面国有企业的效益观念增强，宏观经济运行的低效益和行业市场需求约束增强，降低了国有企业投资扩张。

（四）继续推进经济结构调整对于提高国企绩效具有重要意义

从经营者对当前经济运行中主要问题的看法的调查数据来看，认为经济结构不合理的占 28.7%，需求不足的仅占 8.5%；从企业家对当前沈阳市正在进行的经济结构调整状况来看，认为有一定成效的占 54.7%，成效不太明显和没有成效的占 41.2%，可见，需求不足并不是目前制约沈阳市国有企业发展的主要因素，不合理的经济结构造成供给能力低下是主要的制约因素。

（五）发展私营企业对于搞好沈阳国有企业具有积极的作用

沈阳市私营企业的发展对国有企业有哪些重要影响？50.2%的经营者认为私营企业会成为重要的竞争对手，但有 62.8%的人认为推动私营企业发展对搞好国有企业具有促进作用，并且对沈阳私营企业发展前景感到乐观的占 74.9%，非常乐观的占 14.8%，两者合起来为 89.7%，悲观的只占 10.3%。

（六）国有企业组织结构调整进展缓慢阻碍国有企业扭亏

对于长期经营亏损的国有企业，有 65%的被调查者认为应该实行破产兼并，可见破产兼并对于国有企业扭亏增盈具有重要意义。但目前有 58.7%的被调查者认为当前国有企业资产兼并重组正处于最困难的阶段，可见国有企业资产兼并重组在各种体制约束下难以取得明显突破，进展缓慢，继续推进国有资产兼并重组仍是一个重要而艰巨的任务。

二、国有企业当前面临的主要问题

（一）企业经营自主权落实有喜有忧，企业改革已进入深层次阶段

企业经营自主权是指国有企业对国家授予其经营管理的财产享有占有、使用和依法处分的权利。从目前企业的经营状况来看，落实程度较高的权项依次是企业内部的生产经营权、产品销售权、劳动用工权、工资奖金分配权、内部机构设置权。这些权利的落实使得企业在适应市场变化和调动员工积极性方面更加灵活。没有落实的权利主要是拒绝摊派权、联营兼并权和进出口权。这些权利更多地受到政企关系的转变、外部环境的改善等因素的制约，显然要靠进一步深化改革与开放才能真正落实。

（二）政府需要适度干预，以解决国有企业的外部障碍

当问及企业实施破产、兼并、股份制改革时的主要阻力时，分别有 39.7%、26.6%、29.2%的企业法人将社会保障制度不完善、职工安置难、产权难以界定列为主要问题。这表明企业改革进入攻坚阶段以后，迫切需要外部环境中人力资源保障功能以及资产评估功能的加强。在回答上述问题中，“政府干预过多”都未被列入主要阻力，只是分别被列为第五位、第七位、第三位阻力。这一结果似乎与以往不绝于耳的“政企不分”的呼吁相矛盾，非常引人注目。

（三）国有企业债务负担更加突出

被调查者所在企业承担的各项负担的变化情况显示：“企业间相互拖欠资金”一项明显增加（认为增加的占 50.7%），认为“银行债务”增加的占 39.9%。此两项都属于企业社会负担。负债率高的企业需要付出更多的利息，意味着企业可分配的利润减少。企业间相互拖欠资金，不会从整体上影响企业的资金规模，但经营差的企业会将经营好的企业一同拖入经营不好的行列，干扰了正常的流通秩序。

（四）非技术因素成为影响国有企业竞争力的主要因素

从市场竞争中的相对地位看，国有企业竞争力主要在“产品质量”和“主导产品技术质量”等方面有明显增强。调查同时显示，在“产品附加值”、“主导产品盈利水平”、“国内市场占有率”、“融资能力”、“有形资产”、“无形资产”等方面无明显提高。这反映了沈阳国有企业纵向自比在产品质量与技术方面虽有优势，但若做横向比较，在市场份额及盈利水平方面却无优势，说明国有企业在市场营销手段方面的落后更为突出。

（五）企业经营者素质与能力越来越成为增强企业竞争力的关键

当问及搞好国有企业的关键性因素时，被调查者都将“选聘优秀的企业经营者”、“好的领导班子”列为首要因素，这反映了被调查者对自身在国有企业中肩负的责任与使命的充分认识。其次是创新与产品开发、职工队伍建设等根本性因素，而增加企业资金投入、对企业债务核实减免、强大的资金支持等现实性的、临时性的因素被列在靠后的地位。

三、国有企业改革与发展的若干思路

上面的数据显示，沈阳市国有企业目前所处的困境是一个非常复杂的难题。国有企业改革以及眼前的国有企业脱困是一项很大的系统工程，必须进行综合治理。这里根据调查结果强调以下三个问题：

（一）调整所有制结构，构造混合所有制为主的所有权结构

从沈阳的实际情况来看，沈阳国有大中型企业主要分布在机械装备工业等重工业部门，这些部门投资大，利润率相对较低，投资回收期长，进入和退出的“门槛”都较高，所以目前私营经济没有能力进入，三资企业又不愿进入。这就要求我们通过股份制改造、企业上市、中小企业改革、外资嫁接改造等方式重新构造国有企业股权结构，形成混合所有制结构，使国有企业只存在于少数特殊产

业领域中。

（二）区别不同情况，理顺新形势下的政企关系

此次调查的一个突出感觉是，企业经营者在回答企业改革与经营者等方面的问题时，没有把"政府干预过多"作为目前国有企业面临困境的重要因素，这反映了当前国有企业与政府的复杂关系。政府不仅是市场规则的制定者和裁判员，而且还是企业的所有者或投资人。所以，政府不应直接干预企业的经营活动，但作为国有企业的所有者或投资人又必须行使其应有的资产监管职能和权力。另外，沈阳市许多老企业面临的社会负担重、人员过剩以及高额历史负债等问题，需要通过政府统筹安排才能得到解决。

（三）继续推进国有企业的减负改组

作为市场竞争主体的国有企业负担过重，是多年来诸多矛盾的综合反映，因而需要分类解决。首先，要视国有企业的过度负债的性质确定改组方案，总的来看应由国家、银行、企业三方面重组。由于体制和政策性原因造成的负债应由国家消化，通过"贷改投"、资产重组、兼并破产等实现；对于银行债务要根据金融体制改革要求重塑政企关系来解决；国有企业还可通过资本运营，通过债券、股票等资本市场摆脱和减少债务负担。其次，坚决剥离国有企业社会负担，主要是解决好富余下岗职工安置和企业办社会问题，切实推进国有企业减员增效、破产兼并，实行分流工作。另外，必须尽快剥离国有企业的社会负担，争取在较短的时间内清理和减轻国有企业所承担的养老、医疗、住房、子女入托和入学等负担，促进这些单位逐步向经营型和社会化转化。

（高闯等，原载于《人民日报——市场报》1999 年 7 月 6 日）

现代企业家的发展趋向

近年来，在新技术革命浪潮的冲击下，西方企业界正在发生一场革命性的变革，即从“管理型”经济向“企业家型”经济转变。这场变革对企业家提出了日益尖锐的挑战，使得企业家的职能、形象、素质和形态等发生了深刻的变化。从这些变化中，我们不难看出现代企业家的发展趋势。

一、企业家身份从所有者向经营者转变

以往的企业家大都是“一身二任”的，既是企业的所有者又是企业的经营者。19 世纪 40 年代初期，美国境内发生的一起“撞车事件”改变了这种状况。在马萨诸塞至纽约的一条铁路上，两列客车迎头相撞，造成重大的人身伤亡，一时舆论大哗。政府当局在公众的压力下对这家铁路公司进行了改革，选拔有管理才能的人担任经理。老板只拿红利，不管公司业务。这就是“美国第一家由全部拿薪水的经理人员通过正式管理机构管理的企业”。这一改革造成了所有者同经营者的分离，在实践中显示出巨大的优越性。到 21 世纪初，“经理制”的推广几乎席卷了美国所有的企业。在当今世界竞争日益加剧的情况下，由企业所有者直接管理企业的情况越来越少了。美国历史上典型的“家族企业”——杜邦公司的领导，在 20 世纪 70 年代也开始实现从所有者向经营者的转变。家族成员科普兰让出了董事长职务，总经理也由非杜邦家族的马尔柯担任。在日本，由大股东直接领导企业的情况更是少见，“工薪管理者”阶层占了统治地位。即使有些所有者仍继续领导企业或移交给其后人领导企业，但他们也多是具有现代管理知识和才能的专家。总之，当代西方经济的发展和企业组织形态的演变，“把所有权和经营权

的历史性分离，推向了一个新的发展高度"。当代企业家的本质特征，已不在于他们所拥有的巨额资产和堂皇的身份，而在于他们所具备的丰富的管理知识和才干。

二、企业家职能从适应性创新向破坏性创新转变

创新是企业家最本质的职能。然而，在不同的时代，创新的内涵却不一样，在工业生产发展的早期。市场供不应求，企业规模狭小，社会的技术、管理水平也较低。那时，企业家受"市场"这只"看不见的手"所支配，被动地组织产品的生产，使生产服从于、服务于市场，以消灭企业之间、供给与需求之间的差距与不平衡，实现所谓的"适应性创新"。

随着世界经济的发展，企业组织形态发生了巨大的变化，各种类型的大公司取代了小企业，在经济生活中居于统治地位。指挥这些大公司的企业家阶层已不再仅仅是消极地、被动地服务于市场，而是借助于"管理"这只"看得见的手"积极诱发和引导市场的新需求，开发新市场。现代企业家已不仅仅是"创造性的完善者"，更重要的是"创造性的破坏者"；已不仅仅是"适应性的投机者"，更重要的是"建设性的投机者"。可见，发现与消除"企业差距"、"供求不平衡"已远远不够了，扩大这种差距和不平衡即实现"破坏性创新"才是现代企业家真正的职能所在。

三、企业家形象从发明家向战略家转变

企业家的职能是创新，并不等于说企业家必须同时是新产品的发明者。在19世纪，管理还没有成为科学，企业经理大都是技术人员。因此，那时企业的领导者往往是以"发明家"的面孔出现的。富兰克林说："如果你发明了一个捕鼠器，整个世界都会来叩你的门。"这句名言曾鼓舞着整整一代企业家为之奋斗。然而，在今天，这句名言已失去了当年的魅力。人们在痛苦的实践中深切地感悟

到，企业领导中虽不乏发明者，但发明者并不等于企业家，只懂技术不善经营的人是断然搞不好企业的。当年的爱迪生是一个卓有成效的发明家，但他经营企业却力不从心，以致险遭惨败。英国有个发明大王叫克兰弗·辛克莱，最近 12 年中发明了数百种新产品，人称“英国的爱迪生”、“达·芬奇第二”。然而，他所经营的电脑公司却连年亏本，1998 年被迫变卖。堂堂大发明家，何以落得如此下场？其实答案非常简单，但辛克莱本人却困惑不解。直到 1998 年公司彻底垮台，在一位友人的耐心启发下，他才明白了“发明家不等于企业家”的道理。

那么，现代企业家的形象是什么？长期的经济衰退使西方企业家们认识到，若想在错综复杂的经营环境中审时度势，主舵向前，没有战略头脑和远见卓识是不行的。因此，他们把当代社会称为“战略制胜”的时代。处在这个时代的企业家形象不应是“发明家”，而是“经营战略家”。一名卓越的战略家往往具有如下特征：①具有“国际观”。当代信息的发达正在使地球变得越来越小，视野仅梭巡于国内必将被时代所抛弃。②具有灵活性。即在层出不穷的新问题、意想不到的新情况面前，“要做一只狐狸，而不要做一头大象”。③具有冒险精神。即在动荡不定的局势中为谋求大利而甘冒风险，创办“风险企业”。④具有“大家风度”。在特定的情况下，为了战略目标的实现，不惜“丢卒保车”，放弃眼前利益。美国麦肯锡公司董事鲍尔先生说：“没有弹性或气量狭小的人不能适应未来公司的领导职务。”⑤具有外交能力。现代企业家应善于同政府官员、企业家、消费者及各种社会势力周旋，打交道，在应酬、谈笑中实现自己的战略构想。

四、企业家素质从“管理者型”向“企业家型”转变

在产品供不应求、经营环境比较稳定的条件下，管理的重点是如何提高企业内部的生产效率。20 世纪 50 年代初，美国企业界信奉的管理信条就是按质、按量、按时地生产产品，以求得最佳的生产效率。因此，对企业领导的要求就是要“把事情做对”，使有限的资源得到最合理、最有效的利用。所以，那时的企业家大都是“管理者型”的。他们善于当家理财，工作起来有条不紊，管理能力出

色，但应变、判断能力却可能较低。

在产品供过于求、市场竞争加剧的环境下，企业领导不仅要“把事情做对”，更重要的是要“做对的事情”。因此，企业家不仅要有出色的管理能力，更要有敏锐的洞察力、分析判断力和应变能力。这就要求企业家必须从“管理者型”向“企业家型”转变。

五、企业家作风从重物管理向重人管理转变

美国管理学家彼得斯指出，现代企业家的一个突出特点就是从注重物转向注重人的管理。他认为，不能仅仅把职工看成是生产要素。职工首先是独立的个人，而不是工具。企业家要为职工提供从事创造性劳动和发展、提高及充分表现自己的机会和环境。如何提供这种“机会和环境”？行为科学家着重研究运用激励理论与方法提高个别职工的“士气”。而现代企业家则注重树立企业的整体观念，用“企业文化”这种“黏合剂”把个别职工的力量凝成一种“合力”。这种管理作风比一系列正式的规则、条例更能有效地引导企业的发展。怎样培养企业文化呢？当代企业家们创造了许多的模式，尤其值得一提的是实行所谓的“MBWA”，即走动式管理。企业家们走出办公室，深入职工、深入实际、深入基层、深入现场，用自己的言行感染和鼓舞职工，表明自己主张什么、反对什么、爱什么、憎什么、对“企业文化”的形成和巩固起了一种潜移默化的“传导”作用。

六、企业家形态从“单一型”向“多元型”转变

谈到企业家，人们总是把他们同具有“商业性质”的大企业，同创造物质产品的大工业联系在一起。在“烟囱工业”占主导地位的过去，这种理解与其说是“狭隘”的，倒不如说是“自然”的。然而，产业部门正在变化，职业结构正在

变革。在贝尔先生所描绘的“后工业社会”中，商品经济将逐渐被“服务性经济”所取代，单一工业企业家的形态已成为过去，代之而起的是由工业企业家、商业企业家、教授企业家、银行家、保险家、保健家等所组成的多元的企业家形态。据美国全国科学基金会调查，在美国，大约有3000名“教授企业家”，他们有的被聘为企业经理，有的兼任咨询顾问，有的则成为企业的主要股东。又如美国许多联营医院和一些“自立式”保健机构中，“保健企业家”们大显身手，使美国的保健业生意兴隆、发展很快。多元的企业家形态还表现在大公司内部各类“准企业家”、“内企业家”的产生以及“企业家群体”的出现。这是经营环境复杂化和企业组织分权化的必然结果。

（高闯，原载于《现代企业》1988年3月）

市场经济需要什么样的道德秩序

在我们的话语世界中，道德历来属于哲学伦理学的范畴。这就容易使人们产生一种错觉，似乎经济学不讨论道德问题。其实，经济学家研究市场经济，研究人们之间的利益关系，从来就没有脱离道德问题。亚当·斯密是著名经济学家，但他的《道德情操论》与《国富论》同样饮誉天下。1998 年诺贝尔奖得主阿马蒂亚·森是专门研究伦理学与经济学之间关系的经济学家。因此，我们这里要讨论的问题不是经济学讲不讲道德，而是经济学如何解释道德，特别是我们所要建立的市场经济需要什么样的制度环境或道德秩序。

一、经济学视野中的“道德”

为了说明经济学视野中的“道德”范畴，我们不妨举一个“囚徒困境”的例子。甲乙两个合伙偷盗，后被捕捉关押并隔离审讯。

由于警方证据不够确凿，所以，如果两位囚犯都拒不交代，法院只能判他们 1 年徒刑；如果其中一位囚犯坦白交代而另一位拒不交代，则坦白者免除刑律，拒不交代者从严判刑 10 年；如果他们都坦白交代，则两人都会被判刑 5 年（见表 1）。

表 1　“囚徒困境”

		囚犯乙	
		交代	不交代
囚犯甲	交代	5 : 5	0 : 10
	不交代	10 : 0	1 : 1

对双方而言，不论对方是否交代，自己坦白总比不坦白好，在对方不交代的情况下，自己坦白可以由判刑 1 年减为免予起诉；在对方交代的情况下，自己坦白可从判刑 10 年减为 5 年。由于双方均选择交代，结果各被判刑 5 年。显然，对双方而言，这并不是最有利的选择。最有利的选择是双方都不交代，因为这样双方都仅被判刑 1 年，但他们不能沟通信息。

我们假定双方可以互通信息，结果会是怎样？很容易说明的是，即使有了信息沟通，双方商定都不交代，也无法担保其中一方临时变卦坦白交代，造成对方被判刑 10 年，而自己则免予起诉。因此，我们似乎能够得出结论：两位囚犯都会不约而同地坦白交代，以防对方坑害自己，于是，结果仍然是双方各被判刑 5 年，这就是所谓的“囚徒困境”。

“囚徒困境”说明合作各方只考虑自己的利益，其结果反而不利于包括自己在内的一切人。要摆脱这个困境，合作各方必须同时冒被对方出卖的风险，拒不交代。这种格局在一次博弈中几乎不可能出现。

如果一项合作重复多次进行，则双方就可能通过学习而改变自己的策略。例如在第一次合作中甲改变策略选择不交代，这相当于向乙发出了试探信号，虽然在本次合作中乙捡了便宜（免予起诉），甲吃了亏，但在下一局中乙就可能也改变为不交代。这样双方合作的困境会被打破，处境就会得到改善。

我们当然不是想用这个例子来鼓励囚犯说谎，拒不交代。我们是想说明，讲道德并不是不言利。正如尼采所言，善是出自于利，恶则与害相联。并且，市场经济越发展，越需要良好的道德秩序。亚当·斯密在 200 多年以前就讲过：“最为商业化的社会也是最讲究道德的社会。”可见，经济学所谓的道德，就是要求人们为了（包括自己在内的）群体的长远利益而牺牲个人暂时利益的一种行为规范。显然，道德的形成是一个学习过程，是交易活动的各方多次博弈的结果。

二、市场经济需要的道德秩序

目前，中国正处于从计划经济向市场经济过渡的转型期，社会上的一些领域和一些地方出现了“道德失范”甚至是“道德危机”。许多人短视，不顾名誉，不顾未来利益。不讲信用、欺骗欺诈成为社会公害，以权谋私、腐化堕落现象严重存在。这些现象固然与人们的道德水准和素质相关，但也说明我们的社会还缺乏适应市场经济要求的道德建设所需要的制度环境或游戏规则。

市场经济需要什么样的制度环境或道德秩序？我们举一个“分苹果”的故事来说明。美国一位心理学家为研究母亲对人一生的影响，在社会上选出50位成功人士和50名有犯罪记录的人，让他们谈母亲对他们的影响。有两位谈的都是同一件事：分苹果。一位犯人谈道：小时候，有一天妈妈拿来几个苹果，大小不同，我非常想要那个又红又大的苹果。不料，弟弟抢先说出了我想说的话。妈妈责备他说：“好孩子要学会把好东西让给别人，不能总想着自己。”我见状灵机一动，立即说：“把最大的留给弟弟吧，妈妈，我想要那个最小的。”妈妈高兴地把那个大苹果奖励给我。从此，我学会了说谎。一位来自白宫的著名人士讲道：小时候，有一天妈妈拿出几个苹果，大小不等。我和弟弟们都争着要大的。妈妈说：“我们来做个比赛，我们把门前的草坪分成三块，你们一人一块，负责修剪好，谁干的最快最好，谁就有权得到那个最红最大的苹果。”结果，我赢得了那个大苹果。我非常感谢母亲，她让我明白了一个最简单也最重要的道理。有人听了这两个故事后，也讲了一个分苹果的故事。前半部分与后一个故事相同，妈妈确定了分苹果的原则后，老大立即在烈日下干了起来。等到老大干完汗流满面地来到妈妈面前时，桌上只剩下那个最小的苹果。两个弟弟正在妈妈身边乖巧地啃着又红又大的苹果。老大哭着说：“说好的，谁干得最好，谁吃大苹果。”妈妈怒斥道：“你的动机有问题，你干活只想得到你想得到的东西。”老大不服：“可弟弟们并没有干活呀？”妈妈怒火冲天：“既然你这么会干，你为什么不替他们干了？”老大只好无奈地离开。

这三个故事确实让人仔细思索，余味无穷。结合本文，我们只想谈四点启示：①道德建设必须要有一个良好的制度环境或游戏规则。②这个规则要有利于人们诚实敬业而不是鼓励说谎。③人们必须遵守特别是制定规则的人不能带头破坏规则。④破坏规则的人必须受到惩处。具体而言，我们的道德建设需要什么样的市场秩序或游戏规则呢？甚至有两条是必不可少的。首先就是明晰的财产制度，包括界定清楚的产权和产权保护的制度。只有界定清晰的产权，才能真正在社会上建立起财产责任。没有明确的财产责任，谁能够真正对财产负责？没有健全的财产保护制度，就无法保证人们对财产收益有一个长远的预期，因为人们随时有被侵权的危险。这样，人们的决策必须短视，“得捞且捞”；如果你顾及名誉，你就会吃亏（吃“眼前亏”又没有“未来收益”），以至于你根本无法生存。一旦出现这种“道德风险”，人们之间互相信任的利益基础就会被彻底破坏。如果缺乏一种机制去抑制这种“道德风险”，就会形成“劣币驱逐良币”，最后社会上几乎所有的人都是“坏人”，那些稍微好点儿的人就很难活下去。

另外，还要建立鼓励充分竞争的机制，减少政府管制。腐败主要是权力造成的，而管制则为腐败提供了肥沃的土壤。西方社会管制的形成源于凯恩斯主义，针对的是“市场失效”。我们的经济生活中出现各种各样的管制，与其说是为了解决“市场失效”，倒不如说是计划经济的一种惯性或本能，是一种垄断、反竞争的政策。

三、逐步建立推动道德建设的秩序

说道德建设需要良好的制度环境或游戏规则，并不等于说要等到规则建立了，环境改善了才去搞道德建设。事实上，中国 30 多年的改革开放，一直在努力改善道德建设所需要的制度环境，一直在努力推进产权制度改革，创造良好的公平竞争环境。而且道德建设作为上层建筑的范畴，其自身并不只是被动地适应市场经济基础的要求，它可以能动地对市场经济的发展起指导作用。例如，在一个社会道德水准江河日下、不讲信用、欺诈成风的情况下，一个企业越是诚信敬业、守法经营，越能体现出这个企业的道德水准。这类企业可以说是“民族的脊梁”。从经济学的角度说，在社会缺乏信誉的环境下，信誉就成为一种稀缺资源。按经济学的原理，越是稀缺的东西就越值钱。而人们舍得花高价去换取信誉，是因为信誉有助于企业的长期发展。这样，久而久之，信誉机制就可以替代欺骗行为。不过，我们需要耐心。

从目前情况看，就企业而言，亟待解决的适应市场经济要求的道德建设起码包括：①要在社会建立“道德共识”。只要是人类社会就要有一个文明的基础，这个基础就是道德共识。在我国转型期需要哪些道德共识，我们可以认真研读不久前中央发布的《公民道德建设实施纲要》。②要建立企业信誉制度。使一个不讲信誉的企业成为“人人喊打”的企业，成为无生意可做、无人同他做生意从而无钱可赚的企业。③要建立职业经理的信用档案，解决股东老板与职业经理的“信任危机”问题。职业经理的信用档案是一种“公共信息”，它可以解决在经理聘用上的“逆选择”问题，迫使经理竭力为股东的长期利益服务。

（高闯，原载于《精神文明建设》2002 年第 1 期）

文化、战略与企业生产力

企业文化与企业战略犹如企业生产力发展的“双刃剑”。西方一些学者将两者的奇妙结合称为“合金型”文化。笔者3月底在珠江三角洲考察企业，感慨颇多。大凡经营卓越、生产力获得较快发展的企业，虽然行动上各有千秋，但几乎无一例外地运用了这把“双刃剑”。适逢全国“文化与生产力”研讨会召开，写成此文，与诸位同仁分享心得。

一、战略+文化：未来企业成功的模式

企业文化与企业战略联姻，共同左右企业生产力的跃动，是20世纪八九十年代之交西方企业界一个引人注目的现象。

以美国《企业经营政策》杂志刊登的安索夫的《战略管理思想史》一文为标志，20世纪70年代，“战略研究”热走向了高潮。从单纯的战略计划制订到战略管理思想的提出，使有关战略研究的理论与方法日趋成熟，囊括了从阐明企业使命、宗旨、目标和战略制订、实施战略到评价战略实施成果的全过程。因此，战略管理就是根据企业经营态势分析，制定企业的整体战略目标和方针及有效的战略实施方案，使企业实现目标的一系列决策与行动筹划、控制和实施过程。继安索夫的文章推出后，一批企业战略管理的论著如雨后春笋般涌现，战略管理在世界范围内广泛流行开来。

进入20世纪80年代后，在战略管理热方兴未艾之际，西方管理学界又相继推出《日本的管理艺术》等四部企业文化研究的力著。这些著作被誉为西方“管理新潮流”的“四重奏”。这四部著作尽管内容各异，但都是运用比较分析的方

法，讨论美日企业的管理，并提出一个共同问题：日本企业为什么获得了成功？而答案又是惊人的相同：日本企业生产力迅速发展的奥秘就在于其成功地运用了日本特有的文化——群体意识。所谓企业文化，是指企业在特定的社会文化背景下，在长期的生产经营活动中生成和发展起来的员工的行为准则、工作哲学、传统、习惯、作风等的综合体。企业文化可分为三个层次：表层是器物文化，或称物质文化，它是企业文化的载体与外化，是一种外显文化，一般包括企业形象、声誉、产品与服务质量，公共关系与社会责任，等等。中间层为制度文化，或称规范文化，它包括企业宗旨、规章制度、组织结构、典礼仪式等。核心层为心态文化，其内容有企业价值观、意识、道德观念等，它是企业文化的核心和心理能源。一般而言，表层文化具有易动性，中层文化和深层文化则相对稳定，深层文化的行为影响力最强。与日本企业生产力发展的速度相比，美国企业略逊一筹的主要原因就是企业文化的差异。20 世纪 80 年代的企业文化热浪盖过了战略管理热。

20 世纪八九十年代之交，企业生产力发展的环境发生了一些新变化：①新技术革命在一些重要领域继续获得突破性进展和应用，产品与技术的更新换代呈加速度趋势。②企业经营文化的国际化、高信息化趋势不断发展，世界经济一体化已成必然。③企业经营着眼于未来。④人的因素，特别是人的智力因素在企业发展中的地位愈加重要。因此，需要一种更全面、更系统的管理理论与企业模式，强调单方面的因素是很难取得成功的。彼德斯与沃特曼的“7S”模型，[①] 并不只是强调企业文化对企业生产力发展的重要意义，而是强调把战略与文化有机地结合起来，共同推动生产力的发展。

战略与文化密不可分。一般而言，战略是文化的一个组成部分，至少是企业文化的一种反映。有什么样的企业文化，就会产生什么样的企业战略。企业战略反映了企业的宗旨和价值观念，企业战略常常打着企业文化的烙印。但是，企业战略并不同于企业文化，其差别在于企业战略具有很强的外显性，而企业文化则具有很强的内隐性。优秀的企业文化往往会形成真正的企业战略，并且是实现企业战略的重要支柱。反之，如果企业文化的价值观念与战略目标相左，会对企业

① 在英文单词中以“S”开头的 7 种因素构成的管理模式。即：Strategy（战略）、Structure（结构）、Systems（制度）、Staff（人员）、Style（作风）、Skills（技能）、Superordinate Goals（最高目标）。

战略产生负导向，或成为战略实施的极大障碍。简言之，战略是一个企业的经营方式，是企业“硬性”管理的基础；文化则是指导战略制定，调动全体员工实施战略的保证，是“软性”管理的核心。因此，成功的战略与优秀的文化是未来企业成功的基础，“战略+文化=卓越”应该成为未来企业家的共识。

二、战略支持性文化：特色与营造过程

根据战略与文化的一致性程度，可以把企业文化分为三种类型：①战略支持性文化（战略—文化一致型）。也就是说，企业文化的导向与战略完全一致，企业员工的价值观、行为准则以及基本假定与企业的战略目标十分和谐。但凡经营成功、生产力发展较快的企业，都有一个战略支持型文化。②战略制约型文化（战略—文化制约型）。即企业文化与企业战略相抵制，成为战略实施的一个重要障碍和企业生产能力发展的桎梏。在企业实施新战略或进行战略转变时常会发生这种情况。因为企业要实施一项新战略，必将要求组织结构、奖惩制度等发生相应变革，而企业员工价值观念、行为准则是在既存的企业环境中生成的。这样，企业文化往往会成为新战略实施的制约因素。从这个意义上说，改革的关键在于能否改变传统体制下生成的企业文化，塑造出一种崭新的与市场经济相适应的企业文化。③战略非相关型文化（战略—文化分离型）。即企业文化对企业的战略无明显影响。战略非相关型文化又分为两种情况：一是企业处于“青春期”，尚未形成一种主导型文化；二是由于企业缺乏文化传媒，使企业文化非常弱小，故无法生成一种主流性的力量。在此种情况下，企业文化既有可能向战略支持型发展，又有可能向战略制约型发展。究竟取向如何，完全取决于企业家的倡导及对企业文化的管理。

不言自明，我们所倡导的文化就是战略支持型文化。企业要获得生产力的较大发展，必须有一个战略支持型文化做保证。这种战略支持型文化有三个明显特点：

第一，它是独具企业个性的文化。综观那些生产力获得较快发展的企业，你不难发现，它们大都有与众不同的文化特征。美国 IBM 公司的文化叫做“IBM

公司就是服务”，日本松下公司的文化则是“经营即教育”。你以服务见长，我以教育取胜，“戏法人人会变，奥妙各有不同”。

第二，它是反映企业家精神的文化。企业家在企业文化建设中起示范作用。他们既是企业文化的积极倡导者，又是企业文化的彻底实践家。优秀的企业文化往往刻有企业家的强烈印记，是企业家精神的再现。

第三，它是具有全员精神的企业文化。企业文化是经全体职工认同的企业共同信奉的一组价值观与行为准则，既是全体员工行动的指南，又是全体员工智慧的结晶。

可见，要塑造一种战略支持型文化，一要寻求优势，把企业之长淋漓尽致地发挥出来，并为广大消费者所接受；二要利用目标进行激励，使员工自觉地为实现目标而精诚合作，在目标的旗帜下集结为一体；三要树立英雄人物，把抽象文化观念具体化，把无形的东西有形化，使广大员工“学有榜样，赶有目标”；四要领导垂范，身体力行；五要营造一种强烈的文化氛围，使广大员工时时处处都能感受企业文化的存在，产生对企业群体的良好感受。

企业如果已经形成了一种战略制约型文化，则改变这种文化便成了首当其冲的任务。为了尽快改变，可以制定一种文化改变的战略计划。可以按以下几个步骤进行：①认识现存的文化。要改变现存的文化，必须去芜求菁、追根溯源，深挖文化产生的基础。实行“走动管理”、设计问卷测验、进行民主对话、深入现场考察、建立提案程序与制度都是把握现存文化及成因的有效方法。②检查组织系统。检查那些对文化产生重要影响的因素，如奖励报酬制度、信息沟通系统、领导与管理系统、组织结构系统、培训系统、典型树立制度、资源分配系统等。通过这些组织系统的检查，就可以找出战略制约性文化的成因。这是改变现存文化的关键一步。③制定文化改变战略。亦即设计战略支持型文化的实现目标。一般包括：提出企业的目标文化；指明改变现存文化的有效途径；提出综合改变与调整方案。④实施战略支持型文化。要逐步引导，循序渐进，不可操之过急。⑤绩效控制与评价。包括设定绩效考核标准、绩效监控与偏差评估、设计并采取纠偏措施、监控外部关键因素之影响，还要设计激励战略控制与评价的执行主体的系统。

三、康佳文化：一个成功的范例

在珠江三角洲考察过程中，我们不断地从企业的实践中体会出战略与文化之必要性。这里给出一个成功的范例，大家可以从中把握战略支持型文化的实践意义及改变战略制约性文化的可行性。

深圳康佳电子（集团）股份有限公司是和深圳特区一起诞生的全国首家中外合资电子企业，也是全国侨务系统第一家电子企业。经过40年的风风雨雨，已经进入中国500家最大规模企业和行业50家最佳经济效益企业。创办初期，企业文化背景、社会环境十分复杂，企业文化建设一开始就面临严峻的挑战：一是员工绝大多数来自广东各地的华侨农场，几乎都是青年农工，文化技术基础差，人员构成复杂；二是社会上崇洋媚外之风正盛，又刚好遇上一场“大逃港”的风波，对员工思想冲击很大；三是一些员工对在合资企业工作存有戒心，来自内地和香港的员工制度背景不同，文化差异较大；四是创业初期，物质文化生活极为困难，月收入低，生活条件简陋，人心浮动。

在这种情况下，该如何统一认识，调动员工共渡难关？靠传统的思想政治工作模式，不能适应新时代与合资企业的特点；靠奖金刺激激发起来的只能是物欲；靠“炒鱿鱼”等行政手段，只能对极少数人有效。所有这些都迫切需要进行企业文化创新，寻求一种能维系双方员工共同前进的精神力量。

康佳从国际上现代企业管理的成功经验中得到启示，构建具有康佳特点的企业文化，以此为核心把员工的利益、荣辱和企业的战略发展目标统一起来，形成共同的目标取向和行为规范，促进企业生产力的发展。

康家企业文化建设经历了三个阶段：

第一阶段是20世纪80年代初，康佳人提出“爱厂爱国，团结合作，遵纪守法，好学上进”的“十六字厂风”，对改变企业的战略制约型文化起了很大作用。广东省委称这“十六字厂风”是“企业文化在广东的萌发”。这是康佳文化不自觉的萌芽，为后来自觉地全面建设战略支持性文化奠定了思想基础。

第二阶段是20世纪80年代中期，康佳文化建设逐步实现了由不自觉到自觉、由自发到自为的过渡。企业文化已升华成为一整套企业的宗旨、目标、风格并为广大员工所认同。企业战略中已打上了企业文化的烙印，战略支持型文化已基本形成。康佳精神为“团结开拓，求实创新”；康佳宗旨是“质量第一，信誉为本”；康佳目标为“领先国内，赶超世界”；康佳口号为“员工至亲，客户至尊”；康佳风格为“我为你，你为他，人人为康佳，康佳为国家”。

第三阶段是20世纪90年代后，企业文化建设有一个层次递进、由低级向高级发展的过程。进入90年代后，康佳人没有把企业文化建设停留在形式上，也没有只把生活福利作为康佳文化建设的主要特征，而是适时开展了康佳文化建设工程，把康佳文化引入战略管理的新境界。他们突出开展以“六个一流”为内容的系列文化活动，即“培育一流人才，建设一流环境，炼就一流技术，生产一流产品，提供一流服务，创造一流效益”。伴随着企业文化的发展，康家企业的生产力也获得了极大的发展。

不难看出，康佳文化建设的轨迹同国际上企业文化思潮的进程如出一辙，一步一步地向高位跃进。在康佳，我们似乎找到了企业文化与企业战略的契合点，康佳的范例印证了“成功的战略加上优秀的文化等于卓越，等于企业生产力”这句至理名言。

（高闯，原载于《文化要览》1996年第3期）

一种新的企业用工模型——差别序列结构

劳动用工制度是现代企业制度的重要组成部分。本文在对美、日两国企业劳动用工制度进行比较研究的基础上，提出一种新模型——差别序列结构，并论述这一构想的可行性。

一、长期雇佣与短期雇佣：孰优孰劣

在世界各国现存的诸种劳动用工制度中，美国和日本的模式分别属于“两极”：长期雇佣与短期雇佣。

美国企业实行自由雇佣制。企业与职工签订劳动合同，规定雇佣时间、工资标准以及有关的福利待遇水平。合同期满后，若双方愿意，则可续订合同；如任何一方不愿意，雇佣关系即告中止。与自由雇佣制相适应，美国企业实行“能力工资制”。这种工资制度与雇员的年龄、工龄等因素无关，而主要取决于工作职务、能力和贡献。同时，雇员的升迁也采取“绩效晋升制”，主要看其工作成绩和能力，工作年限没有多大意义。

日本企业实行终身雇佣制。大企业每年春季进行一次招雇，求职者被企业正式录用后，中途只要不出重大差错就不会被解雇，一般会工作到退休。与终身雇佣制并存的是年功序列工资制。职工工资的高低以其在同一企业的连续工龄计算。同时，职工的升迁则采取“资历晋升制”。除特殊情况外，职工晋升一般都是按工作年限逐级提拔。

终身雇佣制有利于企业着眼于长期的人事安排和人员培训，也有助于职工安心工作，增强企业的凝聚力。但也应看到，终身雇佣制是日本特定的文化、历史条件的产物。近年来，日本的经济环境发生了很大的变化。经历了“石油危机”和日元升值的冲击之后，终身雇佣制陷入了新的困境，其弊端也日益突出，主要表现在：随着经济生活的国际化，越来越多的日本人，特别是青年人不愿意永远在一个企业里工作，他们希望向更适合于自己的工作环境流动；而且长期实行终身雇佣制，使企业管理人员增多，管理人员老龄化问题日趋严重；一些人安于现状不思进取。更为严重的是，推行终身雇佣制必须以企业获取高额利润为前提，而日元升值和工资成本上升，使企业经营状况恶化。许多大公司采取下派、降薪、提前退休乃至裁减冗员等措施作为摆脱经营困境的手段。

二、差别序列结构：一个理论框架

在日美企业的改革探索中，出现了“两极”相互渗透、借鉴的趋势。日本越来越重视“自由雇佣”对人才成长的作用，美国则注重“长期雇佣”，以促进企业的长远发展。来自日美的改革现实给我们以重要的启示：能否结合我国的文化背景与经济现状，融日美两种模式之长于一体，构造出一种新模式？

从理论上讲，一个科学合理的劳动用工制度，应该既能够保证职工个人能力的充分发挥，又有利于实现企业群体能力的最佳组合。只有这样，才能保证实现企业的高效益。如果一项用工制度既具有职业稳定机制，又具有职业风险机制，用“终身雇佣”的职业稳定机制给职工提供吸力，以“自由雇佣”的职业风险机制给职工造成压力，使职工在吸力和压力的双重作用下工作，岂不是既有利于个人能力的充分发挥，又可以增强企业凝聚力，使群体能力得到最佳组合，从而为企业带来更高的效率吗？笔者在此提出一种“差别序列结构”（简称差序结构）式的用工模式。

差序结构是指企业全体职工是由核心职工、外围职工与临时职工三部分构成的有差别的阶梯式序列，各层职工在职业稳定机制与职业风险机制的双重作用下工作，对企业的生产经营活动具有不同的责、权、利。各个层次的职工既可“拾阶而上”，又可“沿阶而下”，形成一种动态组合结构。这种结构既有利于职工个人能力的充分发挥，又有利于实现企业群体能力的最佳组合。具体构想如下：

核心职工是企业的主体，处于关乎企业生存与长远发展的管理、技术、财力等关键性岗位，他们对企业生产经营活动中的重大问题具有决策权（通过集体决策机构行使）。他们的个人利益与企业经济效益直接相联，与企业同休戚、共荣辱。他们的平均收入要高于同类企业相同工作的职工的工资。除了可以领取相当于外围职工的基本工资收入外，还可以领取“核心职工津贴”。但在企业经营“不景气”时，他们要同企业同舟共济，共渡难关，不得随意“跳槽”。他们在企业中的工作职业相对固定，不受时间限制。外围职工是企业发展的后备力量，处于职工群体外围或企业后备地位。他们与企业签订具有明确工作期限的劳动合同，相互保留合同期满后的自由选择权。这些职工对企业生产经营活动的重大问题具有建议权，但无决策权，因此对企业经济效益不承担直接责任。在合同期内，外围职工享有与核心职工同工同酬的权利，但无“核心职工津贴”。由于生产经营的需要，企业还可以招收部分临时职工，并根据需要随招随辞。

在“差序结构”中，核心职工与外围职工不但长期并存，而且相互交替、变动转化。临时职工表现好，也可以进入外围职工行列，外围职工表现突出，也可以转为核心职工；相反，核心职工虽然工作期限无合同的约束，但不终身固定，表现不好，也可转为外围职工，外围职工表现差，也可降为临时职工，直至辞退。

差序结构作为一种新型的用工模式，具有较为坚实的理论基础。

（一）坚持了机会均等原则，摆正了平等与效率之间的关系

平等与效率是一对价值判断的准则。平等有两种表现形式：一种是结果的平等，另一种是起点的平等（或机会均等）。结果平等主张要减少一切事实上的不平等，使社会上所有的人在各种待遇中都获得均等的一份。长期以来，由于我们错误地以为社会主义的平等就是结果平等，坚持以结果平等作为社会经济决策的标准，结果反而挫伤了广大劳动者的积极性，妨碍了个人才能的发挥，牺牲了经济效益。我们需要的平等，应该是起点的平等或机会均等。机会均等原则主张社会要为个人施展才能提供同等的机会，强调每个人要站在同一条起跑线上展开竞争，要求社会分配要根据人们为社会所做的贡献大小进行，如此等等。差序结构模式正是坚持了机会均等原则，将职工置于同一起跑线上。至于每个人的最终境

况如何，全在于其自身的努力。差序结构原理反对靠“承袭归属”来谋取高于他人的待遇，肯定职工通过自身的努力为企业经济效益的提高所作出的贡献，并通过“差异”将这些职工在待遇上与他人拉开档次。

（二）坚持了静中有动的原则，实现了职工队伍相对稳定与适度流动的统一

相对稳定与适度流动都是企业发展的客观要求。职工队伍的稳定有助于群体内聚力的增强，有助于企业的技术进步，促进企业的长远发展。但这种稳定不是稳而不动，而是根据企业发展的要求和职工个人表现在流动过程中逐步实现的。只有适度流动，才有利于职工个人能力的充分发挥。在差序结构中，通过核心职工、外围职工与临时职工的三重构造，既可以形成相对稳定的劳动关系，增加企业的内聚力和竞争优势，又能够促成劳动力的合理流动，使职工才能得到充分的发挥，把相对稳定与适度流动辩证地统一起来。

（三）坚持了竞争原则，体现了个人竞争与群体竞争的结合

竞争是促使职工努力工作和增强群体活性的重要动因和有力手段。美日企业用工制度尽管迥然有别，但共同点是都有效地利用了竞争机制。美国企业充分重视个人之间的竞争，这是毫无异议的。但有些人认为日本企业用工制度排斥竞争，这就是一种误解了。竞争有两种表现形式：一种是个人之间的竞争，一种是团体之间的竞争。日本企业不但允许个人之间的竞争，而且鼓励团体之间的竞争，就两者之间的关系来说，是以后者为主，前者为辅。中国企业用工制度的一个致命弱点，就是缺乏竞争机制。在某种意义上甚至可以说，中国企业职工的积极性和才智受到压抑的根本原因不在于“铁饭碗”，而在于缺乏竞争机制。利用差序结构，将个人竞争机制与团体竞争机制相结合，既可以使职工努力工作，在竞争中不断提高自身的素质，又可以使企业充满活力，在竞争中保持团体优势。

为了正确评价职工的工作表现并进行合理转换，企业要制定“职工工作制度”（或企业用工制度），明确规定各类职工的工作标准、条件、权责利，工作转换的依据、方式及相应的奖惩办法、组织程序等。“职工工作制度”由全体职工通过其代表机构共同制定，具有法律效力。实行差序结构模式后，某些素质较差的领导可能会凭借手中的权力任意摆布职工，人为地拉开职工的层次，使差序结

构模式的推行归于失败。为防止出现这种局面，必须将制约机制引入差序结构。一个有效的措施就是建立民主评议和民主监督制度。职工的工作表现如何，要由其所在单位（科室、车间班组）成员共同评议；职工待遇的转换，需经职工的代表机构审议通过。

三、阶梯式用工制与“终身职工制”：两个实证模型

实践是检验理论正确与否的试金石。笔者欣慰地看到，差序结构模式已付诸实践。浙江万向集团与钱江啤酒集团在改革企业用工制度中探索出一套行之有效的用工模式。

浙江万向集团在打破“铁饭碗”，不搞全部固定工的同时，也不搞全员合同制，而是按阶梯式摆出三种不同的“饭碗”：试用合同工的“泥饭碗”、合同工的“瓷饭碗”、固定工的“金饭碗”。三级用工制使职工能上能下、能进能出，既有危机感，也有上进的动力，有利于其积极性和创造性的发挥。其操作方法是：对新招职工即为试用合同工。试用合同期 3 年，如符合要求，转为正式合同工。合同工的合同期为 5 年，如合同期全部符合要求，即转为固定工。表现突出的，可以越级转。各不同性质的职工，在各个时期内不合要求或违反厂纪厂规，均缩短合同期，也可逐级或越级下，甚至中止或解除合同。万向集团的职工，试用合同工、合同工和固定工的比例为 4∶3.5∶2.5。自实施这种制度以来，该公司每年有几百名新职工进厂、升级，也有几十名差的降级、回家。经过筛选，职工队伍的素质逐年提高，而且涌现出一大批专业水平高、工作能力强的技术和管理人员，企业经济效益也明显提高。集团总经理鲁冠球认为，计划经济导致国有企业全部是固定工，职工捧着“铁饭碗”，不思进取。如果说全部固定工是一种极端的话，那么全员合同制则是另一种极端。因为人的水平、能力、贡献不一样，该给“金饭碗”的一定得给。

无独有偶。钱江啤酒集团在改革企业劳动用工制度中也推出新举措：在企业职工中评选出 3%~5%的“终身职工”这一新的举措规定出包括工龄、贡献等在内的一系列评定指标，每 3 年由职代会评定一次，凡在企业工作满 9 年以上的任

何员工，包括干部、合同工、临时工等都有资格参评，评上“终身职工”的便可以享受企业特殊的福利待遇，如医疗保险、子女入学、住房等。这种“终身职工”制的改革措施在企业职工中普遍看好。在社会保障体系尚未健全的情况下，钱江啤酒集团这种在市场经济体制中有条件的“终身职工”制，不失为一种颇为现实有效的缓冲模式。

正在全面推行“全员劳动合同制”的企业，能否从这两个事例中得到一些启发呢？

（高闯，原载于《经济管理》1996 年第 5 期）

论岗位主体管理

人本管理是现代企业管理的新趋势。人本管理的“内核”与机制是什么？人本管理究竟通过何种途径才能真正实现？应该说还是困扰管理学家与企业家们的一个难题。笔者根据在企业的较长期考察，提出岗位主体管理的思路，与诸位同仁商讨。

一、链理论：岗位主体管理的理论基础

在现代企业中，劳动分工精细，技术协作严密，生产联系越来越复杂。这种特性引起劳动组合方式的重大变革：生产资料由个人使用变成许多人共同使用，生产过程由一个个人行动变成一系列社会行动，生产的产品也从个人产品变成社会产品。

新的劳动组合方式要求每个岗位上职工的行为必须具备整体性和连续性。在生产过程中，每个岗位既是最小的劳动单位，又要保证整个生产过程的连续性，是全部管理活动的核心或关键。因为只有依靠职工的主观能动作用，才能使岗位行为的连续成为现实。而各个岗位的行为具备了连续性，整个生产过程才可能连续，企业的目标才能实现。

如果我们把生产过程比做一根链条的话，那么，各个岗位就好比链环，而岗位之间的联系则犹如链结。无“环”则无法“结”，无“结”则构不成“链”。岗位主体管理就是以这一基本思路为线索来构造自己的理论框架的。

(一) 链环：岗位及其五要素

从一般的意义上讲，岗位是指职工在一定的社会关系和劳动分工体系中从事职业活动的具体位置。它具有两重性：一方面是与劳动分工相联系的自然（或技术）属性；另一方面是与社会关系相联系的社会属性。

任何企业职工的工作岗位均需具备五个要素，即人（Man）、设备（Machine）、材料（Material）、工艺方法（Method）及环境（Environment）。任何一个岗位任务的完成，都是岗位五要素综合作用的结果。然而，这五要素所起的作用却不尽相同。在岗位五要素中，起主导作用的是人。换句话说，只有人是能动的，其他要素则处于被动地位。只有依靠人的主导作用的发挥，才能形成现实的岗位行为，带动其他四大要素运转，最终使物的因素得以开掘。只有全面提高职工的岗位素质，才能带动其他“四要素”，实现岗位五要素的最佳运转。不论何种岗位，均具备五要素，但由于岗位的工作性质不同，五要素的表现形式也不一样。例如，管理人员的岗位五要素表现为：管理人员（人）、信息处理工具（机）、管理信息（料）、管理标准（法）及管理环境（环）。

岗位及其五要素是社会化大生产的普遍形态。然而，不同的财产关系决定岗位五要素的主从关系。因此，岗位又是社会关系的特殊反映。

(二) 链结：岗位行为的连续

岗位行为的连续具有两重含义：一重是指岗位主体自身行为的连续，另一种是指岗位之间行为的连续。这里显然是指后者。企业的生产经营活动是由成千上万个岗位上的操作构成的。每个岗位之间的行为既相互依赖又相互制约，如同链环与链环之间的结合。如果“链结”出现了问题，整个生产过程就要中断。因此，每个职工的岗位行为必须按照既定的规则，随着整个生产过程的总轨迹运行。换句话说，各个岗位之间的行为必须有机衔接、协同动作，具有高度的连续性。

职工工作岗位的性质各不相同，岗位行为之间的联系也极其复杂。但就一般而言，在整个工艺过程中，上位岗位影响下位岗位，下位岗位又制约上位岗位。各岗位如果不能有机衔接，工艺过程就要中断。各工序之间不仅有着严格的质量要求，而且具有精确的数量比例关系，如果这一比例关系遭到破坏，生产便无法正常进行。简言之，工艺过程的连续性要求岗位行为之间在时间上要保持高度的连续性，空间上要形成合理的比例性。

在工艺过程中，生产工人岗位行为之间的连续性是显而易见的。但是，另外一些岗位（如管理人员的工作岗位），其行为之间的连续性看上去就不那么直观，因而规范起来也比较困难。其实，这些岗位同样具有较强的连续性。管理信息的收集、处理、传递、使用与反馈之间同样具有内在的制约关系，其本身就是一个连续的过程。如果这一关系遭到破坏，管理信息就会失去效用，管理活动也将无法进行。相对于工艺流程而言，这一过程可称为"管理流程"。管理流程科学、渠道畅通，整个管理系统才能有节奏有秩序地高效运转。遗憾的是，工艺流程的运转有一整套严密的"工艺定额"，而管理流程的运转则缺乏较为规范的"管理定额"，这也是我国企业管理水平低下的原因之一。从这个意义上讲，岗位行为连续的"难点"似乎不在生产岗位，而在管理岗位。因而，链理论对于管理岗位的研究更具有启发意义。

如何实现岗位行为之间的连续呢？从管理学的角度分析，岗位行为之间能否持续取决于两类要素：一类是"硬"管理要素，即用制度、指标、条文、定额等要素规定岗位行为之间的协作关系。"硬"管理的出发点是遵从社会化大生产的"铁律"。在社会化大生产的条件下，严密的制度、严格的纪律是维系企业正常生产的起码前提。然而，单靠"硬"管理要素，"环"与"环"之间是很难"结合"起来的。因为，再严密的规章制度、计划条文也难以包罗万象。这就难免出现管理上的"真空"，从而影响到岗位行为之间的连续。岗位行为的"弹性"越强（譬如管理人员的岗位行为），这种弱点就越突出。

另一类是"软"管理要素，即企业宗旨、价值观、道德规范、群体意识、信念等对岗位行为的连续性产生影响的要素。软管理的出发点是尊重人、理解人、相信人，强调职工的自律意识、自控能力，激发职工的群体精神。中国企业管理的成绩是有目共睹的，但也有些企业存在偏重"硬"、忽视"软"的倾向。诚然，中国企业需要"硬"管理，需要强化"硬"管理，但更需要"软"管理，更需要强化"软"管理。中国的优势就在于职工是企业的管理主体，在于职工的主人翁意识、信念的启迪。

链理论认为，人有无限的潜能。他们一旦意识到本岗位行为对于实现群体目标的意义，就会"突破"制度、条文、指标的界限，主动地协调岗位行为之间的关系，创造出更高的生产率。而能否使人的这种潜能得以充分释放，就要看“软”管理要素的运用了。企业管理的经验证明，成功或失败的企业之间的真正区别在于：在多大程度上发挥了人的最大能力和天赋；如何帮助职工找到并确立“群体意识”；如何使职工学会在千变万化的环境中自觉地、主动地处理问题。这里，我们不难理解岗位主体管理对于保证岗位行为连续性的功用。

诚然，就哲学意义而言，“软”管理比“硬”管理更为重要，但两者之间并无简单的替代关系。它们原本是可以相互补充的。后面的分析我们将会看到，岗位主体管理强调一种软硬结合的“合金型”模式，以确保岗位行为的连续。

（三）链条：链的运行

“环”与“环”的“结合”，导致了岗位行为的连续；岗位行为的连续运转，便形成了企业生产与管理活动的“链”。

企业是从事生产经营活动的经济组织。企业活动需要多种要素，企业的生产经营活动就是由多种要素有机结合而形成的大“链条”。在这根大链条上，各个“链环”之间的行为有极强的制约关系：投资行为制约着生产，生产行为又影响销售，销售行为的实现又使得生产经营活动得以循环进行。可见，链的运行不过是从一个大视角来印证“岗位行为连续”理论的科学性。

二、岗位主体管理的要素及运行体系

“链”理论的基本范围是岗位，岗位行为的主体是人或企业职工。职工在岗位活动中起着“承上启下”的作用，“承”着企业的目标，“启”着机、料、法、环四大要素。每个岗位主体围绕着企业目标循着生产经营过程的总轨“自转”，导致了岗位行为的连续。同时，职工也在追求企业目标的过程中实现了“自我价值”。可见，职工在岗位活动中有没有积极性和创造精神，对于企业生产的发展、目标的实现，具有决定性的意义。因此，岗位主体管理的结构框架只能围绕着“充分调动职工的积极性与创造精神”这一主题构建。其要素如下：

（1）目标性要素，包括企业目标与企业精神。岗位主体管理作为一种新型的管理方式，意在充分发掘职工的潜能，实现企业的目标。因此，企业目标是岗位主体管理目标的同义语。企业文化其核心是企业价值观或曰企业精神。在“软”管理的诸种要素中，企业价值观是最重要的因素，它在整个企业管理体系中处于核心地位。企业精神是一种不同于制度、条文等“硬”管理要素的非正式的心理约束。它虽然没有强制人的性质，但它在职工心理上所起的影响，有时反而要超过行政命令、指示。它对于职工向心力、凝聚力的形成具有特殊作用。

（2）动力性要素，包括物质激励与精神激励。人是有需要的动物。在职工的职业生活中，职工的需要决定其岗位行为。职工的需要包括物质需要和精神需要两个方面，因此，职工劳动积极性与创造力的动因也包括物质动因与精神动因两个方面。决定职工行为的最终动因，是物质的动力。精神的动力对职工的行为有着重大的影响。为了充分调动职工的劳动积极性和创造精神，必须同时采用物质激励和精神激励两种方法，并把两者有机地结合起来。简言之，物质激励与精神激励是岗位主体管理的两大动力源。

（3）开发性要素，指人力资源开发。人力资源开发是岗位主体管理的基础。岗位主体管理的根本特征在于职工的自我管理。职工要实现自我管理，就必须具备自我管理的意识与能力。从岗位五要素的关系上看，职工具有良好的自我管理素质，才能使岗位五要素得以有机结合，处于良好的运行状态。因此，开发人力资源，提高岗位主体管理素质，是岗位主体管理的重要基础。

（4）制度性要素，包括岗位行为规范和企业财产责任。岗位行为规范是岗位主体管理的一大重要保证或基石。如前所述，生产过程的连续要求岗位行为的连续。岗位行为的连续不是无组织、不规则的，而是要按照一定的规则、标准有机地衔接并运行。这种按照生产经营活动的客观规律所制定的标准、制度就是岗位行为规范。有了岗位行为规范，岗位主体的行为才能达到既定的质量要求，并在规范的“约束”下最大限度地发挥自己的潜能。另外，职工要成为真正的管理主体，必须以坚实的财产制度为基础。只有首先成为企业财产主体，才能成为真正的管理主体。因此，职工作为企业财产的主体，是岗位主体管理的又一块基石。从理论上讲，在公有制企业内，职工是企业的主人，有权参加企业管理。然而，实践证明，许多职工对企业生产并不十分关心，对企业管理也并不十分热心参与。原因之一，就在于职工与企业在资产上并没有直接、现实的联系。岗位主体管理强调在企业中建立职工持股会，使职工不再是虚化的主人，而是现实的主人。有了企业资产上的联系，职工对企业的关心度、爱护度和参与度就会大不一样。

由此不难看出，所谓岗位主体管理，就是岗位行为主体的自主（自我）管理。具体来说，岗位主体管理就是以企业文化与目标为导向，以物质激励和精神激励为动力，以人力资源开发、岗位行为规范与企业财产责任为基石，通过岗位行为主体的自我管理、自我控制，使人、机、料、法、环等岗位要素及整个生产经营活动处于良性循环状态，以获得最佳的经济效益。

岗位主体管理的基本程序如下：①岗位活动目标的制定，即岗位行为主体按照企业的目标、宗旨及单位的目标确定本岗位的目标。岗位活动目标是岗位主体管理的基本依据与前提条件。②岗位要素的系统设计，即依据岗位活动目标的要求对岗位活动的人、机、料、法、环等五大要素进行合理调配，提高整体功能。③岗位主体的行为调控，岗位主体活动的调节与控制来自两个方面：一方面是岗位主体活动的外在调控，亦即通过物质、精神提供激励动力，为人力资源开发、岗位行为规范和企业财产责任三大基石提供约束力；另一方面是岗位主体活动的内在调控，这是岗位主体管理的实质。岗位主体管理强调岗位行为主体的自我管理，通过岗位行为主体的主观能动作用的发挥来实现岗位行为的连续、科学、合理。④岗位主体行为的综合评价，即以反复协调设计的岗位主体管理评价的指标体系评价岗位活动的成果。

在具备了目标、动力与基石（或保证）之后，接下来的问题就是：岗位主体管理活动是通过哪些途径实现的呢？企业是从事生产经营活动的经济组织，目标是取得良好的经济效益。管理是实现特定目的的手段。岗位主体管理是为实现企业的特定功能服务的。因此，岗位主体管理的实现途径绝不是游离于生产经营活动之外的东西，而只能从生产经营活动的投入—转换—产出过程中去寻求。从职工配备、物资供应、信息开发、资金筹措到生产工艺控制、质量控制、成本控制、安全与设备管理及至市场营销、社会服务等一系列生产环节中的岗位主体管理活动即为其运行体系或实现途径。

三、岗位主体管理的基本特征

（1）以职工为管理主体，使管理主体与管理客体融为一体。如上所述，职工有了同企业财产的直接联系，就会从客观上要求参加企业管理。职工参加企业管理，不仅可以保证职工的管理主体地位，而且可以激发广大职工的积极性与创造性。然而，企业的生产是社会化大生产。成千上万的人在一起劳动，“最严格、无条件地服从统一的意志是绝对必要的”。因此，企业必须要有高度集中统一的管理权威。职工必须服从统一指挥。但是，企业的管理权威不是以暴力统制为基础，而是建立在包括企业职工在内的所有者利益之上的。这一管理权威是出资者所聘用和拥戴的共同利益的代表。因此，企业的管理权威与职工的主体地位是统一的。

（2）以岗位为基点，使岗位行为与职工利益密切联系。我国的经济改革是从农村开始的。农村家庭联产承包制给城市改革以极大的启示。然而，企业不同于农村中的“家庭”。家庭联产承包制下，农民的自主性、独立性非常强，个人利益与家庭劳动成果的“透明度”极高。企业是社会化大生产，企业的劳动是建立在社会化大生产基础上的集体劳动，任何职工的个人劳动，都只是集体劳动中不可分割的部分。企业的产品是成千上万个岗位上的职工共同协作的结果。要调动广大职工的劳动积极性与创造力，必须把着眼点放在成千上万个岗位上。因此，把职工的主体地位落实到岗位上，让每个职工在自己的岗位上发挥主观能动作用，并把其岗位行为与自身的利益紧密结合，是城市企业管理诸种问题中的关键。

（3）以自主管理、自我控制为核心，使规范管理与自主管理有机结合。规范管理是指依靠制度、标准、定额等“硬管理”要素从事管理活动，实现管理目标。然而，心理学家告诉我们，人有很强的自主性。人都愿干自己决定要干的事，而不愿让别人支配自己的行动。人总是把事业的成功作为向上奋进的动力，这是人的天性。显然，单凭规范管理，无法使职工的潜能充分释放。正如一位经理所说：“你能命令职工按时上班，然而你却不能命令任何人用出色的方式工作。”因此，让每个职工都能在自己分管的工作岗位上决定自己要做的事，通过岗位活动满足自己的成就欲，以此来激发职工的劳动积极性和创造力，应该成为企业管理的出发点和归宿点。通过岗位主体管理活动，职工们逐步由被动受控转为主动受控，又从主动受控转为自我控制。职工们主动把自我需要统一到企业大目标下，自觉控制包括自己在内的岗位五要素，在追求企业目标的过程中使自我价值得以实现。可见，岗位主体管理已经超越了一般意义上的"人本管理"、"以人为中心的管理"，而是以人的自我价值充分实现为前提的职工的自我控制、自我协调下的自主管理。

（4）以"岗位行为的连续"为"钥匙"，使个体行为与群体行为协同一致。企业中的每个人（即个体）组成了企业的整体（即群体）。群体与个体是辩证统一的。群体目标的实现要以个体活动为基础，个体的要求要在群体活动中实现。这种关系是管理学的基本常识。然而，如何协调个体行为与群体行为，正确处理两者的关系，却是长期困扰管理学家与企业家的一大难题。行为科学侧重于个人需要的满足；企业文化理论则强调共同价值观的培养。链理论认为，在社会化大生产条件下，生产过程是连续的。生产过程的连续要求岗位行为的连续，而岗位行为的连续只有依赖于岗位行为主体——人的主观能动作用的发挥。因此，岗位主体管理紧紧抓住"岗位行为连续"这一具有客观性（即由生产过程连续性的客观要求所决定的）而不是凭空想象出来的命题，通过"链环"这个点透晰出企业生产经营过程这个大链条中每个"链环"的作用和"环"与"环"的结合、"共振"，强调每个"链环"上的职工参照企业文化、目标调节自己的行为，强调他们对企业文化的"悟性"，而每个职工的行为又始终是"扣"在群体行为的"大链条"上，这就找到开启协调个体行为与群体行为的"钥匙"，从而在一般意义上的、停留在理论层面的"以人为中心的管理"的命题中嵌入具有可操作性的、深层次的"岗位主体管理"，使"以人为中心的管理"有了结实的"内核"。

（5）以职工为生产过程的主体，使管理活动与生产过程同步进行。企业的生产过程是由成千上万个岗位上的活动构成的。因此，开展管理活动，也离不开岗位，从而离不开企业的生产过程，绝不能把管理活动与生产过程割裂开来，形成"两张皮"。岗位主体管理强调把管理活动融入企业经营活动的全过程，确立职工在生产过程的主导地位，使管理活动与生产过程同步进行，在生产过程中实现岗位主体管理。

（高闯，原载于《中国工业经济》1996 年第 4 期）

第三部分

企业商业模式创新的实现方式与演进机理

一、引　言

中国加入世界贸易组织以后，大批实力雄厚的跨国公司蜂拥而至，进入中国市场，这一方面加快了我国本土企业的国际化进程，另一方面却导致了市场竞争愈演愈烈。面对强劲的竞争对手，中国企业该何去何从，如何在趋于白热化的市场竞争中立于不败之地，成为企业管理者们所要思考的首要问题。在竞争实践中，越来越多的企业管理者们清醒地认识到：每个强大的跨国公司背后都有一套有效且独具特色的企业商业模式，这正是这些公司在市场竞争中占优的关键。一种商业模式的创新很可能成为企业在激烈的市场竞争中克敌制胜、基业长青的法宝。如以物流、数据库建设以及为顾客创造价值为核心的沃尔玛模式，以低库存成本、不断聆听消费者的意见和直接销售为核心的戴尔模式，不仅为企业带来了丰厚的利润回报，而且奠定了企业在市场竞争中的优势地位。正如 Gary Hamel（2003）所说，为了创造新市场和财富，管理者需要首先考虑整个商业概念的创新。商业概念或商业模式是一个框架，用于创立公司、销售产品和获取利润。

同样，企业商业模式也越来越受到国内学术界的重视。综合现有文献，可以将国内学者对企业商业模式的研究分为两类：一类是针对企业个案进行的案例分析，如梁弘新（2000）、饶君华（2005）对戴尔模式的分析。另一类是以罗珉、翁君奕等为代表对企业商业模式的内涵及理论解释进行的较为深入的研究。罗珉（2005）等认为，企业商业模式是一个组织在明确的外部假设条件、内部资源和能力的前提下，用于整合组织自身、顾客、价值链伙伴、员工、股东或利益相关者来获取超额利润的一种战略创新意图和可实现的结构体系及制度安排的集合，并且运用企业经济租金（Rent of Enterprise）从经济学理论视角解释了企业商业模式创新行为的内外驱动力。翁君奕（2004）通过对企业内外经营环境及平台界面的细分，将商务模式界定为一个类似“魔方”的三维空间，由价值主张、价值支撑和价值保持构成的价值分析体系提供了商务模式构思和决策的一种思维方法。他把商务模式定义为核心界面要素形态的有意义的组合。

在以上两类研究中，我们发现对于商业模式个案的研究很难形成一个系统的、普遍适用的理论分析框架，而现有的关于企业商业模式内涵、创新动机和形成机制的研究又难以直观、清晰地解释企业商业模式创新个案。因此，我们认为有必要从企业管理理论体系中找出一种或几种更直观、更清晰、更有力的理论分析工具，从而既可以对企业商业模式创新及其演进机理进行全面的理论解释，又能够更好地指导我国本土企业有效地进行企业商业模式创新。大量跨国公司进行企业商业模式创新的成功实践表明：企业商业模式的创新与企业竞争战略是密不可分的。企业进行商业模式创新往往是基于竞争战略的考虑。例如，戴尔公司在1984 年成立之初，为了在市场竞争中获得成本领先和差异化优势而采取与其他电脑生产厂商明显不同的直销模式。通过对企业战略管理理论进行深度挖掘，我们发现价值链理论能够有效地对企业商业模式创新的实现进行解释。

二、企业商业模式创新的价值链分析

许多国外学者在定义企业商业模式的时候，或多或少地提及了企业的价值链。Rappa（2004）认为，商业模式规定了公司在价值链中的位置，并指导其如何赚钱。他还进一步指出，商业模式明确了一个公司开展什么样的活动来创造价值、在价值链中如何选取上游和下游伙伴中的位置以及与客户达成产生收益的安排类型。Thomas（2001）认为，商业模式是开办一项有利可图的业务所涉及的流程、客户、供应商、渠道、资源和能力的总体构造。Dubosson 等（2002）认为，商业模式是企业为了进行价值创造、价值营销和价值提供所形成的企业结构及其合作伙伴网络，以产生有利可图且得以维持收益流的客户关系资本。这些对企业商业模式的界定或论述对我们使用相关的价值链理论解释企业商业模式创新有着重大的启示作用。

按照波特（Porter，1985）的“价值链分析法”，企业的价值活动可以分为基本活动（Primary Activities）和辅助活动（Support Activities）两类。其中基本活动包括内部后勤、生产作业、外部后勤、市场营销和销售、服务五部分，辅助活动包括企业基础设施、人力资源管理、技术开发和采购四部分，如图 1 所示。

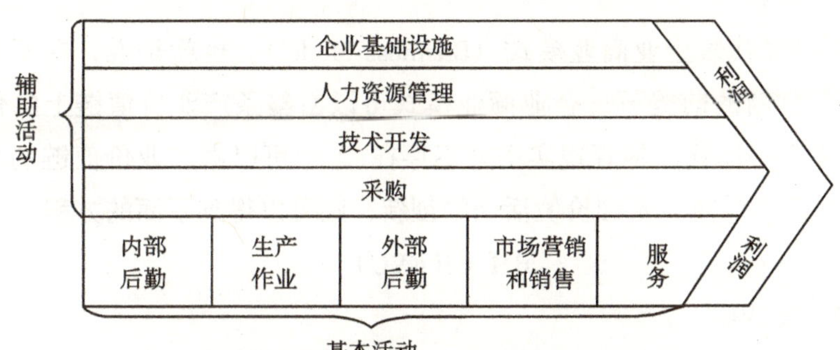

图 1　企业价值链：基本活动和辅助活动

注：引自迈克尔·波特：《竞争优势》，华夏出版社 1997 年版。

而在上述九种企业价值活动中又包含了多种细分的价值活动。波特指出，供应商价值链、企业价值链、渠道价值链和买方价值链构成了整个价值体系。我们假定该企业为直接面向消费市场的生产厂商，即企业是最终商品的生产者，那么企业价值链同时与供应商价值链、渠道价值链和消费者相连，构成一条完整的产业[①]价值链（如图 2 所示）。本文所用的价值链理论是以企业基本价值链为基础，通过其在整个产业价值链上的不同变动方式及其自身基础价值活动的创新来解释企业如何实现商业模式的创新。

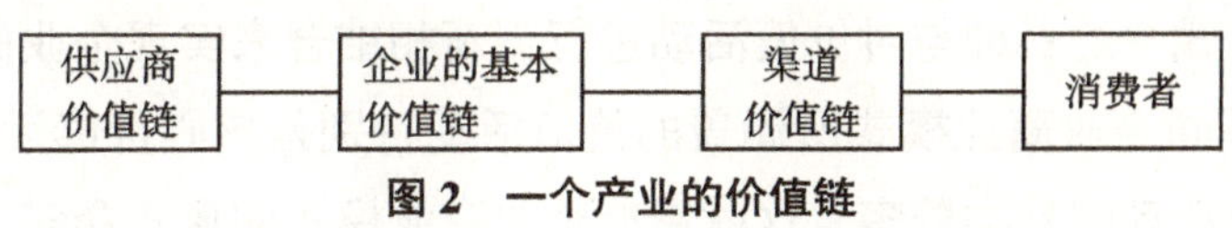

图 2　一个产业的价值链

① 中国国家技术监督局于 1994 年 8 月 13 日发布的《国民经济行业分类与代码：GB/T4754-94》新标准，采用四级分类标准——门类、大类、中类和小类。为了对现实企业行为的解释更加充分，我们在这里使用的产业是指其中的中类行业。

这里分别用 a、b、c、d、e、f、g、h、i 代表企业价值链上的五个基本活动和四个辅助活动，用 J、K 代表供应商价值链、渠道价值链上基本和辅助价值活动的集合，那么由这 11 个元素构成的集合 {a，b，c，d，e，f，g，h，i，J，K} 就代表了该产业的价值链。在不考虑对价值活动进行创新的前提下，根据某一特定行业内的企业商业模式所涵盖价值活动的多少，可以认为企业商业模式是集合 {a，b，c，d，e，f，g，h，i，J，K} 的一个子集（不包括空集）。

即 $BM \subseteq \{a, b, c, d, e, f, g, h, i, J, K\}$ （1）

且 $BM \neq \varnothing$

其中，BM 代表企业商业模式（Business Model）。也就是说，在不考虑对价值活动进行创新的前提下，企业商业模式可以由整条产业价值链上的价值活动构成——完全一体化（尽管现实中并不存在），也可以由产业价值链的片段组合而成。如果考虑对企业基础价值活动的创新，则可以得到下面的方程：

$$BM = f(EVC) \tag{2}$$

且 $EVC < IVC_2$

其中 EVC 代表企业价值链，IVC 代表一条完整的产业价值链。

由方程（2）可知，即在明确的外部假设条件、内部资源和能力（企业被界定在某一产业内）前提下，企业商业模式是企业价值链的一个函数，并可以将其看做是一种基于价值链创新的企业价值活动及对这些价值活动所涉及的全体利益方进行优化整合，以实现企业超额利润的有效的制度安排的集合。

函数对应法则 f( ) 至少应该包括以下内容：企业既可以通过延长自身基础价值链（如前向一体化和后向一体化）形成企业商业模式，又可以通过对自身基础价值链分拆、职能外包来缩短价值链，进而形成企业商业模式，也可以通过对自身基础价值链延展和分拆同时进行而形成企业商业模式，还可以通过对企业价值链上的一项或多项基础价值活动进行创新来形成企业商业模式。此外，企业可以通过前三种方式中的一种与对价值活动进行创新相结合来实现企业商业模式的创新。又由于不同企业商业模式所涵盖的价值活动特别是核心价值活动是不同的，而且企业价值活动的种类繁多，这就造成企业商业模式的形式众多，同时又千差万别。特别需要注意的是，这么多形态各异的企业商业模式并非全部有效，我们更关注那些有效的、成功的企业商业模式。因此，函数的对应法则 f( ) 还应该包含一个限定条件，那就是通过价值链创新 [(f(EVC)] 实现的企业商业模式创新在实践中是有效的。

由于产业价值链涵盖了企业能够涉及的所有价值活动，因此，这种基于价值链的创新能够直观、清晰、全面地对企业商业模式创新进行理论解释。企业可以通过对价值链上的价值活动进行细分，清晰地识别出自身价值活动的优劣势，然后对其内外部价值活动进行优化重组、整合和创新，最终实现有效的企业商业模式创新。

三、基于价值链创新的企业商业模式的分类

我们已经运用价值链创新理论对企业商业模式创新的形式进行解释，从实质上看，企业商业模式是通过对企业全部价值活动进行优化选择，并对某些核心价值活动进行创新，然后再重新排列、优化整合而成的。但是，企业商业模式种类繁多、难以把握，因此有必要对其进行分类概述。按照企业商业模式的形成方式（企业被界定在某一产业内），可以将其分为以下五类：

（一）价值链延展型企业商业模式

这种企业商业模式是在企业价值链的基础上，通过延长其两端的价值活动（纵向一体化），即向行业价值链两端的供应商价值链和渠道价值链延伸，或者在某些价值活动的横截面上延展同类的价值活动（水平一体化或横向一体化），如并购同类企业以实现产品的相关多元化、与其他企业组成战略联盟合资或合作进行研发等，使企业价值链涵盖更多的价值活动。因此，又可以将延展型企业商业模式分为纵向延展型企业商业模式、横向（水平）延展型企业商业模式和纵、横混合延展型企业商业模式。

在纵向延展型企业商业模式中包含了两种典型的模式，即前向一体化企业商业模式和后向一体化企业商业模式。前向一体化企业商业模式是将产业价值链下游的渠道价值链上的价值活动纳入企业价值链，成为企业从事的价值活动的一部分，从而消灭了中间商（企业外部的物流、代理商和零售商等），企业将中间利润与消费者分享，并直接面对消费者组织销售；后向一体化企业商业模式是将供

应商价值链纳入企业自身价值链，实现企业原材料的自给自足，这可以节省大量的交易费用和采购成本，从而增强企业成本优势和盈利能力。在横向延展型企业商业模式中最具代表的是以产品相关多元化为基础，通过对相关价值活动进行优化整合而形成的企业商业模式。纵、横混合延展型企业商业模式兼具纵向延展型企业商业模式和横向延展型企业商业模式的特点，既包含了价值活动的纵向延伸，又包括了价值活动的横向扩展。

延展型企业商业模式将原本在企业外部的价值活动纳入企业经营范围内，从而可以节省大量的交易费用，提高企业的整体反应效率，进而提高企业的整体竞争实力和盈利能力。

（二）价值链分拆型企业商业模式

价值链分拆型企业商业模式是将企业的基础性价值活动进行外包，使企业价值链缩短（价值活动减少），企业只保留那些核心价值活动（那些具有核心竞争力且难以被模仿的价值活动）和相对优势价值活动。这种企业商业模式遵循的基本原则是企业从事基础价值活动所产生的总成本高于其通过价值链分拆、职能外包所产生的新的总成本。企业通过职能外包，可以与其伙伴企业实现资源、要素和能力的优势互补，从而降低总成本，提高企业的敏捷性和柔韧性，增加企业利润。价值链分拆型企业商业模式中典型的就是 OEM（Original Equipments Manufacture）模式，即通常所说的“贴牌”生产。

（三）价值创新型企业商业模式

这种企业商业模式与前面两种模式不同，它并不延长或缩短企业价值链，而是只针对基础价值链上的价值活动进行创新，从而形成其他企业难以学习和模仿的核心能力。价值创新一般是在几种价值活动间协同进行的，既包括技术层面的创新，又包括组织、制度和价值理念层面的创新，其他企业是很难模仿的。这种通过价值创新形成的企业商业模式可以产生很强的协同效应，不仅提高企业的运营效率，而且降低企业的运营成本，增强企业的核心竞争力。其中较为常见的价值创新型企业商业模式是通过技术创新实现产品的核心多元化和生产成本的节约，进而形成的企业商业模式。这与横向延展型企业商业模式中的产品多元化企业商业模式有着本质的区别，这种创新型核心多元化企业商业模式是通过核心技术创新实现的，而后者只是通过购并同类企业并对其产品和业务进行整合来实现，不存在自身核心技术的创新。

（四）价值链延展与分拆相结合的企业商业模式

价值链延展与分拆相结合的企业商业模式实际是第一类和第二类企业商业模式的混合体。这种企业商业模式既对企业基础价值活动进行分拆外包，又把企业以外的其他价值活动纳入企业价值体系中，因此，它兼具了前两类企业商业模式的优点：一方面，通过价值链延展，企业可以获得成本优势、协同优势和范围优势。另一方面，通过价值链分拆，可以提高企业的敏捷性和柔韧性，实现资源和能力的优势互补，从而可以在很大程度上提高企业的整体竞争优势。在实践中，这种企业商业模式的成功运作是非常复杂的，它要求企业首先必须十分慎重地识别出自身基础价值链中的优势价值活动和劣势价值活动，然后对其进行分拆，同时还要求企业将自身以外的价值活动纳入企业价值链中，并对其进行整合优化，以实现整体的协同效应。

（五）混合创新型企业商业模式

混合创新型企业商业模式是通过把创新活动引入第一类、第二类、第四类企业商业模式而形成的。因此，又可以细分为延展创新型、分拆创新型和延展与分拆混合创新型三类企业商业模式。延展创新型企业商业模式是在企业价值链延展的基础上对其价值活动进行创新而形成的；分拆创新型企业商业模式是通过对分拆后企业保留的优势价值活动进行创新而形成的；延展与分拆混合创新型企业商业模式是在对企业价值链进行延展与分拆的基础上，对组合后的价值活动进行创新并优化整合而形成的，它是所有商业模式中最复杂、最具竞争活力而且又最难被模仿的一类。

混合创新型企业商业模式是现实中存在数量最多、最常见的一类商业模式，因为企业想要在激烈的市场竞争中长期保持一定的竞争优势，就必须不断地根据自身优势进行创新。一方面通过价值链的延展、分拆，获得成本领先和管理协同，实现优势互补和灵活反应；另一方面通过价值活动的创新，增强企业核心竞争力，提高企业差异化经营能力，为企业和顾客创造更多的价值。

通过以上对企业商业模式的分类，可以清楚地看到，在这五大类企业商业模式中又包含了众多形态各异的企业商业模式，它们由于具有某些共同点而分别隶属于五类模式中的某一类。

四、基础价值链理论模型的扩展

前面的理论分析是将企业界定在某一特定产业之内，然而在现实中，许多企业的经营范围涵盖了两个或更多的产业，因此，有必要对基础模型进一步扩展，以便更加有效地解释现实中存在的各种企业商业模式。企业在某一特定产业内的多元化经营往往是相关的，但是跨产业的多元化经营有时很少具有相关性。特别是当企业进入多个不相关的产业时，由于对新产业不熟悉，在资源分配、人员配置、生产协作、市场营销等方面都很难产生协同效应，因而在与对手竞争时往往处于劣势。而进入的非相关产业越多，企业成功的概率就越小。基于此，我们的研究只针对那些涉及两个产业（可能相关，也可能不相关）的企业商业模式。

在企业只进入两个产业进行经营的前提下，企业商业模式的基础模型 $BM = f(EVC)$ 可以变化为：

$$BM = g[f(EVC_1), f(EVC_2)] \tag{3}$$

其中，EVC_1 为企业在产业Ⅰ中的价值链，EVC_2 为企业在产业Ⅱ中的价值链。[①] 在方程（3）中，$f(EVC_1)$ 的含义是企业在产业Ⅰ中通过价值链创新形成的次级企业商业模式（产业Ⅰ中企业价值活动的一种相对有效组合），$f(EVC_2)$ 的含义是企业在产业Ⅱ中通过价值链创新形成的次级企业商业模式，函数 $g()$ 的内容是：基于对企业内外因素（特别是内部资源、能力和外部市场竞争）的全面考虑，企业通过对 $f(EVC_1)$、$f(EVC_2)$ 两个次级商业模式有效率的整合而最终形成的企业商业模式。在实践中，特别是在两个具有某种相似点或相关性的产业中，由于具有类似的投资规模、类似的投资项目时间长度、类似的风险来源、类似的一般管理技术、类似的消费者群体、类似的关键成功要素和类似的产业生命周期

① 作为企业基础价值链，EVC_1 和 EVC_2 具有很大程度的相似性。但是由于所处产业不同，EVC_1 和 EVC_2 所包含的价值活动的具体内容却可能存在巨大差异。

等关联性因素，企业可以根据以往的成功经验对其全部价值活动进行最优化整合，如利用企业已有的物流、渠道对两个产业内的产品进行集中运输、仓储、分销等，从而实现资源充分利用、成本节约、管理协同。这样，企业就可以通过商业模式创新来获得其在两个产业内同时兼备的竞争优势。

五、企业商业模式创新的演进机理

（一）企业商业模式创新的动力

关于企业商业模式创新的动力，学者们更偏爱经济学理论的经典解释。在微观经济学的假设前提下，企业的最终目标是追求利润最大化，企业的任何行为都是实现其终极目标的铺路石。罗珉等（2005）认为，企业商业模式创新行为的内、外在驱动力是获得企业经济租金，它们还通过对经济租金的挖掘，论证了“L 租金”和“个体租金”对企业商业模式创新的重要驱动作用。然而在现实经济生活中，特别是在当今对人本关怀日益提倡、高度重视的大环境里，利润以外的其他因素（顾客价值、企业家精神、竞争优势等）正对企业商业模式的创新起着至关重要的驱动作用。我们认为，在诸多驱动因素中，“为顾客创造价值”是决定企业进行商业模式创新最关键、最根本的因素，它是企业商业模式创新的原动力。

1. “为顾客创造价值”的内涵

伟大的管理学之父彼得·德鲁克（Peter Drucker，1965）曾说：“对于一个企业来讲，要想为顾客创造价值，首先必须关注顾客所认为的价值是什么。”换句话说，企业应当站在顾客的角度考虑价值的含义。这里所提到的“顾客”不仅指市场上那些最终消费者，而且还包括那些与企业进行交易的买方企业。德鲁克认为，顾客购买的并非是商品或服务本身，而是一种需要的满足，是商品或服务的价值。也就是说，顾客眼里的价值是一种需要的满足，一件商品满足了他的需要，就具有价值；反之就没有价值。而这种需要可能是一种便捷，也可能是一种自豪感，等等。

在德鲁克看来，一家企业为顾客创造价值可以有很多种表现形式，比如为顾客节约的时间、劳动、原材料，或者为客户提供的信息、数据，抑或为顾客创造一种满意的体验，等等。企业为顾客创造价值实质上是增强了顾客的满意度或满足感。值得注意的是，并不是所有为顾客创造的价值都能被量化，即用一定数量的货币来表示。例如，为顾客节省的时间，顾客可以利用这些时间去做其他事情，这就为顾客创造了价值，但是这种价值很难直接用货币来衡量。而满意的体验这种主观感知就更加难以用货币进行衡量。

2. 为顾客创造价值的实现方式

关于如何为顾客创造价值，德鲁克做了精辟的概述。他认为，在新的商务环境下，公司应该以创新的方式为顾客打算购买的产品或服务增加价值，并将这些创新的方式分为：①增加产品或购买的方便性。②让顾客对购买行为感到满意和舒适。③以定制生产来满足顾客的个性化需求。④创新产品或服务可以为顾客创造价值。⑤有效地解决问题，也就是及时向顾客提供帮助。⑥将公司业务结果与顾客所注重的东西（如产品价格）结合在一起，再以这些结果界定公司必须发展（或者转包给其他公司）的业务能力。⑦与顾客（买方）协作。如让顾客为自己服务、让顾客掌握供应方的商品信息（现有库存、运输日期等）、让顾客掌握需求方面的信息、让顾客执行业务中影响较小的部分（顾客自己管理库存）和建立伙伴关系来共同开发产品和服务等。

不难看出，有效的企业商业模式涵盖了以上创新方式。例如，混合创新型企业商业模式可以包含产品和服务的创新、定制生产、业务外包、一对一销售等，而通过企业商业模式创新，真正实现了为顾客创造价值的企业宗旨。

3. 顾客价值对企业商业模式创新的驱动原理

由卖方市场向买方市场过渡的过程中，谁能够真正地把顾客奉为上帝、为顾客创造更多的价值，谁才能在激烈的市场竞争中获得持久的竞争优势。而只有具备竞争优势，企业才能实现追求更多经济租金的目标。当今以顾客为中心的管理理念已经在管理实践中居于主导地位，如果企业依旧仅仅在追求利润最大化目标的驱使下进行商业模式创新，而偏离了为顾客创造价值的宗旨，那么它终将会因为失去顾客（市场）而在竞争中一败涂地，至于企业经济租金，更是无从谈起。因此，我们认为为顾客创造价值是企业商业模式创新的根本动力。

波特（Porter，1985）在提出价值链理论时就曾指出：作为公司的一种工具，价值链是用以识别和创造更多顾客价值的有效途径。我们根据价值链创新理论可知，企业可以通过对价值活动的识别、重组和有效创新，即通过商业模式创新来为顾客创造价值，这种创新是以顾客价值作为导向的，如图3所示。

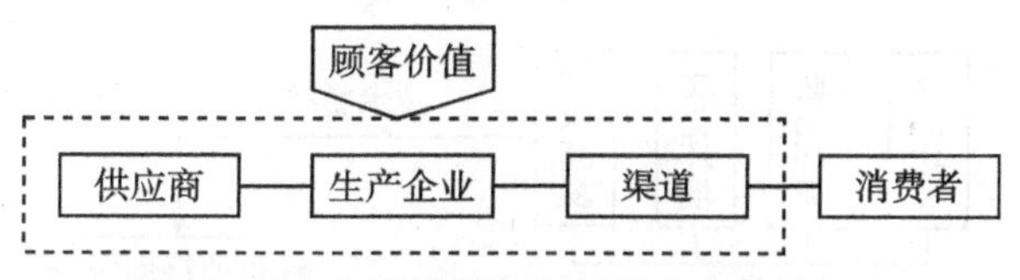

图3 顾客价值对企业商业模式创新的驱动

图3中虚线区域代表的是顾客价值这一理念的作用范围，供应商以企业作为其顾客（买方）、生产企业以中间商、物流服务企业及消费者作为其顾客。那么在顾客价值的驱动下，供应商对生产企业、生产企业对中间商、物流服务企业和消费者会不断地进行价值让渡，而实现这种价值让渡的最有效方法就是对企业价值活动或价值链进行创新。通过价值链创新，企业能够为顾客节约时间、劳动和原材料，或者为顾客提供信息、数据以及满意的体验等，实现为顾客创造价值的初衷。例如，企业通过价值链创新把上游供应商价值活动囊括到企业价值活动中以实现成本领先，进而向顾客提供物美价廉的商品，或者把下游渠道价值活动囊括到企业价值活动中，从而消灭中间商，以快捷、便利、别出心裁的方式提供令顾客满意的商品和服务，并且与消费者分享中间利润。

（二）企业商业模式创新的演进过程

企业商业模式并非一经形成就不会改变，它可能在一段时间内保持相对稳定，但在顾客价值的驱动下，在外部经济、政治、文化和技术环境的影响下，企业商业模式创新会不断地演进。首先，由产业结构、产业吸引力和产业的进入、退出壁垒等因素构成的企业外部竞争环境（经济环境）发生对企业不利的变化，企业将会面临更大的竞争压力。许多企业都希望通过商业模式的创新将其市场竞争的相对劣势转化为相对优势，以重新取得有利的竞争地位。其次，技术环境的变化对企业商业模式创新也有着重大影响。科技的进步，特别是信息技术革命，为企业商业模式创新提供了强大的技术支持。如互联网技术的产生使B2B、B2C等电子商务模式成为可能，从而为企业商业模式创新搭建了必要的技术平台。此外，企业外部的政治环境、文化环境的变化也会对企业商业模式的创新产生一定影响。例如，一国政策的改变，一个地区或民族的文化、风俗习惯、观念等的冲突，都会制约企业固有的商业模式，特别是那些进行跨国经营的企业。因此，企业必须根据政治、文化环境的改变进行适当的企业商业模式创新。

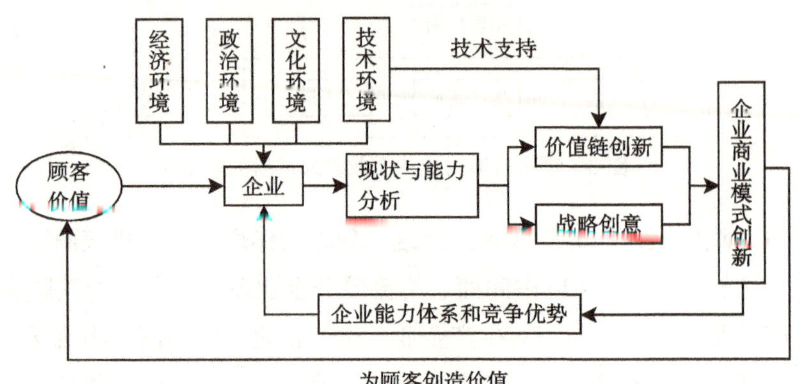

图 4　企业商业模式创新的演进机理

如图 4 所示，当外部环境（经济、技术、政治、文化环境）发生新的对企业有影响（正、负两种影响①）的变化时，在顾客价值的强力驱动下，企业开始寻求商业模式创新。企业首先通过对自身现状和能力进行科学、全面、客观的分析，在权衡内外因素的基础上对竞争策略（短期战略）进行调整，而这种策略调整又恰好体现在价值链创新上，如企业的并购或剥离、目标市场的再细分和产品的核心多元化等。企业再对其价值活动进行优化整合，努力寻求一种最优的组合方式，这就促成了有效的企业商业模式创新的实现（这是一个不断进行评价和调整的复杂过程）。企业通过商业模式的创新能够进一步巩固自身的核心能力体系，增强企业的市场竞争优势，进而实现企业的战略发展目标。同时，也实现企业为顾客创造价值的经营宗旨。当内外部条件再次发生关键性变化时，企业又开始进入新一轮的商业模式创新，通过周而复始的循环就形成了企业商业模式创新不断演进。

① 如信息技术的进步为企业商业模式创新提供了必要的技术支持，这会对企业产生正影响或有利影响，而产业结构变化，特别是竞争环境的恶化，将增大企业竞争压力，对其产生负影响或不利影响。

六、结论与建议

通过运用价值链创新理论对企业商业模式创新的实现方式和演进机理进行解释和分析，以及对企业商业模式进行分类，我们可以从价值链创新的理论视角对企业商业模式进行界定，即在明确的外部假设条件、内部资源和能力（企业被界定在某一产业内）的前提下，企业商业模式是企业价值链的一个函数，并可以将其看做是一种基于价值链创新的企业价值活动及对这些价值活动所涉及的全体利益方进行优化整合以实现企业超额利润的有效的制度安排的集合。实质上，企业商业模式是对企业全部价值活动的有效整合。在价值链创新理论的指导下，企业可以通过对价值链进行创新进而实现有效的自身商业模式创新。

基于价值链创新的企业商业模式创新理论对我国本土企业有着重要的指导意义。我国企业在充分审视自身资源和能力的前提下，可以通过对内外价值活动进行细分和识别，并在此基础上对价值活动进行有效重组、整合和创新，即通过价值链创新来实现自身的企业商业模式创新。通过与自身实际相匹配的企业商业模式创新，本土企业才能在激烈的国际竞争中创造并保持一定的比较竞争优势。

此外，对于企业商业模式创新的有效边界以及不同的企业商业模式创新是否具有可组合性、可移植性，本文并没有做深入的探讨，希望广大学者在对企业商业模式创新的深入研究过程中能够对这些问题进行全面、系统的探索和分析。

参考文献

[1] Michael Rappa. The Utility Business Model and Future of Computing Services [J]. IBM systems Journal, March 2004 (1).

[2] Magaly Dubosson, Alexander Osterwalder and Yves Pigneur. E-Business Model Design, Classification and Measurement [J]. Thunderbird International Business Review, January, 2002, 44 (1).

[3] Thomas Powell. Competitive Advantage: Logical and Philosophical Considerations [J]. Strategic Management Journal, 2001, 22 (9).

[4] Peter. F. Drucker. Entrepreneurship in Business Enterprise [J]. Journal of Business Policy, 1970, 3 (12).

[5] Peter. F. Drucker. The Theory of Business [J]. Harvard Business Review，1994：95-104.

[6] Porter，M. Location，Competition，and Economic Development：Local Clusters in A Global Economy [J]. Economic Development Quarterly，2000（14）：15-20.

[7] 迈克尔·波特. 竞争优势 [M]. 陈小悦译. 北京：华夏出版社，1997.

[8] 彼得·德鲁克. 创新与企业家精神 [M]. 张炜译. 上海：上海人民出版社和上海社会科学院出版社，2002.

[9] 彼得·德鲁克. 卓有成效的管理课 [M]. 北京：北京民航出版社，2006.

[10] 钱·金，勒妮·莫博涅. 蓝海战略 [M]. 吉宓译. 北京：商务印书馆，2006.

[11] 王方华，吕巍. 企业战略管理 [M]. 上海：复旦大学出版社，1997.

[12] 李永强. 商业模式辨析及其理论基础 [J]. 经济体制改革，2004（5）.

[13] 罗珉，曾涛，周思伟. 企业商业模式创新：基于租金理论的解释 [J]. 中国工业经济，2005（7）.

[14] 王伟毅，李乾文. 创新视角下的商业模式研究 [J]. 外国经济与管理，2005（11）.

[15] 翁君奕. 商务模式创新 [M]. 北京：经济管理出版社，2004.

[16] 饶君华. 戴尔模式分析[J]. 山东行政学院山东省经济管理干部学院学报，2005（1）.

（高闯、关鑫，原载于《中国工业经济》2006 年第 11 期）

我国知识型企业的核心能力问题研究及对策

一、引　言

自 20 世纪 90 年代初西方主要资本主义国家大公司和大企业兴起“回归主业”浪潮以来，企业核心能力理论就成为当今管理学领域中方兴未艾的热门话题，一系列富有创造性的研究成果相继问世。1990 年，C. K. 帕汉拉德和 G. 哈默在《哈佛商业评论》上发表了《公司核心能力》一文，成为核心能力研究里程碑式的著作。此后一段时期内，在《战略管理》、《管理》和《哈佛商业评论》上出现许多学术研究成果，将核心能力问题的研究不断推向深入。本文力图从核心能力出发，分析我国知识型企业在形成、持续增长和保护等方面的问题，从企业和政府两个基本点方面分别提出相应的对策，从而为我国知识型企业发展提供一条有益的思路。

二、企业核心能力的理论框架

按照传统经济学理论的解释，企业是由众多不同生产要素构成的集合体。当一部分企业比其他企业能够更加有效地使用其所拥有的资源时，该企业就会在与具有同样多生产要素的企业的市场竞争中取得优势地位。因此，企业能力实质就是有效使用各种资源的能力。在诸多能力当中，只有极少的那部分能力是其他企业不具有的且难以模仿的，而且这部分能力对企业获得长期竞争优势、攫取稳定超额利润的贡献最大，这就是核心能力。帕汉拉德和哈默将核心能力定义为“组织中积累性学识特别是关于如何协调不同的生产技能和有机结合多种技术流的学识”。（帕汉拉德、哈默，1990）由上述概念可知，核心能力不仅是一种能力，更准确地说是企业一项极其重要的资源，这种资源以知识为主要表现形式。吴敬琏在其文章中认为，核心能力是将技能、资产和运作机制有机融合的企业自组织能力，是企业推行内部管理性战略和外部交易性战略的结果。（吴敬琏，1999）核心能力来源于企业主动性行为，是多个技能、技术和学识的结合体。英特尔公司的核心能力在于其能够在较短的时间内推出高质量的微处理器并促使消费者接受新产品，这种能力单单依靠技术开发或市场营销的某个部门来运作是无法想象的，而是由一系列的市场预测、技术开发、产品生产和营销推广等技能集合而成的。

核心能力既是组织资本，又是社会资本，“组织资本反映了协调和组织生产的技术方面，而社会资本显示了社会环境的重要性”（埃里克森，1998）。前者表明组织拥有的知识资本以及由此产生的能力，后者则说明核心能力的价值是由外部环境决定的。核心能力具备以下特征：①使企业能够向用户提供根本性利益或效用，即具有充分的用户价值。提供给消费者的产品能否为生产企业带来利润，关键在于用户对该产品理解价值的高低，这依赖于产品内在的核心价值。而这种核心价值恰恰来源于企业所拥有的核心能力。譬如，本田公司在发动机方面的专长是消费者购买本田公司产品特别看中的，因此被称为本田公司的核心能力。②这种能力是独树一帜的，其他企业难以模仿和掌握。资源在不同企业中的分布是不均衡的，核心能力作为一种特殊资源的差异性就更加突出。试想如果企业专长极易被竞争对手模仿的话，那么它很难为企业提供长期的竞争优势。同时，核心能力更多地表现为企业所具有的知识，企业知识理论认为，“企业的异质性起因于企业在生产过程中形成和积聚的知识的差异性”（顾乃康，1997），具有价值演变的趋势。尽管核心能力很难被竞争对手模仿和掌握，其价值就呈现逐渐降低的趋势，对企业自身的贡献也相应减少。20 世纪 70 年代和 80 年代日本汽车公司的核心能力主要表现为以每辆车的次品率为指标来衡量的汽车质量要高于欧美同行，但是进入 90 年代以后这一指标已经成为各个汽车厂家必备的条件，核心能力逐渐演变为行业的普遍能力。③应当具备一定的延展性。核心能力是企业内部的一个“核裂变”装置，可以释放出巨大的能量，对企业提供的一系列产品和服务都具有促进作用，而不是仅仅限于较小的范围之内。如夏普公司的液晶显示技术就是其核心能力，使其能够成功地在笔记本电脑、便携式电脑、微型电视、液晶投影电视、袖珍计算器等诸多领域占得一席之地。

核心能力的以上特征决定了它对企业的长期持续发展具有不可估量的战略意义。因此，在研究知识型企业的发展轨迹时，不可避免地要分析其核心能力问题。在一定意义上说，知识型企业就是围绕知识资本的营运进行知识的生产、传递、利用和保护的组织，知识资本是知识型企业最具有价值的资产，通过对企业知识资本的评估可以获得对其核心能力的了解。瑞典 Skandia 公司在 1995 年公布了世界上第一份知识资本年报，此后多位学者提出了对知识资本的评估方法。埃德文森（1996）着眼于顾客、流程、更新和开发、人力因素、购务等方面，构建了知识资本评估和管理模型。斯维比（1996）则提出了一组动态指标来评估知识资本，即增长和创新指标、效率指标、稳定性指标。而另一位学者布鲁金（1996）阐述了知识资本审计的概念，并从市场资产、知识产权资产、人才资产、基础结构资产四个方面提出了评估知识资本价值的理论体系。

三、我国知识型企业存在的主要问题就是缺乏核心能力

知识经济强调知识是资本的重要构成部分，20 世纪 80 年代中期发展起来的新增长理论认为，经济增长是经济体系内部力量的产物，知识和人力资本是增长的发动机。企业可以通过对知识的有效管理促成组织体知识的增值。而以知识资本为主体恰恰是知识型企业的典型特征，因此，知识型企业正逐渐成为各个国家在世界经济中赢得竞争优势的关键力量，其对国民经济和社会财富发展所做的贡献也越来越突出。在信息技术、媒体和通信等重要技术领域快速发展的今天，许多国际性的信息产业巨人相继发生兼并重组，各国政府也逐渐降低保护本国信息产业的壁垒，可以预见，知识型企业将面临更加严峻的国际化竞争。因此，我国知

识型企业最紧迫的问题就是尽快形成核心能力，以期在未来的世界竞争中占有一席之地。当前，我国知识型企业缺乏核心能力主要表现为以下几个方面：

（1）缺乏有效的技术开发机制。目前，我国企业普遍缺乏足够的技术创新的动力和压力，不具备强烈的技术创新欲望；缺乏必要的技术资金投入，技术创新资金投向不尽合理；科技人员匮乏，科研条件比较差，难以保证技术创新所必要的条件；普遍缺乏技术创新过程中所必要的防范风险的有效手段。当然，最关键的就是缺乏高效运行的企业技术开发机制。从近年来国内彩电、VCD、玻璃、农用车等行业价格大战中可以看出，我国大多数企业存在忽视技术创新的现象，更多的企业寄希望于运用价格等市场手段而不是技术优势抢占市场有利地位，由于关键的核心技术掌握在国外厂家的手中，造成我国企业为国外大公司打工的情况时有发生。

（2）缺乏有效的产品创新机制。任何创新的技术必须以产品为载体，有效的产品创新机制可以将开发出来的新技术迅速转化成具有较强市场竞争力的产品。我国近年来每年取得 3 万多项科技成果，然而，其中的 80%被束之高阁成为无效发明，只有 20%能够转化为生产力，最终形成产业的仅占总数的 5%，这与发达国家科技成果转化率高达 60%~80%形成巨大的反差。此外，还有相当多的企业忽视产品变革，不愿主动进行产品的创新。例如，上海生产的桑塔纳轿车在引进之后的多年内一直没有推出新车型，直到前几年才开始生产改型产品。

（3）缺乏有效的人才培育机制。知识型企业要求有高素质的人力资源加以支持，这是因为在组织的知识资本管理战略中，通常以人力资源（或人力资本）为前提和出发点，所以“以人为本”成为众多企业最高的经营宗旨。而“边干边学”的方式又表明了员工是在工作的过程中不断积累知识，提高工作能力和效率。因此，企业需要高效的人才培育机制。在国有企业中，目前的情况是人力资本投入大大减少，人才流失情况严重，人满为患和人才奇缺的现象并存，管理和技术人员层的人力资本含量比人们想象的要低（赵曙明，1998）。在三资企业中，尽管高级人才并不缺乏，但是适合高级人才成长的机制并没有建立和完善起来，员工不断跳槽，造成企业人力资本的严重流失。

（4）缺乏有效的知识管理机制。所谓知识管理，就是为企业实现显性知识和隐性知识共享提供新的途径。显性知识易于整理和进行计算机存储，例如专利、商标、产品设计等；而隐性知识则难以掌握，因为它集中存储于员工的大脑之中。通常，知识型企业中为保护企业的专有技术和知识，会采取相应的安全措施，常常是鼓励保密而不是信息公开和共享，这就需要实施有效的知识管理，需要设计一种有效的制度安排，促使员工愿意将个人所拥有的知识转化为集体知识在企业内部实现共享，同时推动进行企业的知识创新，从而为企业形成核心能力服务。我国知识型企业的差距不仅仅表现为集体知识共享机制的欠缺，更为重要的是知识创新能力大大落后于国外的先进企业。

（5）缺乏适合知识型企业的企业家形成机制。知识型企业需要不断进行创新，而创新的历史重任责无旁贷地由企业家来承担。但是，就我国目前的情况来看，适合企业家产生和成长的土壤还没有形成，这是因为企业家对社会发展的重要作用还没有得到社会的广泛承认，国有企业中企业家选拔和任用机制还没有摆脱旧的框架，企业家的收入还偏低，企业家的劳动和所得到的报酬不相符，职业经理市场还没有真正形成，以上这些因素都严重阻碍着企业家群体的形成和不断壮大。

四、加快建立核心能力形成、持续增长和保护机制

对尚未建立核心能力的知识型企业来说，紧迫的任务就是充分认识到这个工作的重要性，并采取相应的行动推动核心能力的形成。而对已经拥有核心能力并取得竞争优势的企业来说，关键的任务就是研究如何保护核心能力，同时不断发展核心能力，从而使竞争优势地位更加稳固和持久。

（1）促进核心能力尽快形成。核心能力是知识和技能聚合在一起所产生的能力，需要将组织内部由个人掌握的知识和技能集中起来。因此，核心能力的建设是一个漫长的过程，按照加里·喻梅尔的研究，其培养过程可以划分为三个阶段：①开发与获取构成核心竞争力的专长和技能阶段。核心能力是积累性学习的结果，需要一系列的知识和技能加以支持。因此，在这个阶段当中，企业的首要任务就是获取或开发构成核心能力的单项技能或技术，获得单项技术的方式不仅包括自行开发，还可以从外部引进，通过消化和吸收转变为企业内部的资源。②整合核心能力要素阶段。任何单个技能、专长或能力要素都不会成为企业的核心能

力，例如企业在某项技术上具有的独树一帜的优势，只有与企业内部的其他资源相互协调配合，如充足的资金支持、高素质的人力资源保证、强大的营销力量和渠道辅助、卓越的企业领导者指挥以及宽松高效的技术开发政策等诸多因素，才会保证这种技术上的优势不断保持下去，才会是这种单项技术上的优势转变成为企业赢得长久竞争优势的来源。③核心产品市场的开发阶段。企业的核心能力最终要依靠产品这个载体在市场中体现出来，而核心产品则是介乎于核心能力和最终产品之间的中间产品。例如，VCD 核心主板就是菲利浦公司的核心专长（解码技术）和最终产品（菲利浦 VCD）之间的核心产品，因此，VCD 核心主板就构成了菲利浦公司的核心产品。如果企业把全部精力投入到最终产品的竞争中时，往往会忽视核心产品和核心技术的开发，从而影响企业核心能力的形成。我国的彩电和 VCD 行业都有这样的情况。

培养企业的核心能力，需要企业的有关管理人员重视这项工作。首先，要找出现有的核心能力，这是因为核心能力的社会资本性表明，核心能力的价值体现在与其他企业的市场竞争过程中。作为企业内部的人员，需要认识到哪些技能和知识与最终产品和服务具有密切的关系，对企业取得竞争优势发挥的作用最大。其次，要制定获取核心能力的计划，因为一项核心能力最终形成要有 5 年甚至更多的时间，没有明确的计划作保证容易导致目标的偏移。

（2）保证核心能力持续增长。某个企业的核心能力也许在几年之后就会成为行业中其他企业普遍具有的能力，尽管知识的不可分割性表明企业的核心能力难以被其他企业所模仿，但是其他企业可以通过长时间的知识积累，能够具有这种能力。此时，这种核心能力就逐渐成为一般性的能力。因此，企业有必要不断促使核心能力增长，或者是创造出新的核心能力，以保持企业的竞争优势。

促进企业核心能力持续增长，需要采取以下的对策：首先，要注重核心产品市场的开发，确保从核心产品市场上获得较大收益，就会有更多的资源培养和发展已有的核心能力，企业就可以始终掌握市场竞争中的主动权。另外，这种开放性的战略还可以制约对手开发核心能力的内在动力。其次，要建立有效的制度安排，鼓励企业内部的创新活动，促使员工努力提高个人的素质和能力，形成源源不断的新知识来供给企业的核心能力。最后，要在企业的组织结构中设立专门的部门和管理人员，负责企业核心能力的有关管理工作，这样做才会保证核心能力问题始终得到企业高层管理者的重视。

（3）加强核心能力保护。尽管核心能力难以被其他企业所效仿，但是作为核心能力基础的专有技术和知识则容易被其他企业获得，这与知识尤其是显性知识这种产品的特殊性有关（在知识是外显的假定下，知识被认为是一旦被创造出来，就可以在边际成本为零的情况下为其他使用者所使用）。在知识产权日益得到重视的今天，许多企业采取申请专利、加强保密措施、与雇员签署带有竞业避止条款（被雇佣方承诺在离开企业一年之内，不在与原企业相同行业内就职）的用工协议、建立完善的成果管理制度等措施，对企业的核心能力实施必要的保护。

此外，在企业与其他企业进行合资、战略联盟或资产重组过程中，要充分重视核心能力的保护。例如，近年来，我国许多企业在国外企业合资的过程中，丧失了自己的原有品牌、市场份额和技术，给国家和企业自身都造成了巨大的损失。在与其他企业进行战略联盟时，要注意保护本企业的核心能力不被联盟伙伴“顺手牵羊”地带走。在资产重组的过程中，要不断加强企业的核心能力，而不是让兼并进来的企业破坏企业的核心能力。

五、政府需要加强外部环境建设

我国市场经济体制是政府主导型体制，政府在经济运行过程中往往能够发挥举足轻重的作用。对企业来讲，形成和发展核心能力仅仅凭借企业自身的力量是难以实现的，还需要依靠政府制定相关政策、法规，采取恰当的措施，在企业外部构造出一个良好的运行环境。

（1）逐步健全和完善风险投资体制。企业在形成核心能力的同时，需要投入大量的费用进行技术研究和开发，而技术开发存在着非常大的风险。由于我国企业的实力普遍较小，难以独自承担这样的风险，可以通过建立良好的融资渠道，用高收益的预期来吸引风险投资的介入，从而将企业的风险进行分散。目前，国外的一些风险投资基金正在进入我国，并与我国的一些知识型企业进行了合作，如 IDG 等。

（2）加大对科技和人力资本的投入。企业技术创新主要表现在 R&D 能力上，这就需要政府加大对科技和人力资本的投入，提高国家财政拨款中 R&D 经费的比例，逐渐达到国外同类国家的水平。同时，还要加强国家拨款的管理工作，合理安排经费的投向，提高国家拨款的使用效益，加大社会职业教育和培训的力度，减轻企业内部培训的压力。

（3）制定相应的政策推进信息产业。当今的信息时代中，作为信息传递载体的媒体的作用越来越突出，摆在我国政府面前的一个课题就是如何促进信息产业的快速发展，更为重要的是要满足企业尤其是知识型企业的需求，这是因为知识型企业形成核心能力对现代化信息传递方式的需求愈加迫切。例如，很多企业开始将电子商务纳入核心能力范围中。但是，国内电信业尚处于垄断之中，还需要进一步开放。所以，政府要从长远的角度考虑，吸收美国等发达国家对电信业的相关政策，积极稳妥地推进信息产业的变革。

（4）完善市场管理体制，加大力度反对不正当竞争行为。在我国市场经济体制发育的过程中，在一些行业相继出现了恶性竞争行为，大大影响了企业形成核心能力的积极性。这就需要政府加强监督力度，大力打击不正当竞争行为，防止垄断行为的出现，创造出公平和高效的市场竞争环境。

（高闯、邵剑兵，原载于《辽宁大学学报》2002 年第 2 期）

虚拟企业的信任关系治理机制
——基于演化博弈论的研究

近年来，随着网络经济的迅猛发展，市场竞争环境对企业的技术创新能力以及市场的敏感度与速度的要求越来越高，为了更迅速地整合资源，分担企业经营风险。一种基于知识共享的合作创新方式——虚拟企业逐步被开发出来。作为建立在企业核心能力基础上的企业外部资源优化和整合的一种新型企业组织形式，虚拟企业对原有的契约关系做了新的诠释，提供了一种无限利用或共享跨边界资源的组织结构，这一组织结构跨越了所谓“科斯企业边界”，它将属于分散企业掌握的大量资源进行自我适应性整合，纳入一个新的资源范畴中，从而让成员企业因使用自身并不曾拥有的资源而得益。

虚拟企业的“联结”与“合作”则成为这一模式的新挑战。而信任作为合作的基础，在影响企业合作关系的诸多因素中起到了关键的作用，它既是合作关系发生的前提，又是合作成功的重要推动力。本文将从治理角度这一切入点对信任作为虚拟企业的基础、信任关系的演化路径以及信任对虚拟企业的作用机理进行分析。

一、虚拟企业：概念及性质

最先提出“虚拟企业”这一概念的是美国艾科卡（Iacocca）研究所学者普瑞斯、戈德曼和内格尔（1991），他们在《21世纪制造企业研究：一个工业主导的观点》的报告中，提出了一种新的生产模式——以动态联盟为基础的灵捷制造（Agile Manufacturing），并将其创造性地概括为“虚拟组织”（Virtual Organization）。

此后很多学者也从各自的研究视角对虚拟企业进行了界定。Byrne（1993）和 Jehuen（1997）从组织形式的“联盟”这一角度进行分析，认为虚拟企业是无固定工作地点的暂时性网络，并无明确的组织架构，只是一种企业伙伴间的联盟关系。Hodge，Anthony，Gales（1996）从运行方式的角度对虚拟企业做了解读，他们认为虚拟企业是以一个或多个具备核心能力、执行关键功能的组织为中心，其余功能则分散组织来完成。Applegate，Farlan，Kenney（1996）强调虚拟企业的外包特性，认为虚拟企业是一种极致的外包模式，即企业仅保留少数的核心能力（Core Competencies）——协调、控制以及资源管理的活动，而将所有或大部分的其他活动外包；William Davidow，Michael S. Malonc（1992）则从组织架构方面将虚拟企业定义为：“以共享技术、分摊费用以及满足市场需求的目的，通过信息技术联成的临时网络组织，由一些独立的厂商、顾客甚至同行的竞争对手所组成的非正式组织。”

尽管学者们对于虚拟企业概念的具体含义认识不同，但我们仍然从中发现了一些虚拟企业的共性：①组织结构的松散性和扁平性。作为一种网络式动态联盟组织，为追求弹性与效率，应付各式各样的障碍与风险，虚拟企业需要超越本身界线的管理能力进行频繁的多边合作与策略联盟。与科层企业组织结构相比，虚拟企业“既没有严格的等级制度，也没有垂直的管理体系”（大卫·德，1992）。②组织内部的合作与运行模式依赖于资源的共享性。相对传统实体企业内部的“要素契约”和市场上“产品和服务契约”，虚拟企业的集体竞争优势的发挥依赖于资源的共享，因此其更多依赖的是一种高度的真诚、信任和合作精神。③组织关系的延续性。很多情况下虚拟企业的生命周期尽管可能会很短，但是伙伴成员间的共生依赖关系可能并不会终结，否则成员间的协调成本将会非常高。而且有关合作伙伴良好的声誉、能力等信息还可能将通过声誉市场迅速传播，合作中建立的信任关系（破坏性的或者建设性的）也将延续至下次合作的开始，或者传递给第三方。

综合上述概念以及性质的分析，本文将虚拟企业理解为：虚拟企业是具有长期合作意愿的一些组织（包括独立厂商、顾客甚至竞争对手），以商业机遇中的项目、产品或服务为中心，以知识、信息等资源共享为平台，充分整合利用各自的核心能力，广泛借助以互联网为核心的信息技术手段而构建的以盈利为目的的动态的、网络型的经济组织。结构松散与扁平、资源共享以及关系的持续性是它的基本性质。

二、虚拟企业的治理困境

按照威廉姆森的交易费用理论，我们从资产专用性、交易频率（Frequency）和不确定性（Uncertainty）三个维度对虚拟企业的治理进行刻画，我们会发现，虚拟企业的治理结构不同于市场机制和单个企业的治理结构。[①] 这是因为虚拟企业的治理依据的是跨组织的协调，这一机制不但解决了外部性引起的市场失灵问题，而且弥补了企业的传统边界对互补资产和技术企业的边界内难以优化配置的问题，可是这也会带来一些问题，具体表现为：

（1）机会主义。一方面，由于虚拟企业的产生随着市场机遇而变，具有相当的“动态性”，其生命周期往往较短，这可能会使得参与成员企业的资产专用性变得非常高，从而使得机会主义发生的几率大大增加。另一方面，如上所述，虚拟企业的有效运作依据的是跨组织协调这一机制，这一机制对于组织外部监督环境的要求非常高，如果干预和惩罚机制不完美，这种跨组织协调机制的成本将会非常大。

（2）治理结构缺失。虚拟企业的特质决定了它不像一般企业那样有明确的界限和层次，它甚至没有资本结构、监事会等公司治理结构，因此一些传统的控制方法，如在其他类型的伙伴管理中所采取的相互持股、投票分配和设立董事会等方法在虚拟企业中已不再适用。

三、虚拟企业信任关系的产生与演进

信任是一种管理工具，同时也是一种治理机制。信任关系的存在，不仅会避免虚拟企业运作过程中不必要的搜寻、协商、谈判以及监督等成本，降低了虚拟

① 根据交易费用理论，交易双方的相互依赖性越强，资产专用程度越高，就越容易发生道德风险。而虚拟企业的特性则天然地解决了这一问题。

企业的交易成本，而且信任机制的建立能够降低虚拟企业的经营风险。因此，培育虚拟企业成员伙伴的相互信任关系才是解决虚拟企业治理问题的根本途径。

（一）信任的含义

“信任”最早是一个心理学概念，作为一种复杂的社会心理现象，它是指对他人（组织）表现出“适当”行为的预期，其本质上是一种心理态度。此后这一概念被广泛地运用到经济学与管理学中，[①] 学者们也从不同角度对其进行了剖析，见表 1 所示。

表 1　信任的主要观点

研究视角	主要观点	代表人物
个体心理	信任是对外部情境的反应，是由情境刺激决定的个体心理和行为	多依奇（Deutsch，1958）
人格特质	信任是一种经过社会学习而形成的相对稳定的人格特点	罗特（Rotter，1967）、怀特曼（Wrightsman，1991）
人际关系	信任是由人际关系中的理性计算和情感关联决定的人际态度	刘易斯（Lewis，1997）、威格特（Weigert，1997）
社会制度	信任是建立在理性的法规制度基础上的一种社会现象	巴伯（Barber，1983）、祖克尔（Zueker，1986）、张维迎（2001）
文化	信任是建立在道德和习俗基础上的一种社会现象	福山（Fukuyama，1998）

从表 1 可以看出，学者们对信任的概念至今也没有达成共识，这可能是与学者们各自的研究领域和研究方法不同所致。笔者认为，作为管理工具和治理机制的信任至少应该包含以下几个方面的内涵：首先，信任作为一种心理活动，存在于某一特定情境下，且参与者必须是两者以上。也就是说，信任必须是一定的文化背景和制度约束下的，而且参与者对于信任与否的选择受到这些因素的影响。其次，参与者自身的人格特质对于信任关系的发生也有着重要的影响。参与者可以通过后天习得和积累的经验以及理性计算和预测来决定信任与否，在这一过程中，参与者的人格特质将起到决定性的影响。信任的结构如图 1 所示。

① 1995 年 Smith 和 Ashord 以“Intra and Inter-organizational Cooperation: Toward A Research Agenda ”为题，在国际知名期刊 Academy of Management Journal 上发表论文，文中特别指出信任对合作的重要性与未来研究的丰富性。

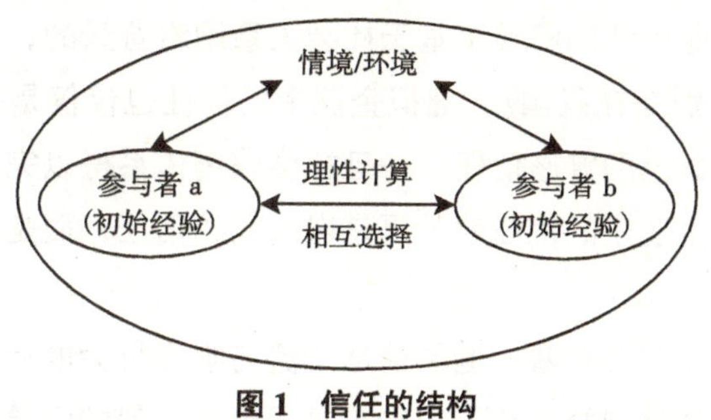

图 1 信任的结构

(二)虚拟企业中嵌入性的信任存在——企业网络理论的解释

大多数研究者认为，鉴于虚拟企业产生的基础大多是以完成某一个项目为目的的，因此合作关系就被赋予了“临时性”或“动态性”的特点。但随着研究的进一步深入，学者们逐步意识到虚拟企业的有效运作必须要强调相互信任与合作，这与“临时性”特征显然是自相矛盾的（相互信任的建立需要时间），尤其是考虑到对于未来新机遇和市场的长期发展的期望和愿景，虚拟企业的这种延续性特征将越来越重要。

按照企业网络理论的观点，企业只是处于一定的社会经济生活背景下，从“生产—服务”过程中截取某些阶段从事分工活动（如制造、营销等）的组织，因此，企业及其所从事的活动依赖于其他企业与资源的活动，这种相互依赖的网络决定了对企业间相互作用的约束，从而产生了企业间长期的相互依赖关系。虚拟企业成员正是“嵌入”在这样一种长期的相互依赖关系之中，其嵌入机制就是相互信任。成员企业间的相互作用和依赖关系，并不会因为具体项目的完成而宣告结束，而只是暂时的合作中断；若有新的项目，成员企业则彼此成为对方的“合作对象库”。也就是说，虚拟企业成员间的合作表现为时断时续，而非“一次性博弈”，具有“间续”性。而实际上正是由于这种合作关系的间续性，信任才能够在社会关系网络背景下存在，而且是作为联结虚拟企业与其社会关系网络的一种嵌入机制而持续存在的。因为“间续”意味着合作伙伴的交易将会重复，那么双方都将希望保留自己的声誉，在这些条件下双方易于产生信任，信任关系也比较容易巩固。当然，由于总是存在博弈的终结，重复交易建构的信任关系也有可能暂时中断。所以，在社会关系网络背景下，虚拟企业中的信任也是社会嵌入的，它在成员企业间实际履行起来表现为时断时续。需要强调指出的是，企业网络理论对于虚拟企业信任的解释是基于社会关系网络背景的，在社会信用体系不完善的市场上（特别是在我国），虚拟企业中的信任也仅仅是一种嵌入式的信任关系，而非社会意义上的普遍信任。一旦社会信用体系得以完善，信用报告扩散到一定程度，虚拟企业中的信任就不再是嵌入式的信任，而是社会普遍信任的一部分。

因此，在这样一个存在着普遍的信息交流与学习行为的社会关系网络内，虚拟企业参与各方的初始选择可能会依靠自身习得和积累的经验进行理性计算和选择；但随着时间的演进和互动的进行，在合作中采取信任策略的参与者会形成良好声誉以及由此带来的有利结果，而且这种声誉和结果会被信誉市场记忆、传播而受到他人的学习和模仿。① 由此，相互信任就成为现有虚拟企业的参与者和潜在参与者的必然选择而得以建立。当然这种相互信任关系的持续反过来又会促进合作交易的重复。

综上，虚拟企业信任关系的产生及动态变迁轨迹可以概括为（对于初次合作的虚拟企业而言）：在当下的一种情境下，按企业参与各方依靠自身习得和积累的经验从基于理性计算的初始信任向基于了解、熟悉的后续信任演进，经过延续和传递转化为下一次合作的初始信任，从而构成一个循环，如图 2 所示。

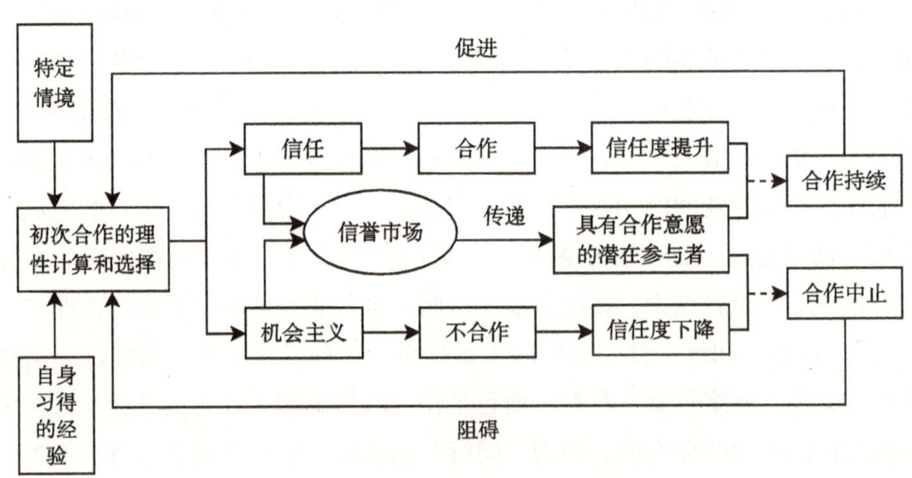

图 2 虚拟企业信任关系的演进路径

① 需要特别说明的是，机会主义行为也会被记忆和传播，但不会被他人模仿，因为这种行为会导致合作交易的中断，这显然对于试图组建虚拟企业的潜在参与者来说是不利的。

应用这个模型的另一个目的还在于说明虚拟企业信任是在一定的社会背景（环境）下进行的，而且在信任关系产生过程中参与者的互动过程具有至关重要的作用。互动过程之所以重要，是因为信任关系是逐步建立的，通过互动，虚拟企业的参与者和具有合作意愿的潜在参与者可以更好地了解虚拟企业中信任产生所需条件的满足程度（Hdarin，1993）。

四、虚拟企业信任关系的博弈分析

前面我们通过企业网络理论对嵌入在虚拟企业中的信任做了规范分析，强调了虚拟企业合作关系的间续性和信任关系的嵌入性。接下来，本文将利用演化博弈论的方法对虚拟企业中的外部约束机制对虚拟企业成员之间的积极合作与信任的影响进行分析。

我们采用经典的“囚徒困境”博弈模型来做相关的分析。首先，我们假定有两位参与者分别为 A 和 B，他们只有两个策略——合作（Cooperation）或背叛（Defection）可供选择。当双方选择合作时，各得分 R（Reward）；若仅有一方选择背叛，则背叛的个体得分 T（Temptation），被剥夺方得分 S（Sucker）；若双方都选择背叛，则各得分 P（Punishment），如表 2 所示。

表 2　“囚徒困境”的支付矩阵

参与者 A / 参与者 B	C（合作）	D（机会主义）
C（合作）	R	S
D（机会主义）	T	P

注：通常我们都假定 T > R > P > S，且 2R > T + S，这可以保证每一位选择合作的参与人可以得到比他们分别选择合作与背叛有更大的支付。

本文进行重复博弈分析的基本前提是在不完全信息条件[①]下的（虚拟企业参与各方对其他成员的支付函数和策略空间不完全清楚），而且结合本文对虚拟企业的界定，我们认为参与各方必须是具有长期合作意愿的。因此，我们假定参与者在每一次博弈之后，期望下一次博弈出现的概率为 ω。这样，每次竞争所包含博弈期望次数为 $1+\omega+\omega^2+\cdots=1/(1-\omega)$。接下来我们将证明在有限次重复博弈时，虚拟企业的各方参与者采用针锋相对的策略即 TFT 策略（“以牙还牙”）能够抵抗其他策略的侵害，是博弈的一个 ESS。[②]

首先要说明，TFT 策略是指参与一方首先采取合作策略，而后，当对方采用合作态度时，他仍将采用合作态度，而当对方采用机会主义时，他也将报复性地采用机会主义策略。由于 TFT 策略只有对博弈的一期记忆，并且在任何时刻，后继博弈的期望次数总是一个常数，如果 I 是面对 TFT 策略所采取的一个策略序列，在任何时刻 I 采取一次 C 策略就可把整个博弈恢复到最初的状态。同理，如果 I 采取的第一个策略是 D，在以后的任意时刻实施一次 D 策略也可以把正常博弈恢复到最初的状态。其次，我们注意到如果 I 是 TFT 策略的最优反应，那么当最初的状态不断出现时，他必须采取第一步行动所采取的策略。如果在当下状态存在一个更好的策略，那么它应该在一开始就采取过。

因此，我们得到一个最优反应必须具备下列三种形式之一：

（1）首先采取策略 C，于是最初的状态在第二次博弈中得以重复，并且策略 C 必须再次实施，并一以贯之。也就是说，所采取的策略序列是 CCCC…

（2）首先采取策略 D，然后选择策略 C。于是最初的状态在第三次博弈中第一次重复，并且策略 D 必须再次实施，并按此规则一直进行。也就是说采取策略的序列是 DCDCDC…。

（3）首先采取策略 D，并且继续采取策略 D。于是最初的状态在第三次博弈中得以重复，并且 D 会被一直实施下去。也就是说，采取策略的序列是 DDDD…。

也就是说，除了这三种策略以外，其他所有的策略在面对 TFT 策略时都没有

① 这主要是因为在完全信息条件下，无论博弈重复多少次，只要重复的次数是有限的，唯一的子博弈精炼纳什均衡是每个虚拟企业成员在每次博弈中选择静态均衡策略，即机会主义的背叛策略，则显然与虚拟企业参与各方的初衷是相违背的，而且，实践中的情境也更接近不完全信息条件。

② 所谓 ESS 是指“演化稳定性策略”（Evolutionary Stable Strategy），即在重复博弈过程中，如果每个参与方都采取这一策略，那么在正常的博弈条件下，不存在一个具有突变特征的策略能够侵犯参与者的利益。

更好的表现。因此，我们将对这三种策略与 TFT 策略进行比较。

TFT 策略面对其自身所得回报为：

$$R + wR + W^2R + \cdots = R/(1 - w)$$

策略 CCCC…在面对 TFT 策略时所得回报为与上式相同，所以 CCCC 不可能会妨碍虚拟企业成员之间的信任与合作，但在现实中虚拟企业的参与各方并不存在一个优先的非对称性，加上这种完全利他主义的策略的风险非常高，因此很难说这种策略是有效的。

策略 DCDCDC…面对 TFT 策略时所得回报为：

$$T + wS + W^2T + \cdots = (T + wS)/(1 - W^2)$$

策略 DDDD…面对 TFT 策略时所得回报为：

$$T + wP + W^2P + \cdots = (T + wP)/(1 - w)$$

倘若不等式 $R/(1 - w)^3(T + wS)/(1 - W^2)$ 以及 $R/(1 - w)^3(T + wP)/(1 - w)$ 成立，那么 TFT 策略就是一个 ESS。这就是要求：

$$w^3\frac{T - R}{R - S} \text{且} w^3\frac{T - R}{R - p}$$

于是，如果 w 足够大，那么 TFT 策略（“以牙还牙”）就是博弈的一个 ESS。

也就是说，虚拟企业的各参与者在进行初次合作时，越是希望能够进行长期发展，那么 TFT 策略就会是它们的最优反应，这与上述企业网络理论的解释具有一定的相似性，而信任与合作是 TFT 策略中的基础。因此，信任关系将成为博弈局中虚拟企业的各方参与者的理性决定。也就是说，在不完全信息条件下，双方在有限次的博弈中可能自发地信任对方，这时，如果没有惩罚机制的制约，则各方都会对对方是否属于合作型伙伴的概率进行博弈分析，然后根据博弈结果决定是否在第一阶段采取合作的态势。

五、虚拟企业治理体系的构建——内外治理的结合

通过对虚拟企业信任问题产生、演变以及相关的博弈分析，结合当期虚拟企业的性质和当期的治理困境，我们认为对于虚拟企业的治理应以内外结合的方式

来进行。

首先要建立完善的外部约束机制。应以信任为基础积极培养完善的声誉市场机制，这一机制将不但能起到信息传递的作用，而且要对失信行为作出制裁，以此来惩罚不诚实行为。同时应加大对虚拟企业参与者的治理力度，遏制有限理性下的机会主义，对建立起来的声誉进行有效的传播，对期望获得多次可重复交易机会的各方，必须在初始交易中就“强迫性”地要求它们采取信任与合作，从而对具有长远发展的参与者产生外部约束。具体来看可采取以下措施：①要努力树立良好的风气，营造一个诚实、守信的外部环境。②要建立社会信用评估、信用评核，要建立健全声誉记录机制，通过法律规范或行业协约的形式对信用进行量化，以供虚拟企业参与方参考。③还要建立失信惩戒体系，通过加大对失信行为的惩罚力度，达到强化信用的价值，威慑虚拟企业参与者采取机会主义行为。

理性经济人假设下，只要这种外部约束的力度足够大，就会对虚拟企业产生经济有效的治理策略。但一般来说，虚拟企业内部的这种事后的惩罚依赖于事先的合同，而完全契约理论则表明事先签订一份完备的合同是不可能的或者是高成本的，尤其是考虑到虚拟企业比传统企业对市场机遇的把握和反应的灵敏性更高。因此在强化外部约束的同时，也要从虚拟企业的内部入手，通过相应的激励来对虚拟企业加以治理。但传统的交易成本理论认为，为了防范虚拟企业的这种跨组织协调治理形式的道德风险，最有效的激励手段应该是引入监督者，[①] 以打破其预算平衡。但是，需要特别说明的是，监督者在虚拟企业内部产生并不是帕累托最优的，而外部监督者的引入不仅会增大虚拟企业的治理成本（因为必须要监督者支付一定的报酬），而且也难以消除监督者与虚拟企业参与者之间的信息不对称，不能从根本上消除道德风险。因此，我们认为，应该建立一种基于信誉的信任机制来对虚拟企业进行治理，具体可以从以下两个方面着手来实施：①虚拟企业的参与者要对合作方的信任状况等进行细致考察，并建立一套科学合理的评估指标体系对合作伙伴进行评估和选择，降低机会主义（包括事前和事后）发生的概率，防止逆向选择问题的发生，减小不确定性和风险。②努力创建虚拟企业的合作文化，通过成员企业的信息沟通，特别是在知识共享的合作过程中的交

---

① 关于这一点，可以参考阿尔钦和德姆赛茨（1972 年）以及霍尔姆斯特朗（1982 年）的企业团队生产理论。

流，更能增进彼此之间的了解与信任，并最终培育虚拟企业伙伴的共同价值观。总之，虚拟企业的特殊性质决定了它的治理方式与一般企业是不同的，传统的“硬性”契约约束，被证明是治理成本较高而且复杂的，因此，虚拟企业可以采用基于信誉的信任这种“软性”的约束，来达到高效治理的目的。

六、结　语

本文通过对现有的虚拟企业概念进行梳理的基础上，归纳总结出了虚拟企业的独特性质，并以此为基础对其进行了重新界定，而后结合它的特性对当前虚拟企业治理的困境做了分析，并尝试以信任为研究视角对虚拟企业的治理进行研究，在对信任及企业信任问题研究的基础上，以企业网络理论为基础解释了信任在虚拟企业的嵌入性，并构建了虚拟企业信任关系的演进路径图示，而后以演化博弈论为方法对虚拟企业中的外部约束机制对虚拟企业成员之间的积极合作与信任的影响进行了分析，论文最后在上述分析研究的基础上，提出了虚拟企业治理应采用内外治理相结合的信任治理。

本文从治理角度，通过演化博弈的方法对虚拟企业的信任问题做了初步的研究，研究中发现仍有很多问题需要进行更深入的研究。比如，现有的研究大多是从规范分析的角度进行的研究，而很少见到对相关问题的实证研究。另外，作为一个变量，信任应该是有边界的，那么它的最优信任水平是多少，如何通过科学的方法和工具对这一水平进行界定等，这些问题应该会成为笔者进行后续研究的方向。

参考文献

[1] Jarvenpaa，S. L.，Knoll，Kand Leidner，D. E. 15 Anybody Out There? Anteeedents of Trust in Global Virtual Teams[J]. Journal of Management Information Systems，Spring，1998 (14)，29-65.

[2] Kanawattanaehai P.，Yoo Y. Dynamic Nature of Trust in Virtual Teams [J]. Journal of Strategy Information Systems，2002 (11)，187-213.

[3] Carol Connor. Building the Virtual Team [J]. Aeeountaney Ireland，2000 (10)，34-39.

[4] Stoughs, Eoms, and Buekenmyer. Virtual Teaming: Astrategy for Moving Your Organization into the New Millennium [J]. Industrial Management & Data Systems, 2000 (11), 89-94.

[5] [美] 杰西卡·利普耐克，杰弗里·斯坦普斯. 虚拟团队管理 [M]. 何瑛译. 北京：经济管理出版社，2002.

[6] 张维迎. 博弈论与信息经济学 [M]. 上海：上海人民出版社，1997.

[7] 解树江. 虚拟企业的性质及组织机制 [J]. 经济理论与经济管理，2001 (5).

[8] 付临芳. 虚拟企业：信息时代的新型企业网络研究 [J]. 南开管理评论，1999 (2).

[9] 赵春明，潘科军. 虚拟企业运行中的规制结构与契约特征 [J]. 外国经济与管理，1999(7).

[10] 贺小刚. 论信任、资源与持续竞争优势 [J]. 外国经济与管理，2002 (8).

[11] 刘光明. 论市场秩序与企业信用 [J]. 中国工业经济，2002 (3).

[12] 黄志凌. 信用效应认识的深化与信用秩序的恢复和增强 [J]. 财贸经济，2003 (6).

[13] 储小平，李怀祖. 信任与家族企业的成长 [J]. 管理世界，2000 (6).

（高闯、陈彦亮，原载于《技术经济与管理研究》2012 年第 8 期）

基于遗传算法的企业媒介传播策略模型

一、引　言

企业媒介传播的基本任务是制定企业在媒介类别与载体上的选择方向。它是从产品、企业、市场环境、消费者等各营销要素出发，去寻找适合产品销售、企业发展、品牌推广或具体营销目标达成的媒介选择与投放的方法。企业媒介传播工具主要为广告传播和公共关系传播。企业进行媒介传播的直接目的是广告效果和公关新闻效果，最终目的是以产品、服务等实施过程彰显企业的整体形象。其出发点则是受众，因为任何媒介选择行为的实施都是为了改变受众对产品品牌、企业的认知，从而形成有利于自身发展的受众消费观念和消费态度。

目前，中国大多数企业在广告投放上采用的还是一种粗放型经营方式，对广告媒介及广告投放实现营销目标的作用及规律认识不足，在很多方面体现出不必要的浪费。媒介选择属于广告或公共关系传播的完成阶段，处于媒介传播实施准备和实施完成之间，是完成媒介传播的一道重要工序。一方面，它要体现广告或公共关系新闻创作过程中的劳动成果，是制定媒介传播策略、进行广告制作或公关活动的依据之一；另一方面，广告媒介选择的实施，通过媒介的受众最终产生传播效果；再者，媒介的发布成本在企业媒介投放费用中所占比例很高，往往达到八成以上。可见媒介选择是实现广告整体运作的最重要的环节之一。因此，企业广告媒介选择应该依据必要的原理和科学的方法，而不应该只凭管理人员的经验和感觉。

现阶段，关于企业媒介选择问题的重要性已经得到新闻传播、广告和市场营销领域专家和学者的重视，但是，目前的研究主要还是局限在从理论出发的定性分析，以及从调查问卷结果出发的统计分析上，很少有人对企业媒介传播进行定量研究。虽然定性分析获得的结论可以在一定程度上反映出媒介选择的优劣，但就整体分析而言，其所提供的信息相当有限，难以全面地反映企业媒介传播效果。本文在目前研究结果的基础上，考虑了企业媒介传播中的多种因素，提出了“企业媒介传播策略模型”，来对企业的媒介选择提供科学的、定量的参考依据。

二、企业媒介传播策略模型的建立

（一）媒介选择所考虑的主要因素

对于单一媒介，企业往往用很多因素来判断媒介的投放价值，其中，最主要的是媒介覆盖范围、媒介的视听率、媒介的权威性与可信度、媒介的价格及企业的营销目标等因素。①媒介覆盖范围。媒介覆盖范围是媒介价值评估的一个重要指标。媒介的覆盖范围越大，其潜在的受众数量越大。目前，中国的媒介按照覆盖范围主要可以划分为：中央、省和市这样三个级别。②媒介的视听率。媒介的视听率是定量衡量媒介受关注程度的重要指标。视听率越高说明媒介的内容越吸引受众，对企业来说，该媒介也就越具有价值。③媒介的权威性与可信度。企业会选择与其企业形象和产品形象相契合的媒介来进行广告投放，以吸引目标视听受众。另外，不仅媒介节目自身的可信度和权威性与其广告产品的美誉度息息相关，而且在该媒介上投放广告的其他广告主的形象也很关键，会对企业的形象起到一个大环境的影响。例如，上海健特生物科技有限公司的脑白金和黄金搭档在2000年以前知名度比较高，而美誉度比较差，很多人对脑白金和黄金搭档的广告比较反感。这就跟上海健特生物科技有限公司所选择媒介的权威性与可信度有关。在2000年以前，该公司是用地方台进行广告投放的，所拍广告片的档次也相对有些低。后来，上海健特的策略就改成了在当地权威性比较高的省台投放，并且投放美誉度比较高的版本。④媒介的价格。任何广告活动和公共关系宣传活动都离不开资金的支持，大多数企业一年进行一次媒介投放费用的预算。媒介投放费用的预算是媒介策略的一大制约因素，企业在进行媒介传播时，很大程度上要考虑媒介的价格因素。例如，沈阳华晨金杯汽车公司主要利用平面媒介进行“中华轿车”的广告投放，很少使用电视媒介，主要原因就是平面媒介价格低，而企业的媒介投放预算又有限。⑤企业的营销目标。即媒介与企业产品目标消费者的契合度。在任何媒介上发布消息，其目的都是把广告信息传递给企业产品的目标消费者，因此，通过选择受众与产品的目标消费者比较吻合的媒介，才能将消息有效地传递给诉求对象（见表1）。

表1 企业选择媒介的前五项依据

媒介选择的考虑因素	百分比（%）
媒介覆盖范围	70.7
媒介的视听率	52.9
媒介的权威性与可信度	40.0
媒介的价格	36.4
企业的营销目标	33.6

资料来源：2003~2004年主广告投放模式报告。

以上是企业对于单一媒介选择时考虑的因素。当下，大众传播媒介日益丰富，从而增加了受众可选择的媒介，当然也就增加了企业对于媒介的选择。事实上，企业已经无法通过某单一媒介来完成其产品或品牌的宣传推广任务。在媒介策略上，即表现为由过去单一的简单投放，转变为综合性使用各种媒介。所以在选择媒介时，企业既要考虑单一媒介的性能价格比，即媒介的覆盖范围大，视听率高，具有较高的权威性和可信度，媒介与企业产品的目标消费者具有很高的契合度，同时价格又尽可能的便宜。而且，企业又要注意媒介的组合，即媒介的分散性因素。

媒介组合策略更能使商品产生轰动效应和良好的促销效果，主要表现在以下几方面：①媒介组合的延伸效应。各种媒介都有各自覆盖范围的局限性，假若将媒介组合运用则可以增加广告传播的广度，延伸广告覆盖范围。广告覆盖面越大，产品知名度越高。②媒介组合的重复效应。由于各种媒介覆盖的对象有时是重复的，因此，媒介组合使用将使部分广告受众增加广告接触次数，也就是增加广告传播深度。消费者接触广告次数越多，对产品的注意度、记忆度、理解度就越高，购买的冲动理论上应越强。③媒介组合的互补效应。即以两种以上广告媒介来传播同一广告内容，对于同一受众来说，其广告效果是相辅相成、互相补充的。由于不同媒介各有利弊，因此组合动用能取长补短，相得益彰。

（二）问题的描述

假设某企业 i 为进行宣传推广要按照一定预算进行媒介投放，目前可供选择的媒介有 n 个。设媒介 j 的受众人数为 p_j，这一指标实际上是媒介的覆盖范围和媒介的视听率两个因素的综合。设企业 i 与媒介 j 的相关性系数为 λ_{ij}，表示媒介与企业产品的目标消费者的契合度。设媒介 j 的权威性系数为 t_j，表示媒介的权威性与可信度。设企业的媒介投放费用的总预算为 B。设企业 i 对媒介 j 的投放次数为 x_j，这是问题的决策变量。这里，γ 表示我们的最终目标是通过媒介的宣传，使尽可能多的受众了解企业的产品，同时又综合考虑了媒介的价格、权威性与可信度、企业的营销目标。据此，可建立如下模型：

$$\max\left\{\sum_{j=1}^{n} p_j x_j \lambda_{ij} t_j - \frac{\gamma}{n}\sum_{j=1}^{n} p_j \lambda_{ij} t_j \exp\left[\sum_{j=1}^{n}\left(\frac{c_j x_j}{B}\right)^2\right]\right\}$$

$$\text{s.t.}\ \sum_{j=1}^{n} c_j x_j \leqslant B$$

$$0 \leqslant x_j \leqslant X_j,\ j = 1,\ \cdots,\ n$$

这里，已知的参变量为：p_j 为媒介 j 的受众人数；λ_{ij} 为企业 i 与媒介 j 的相关性系数；t_j 为媒介 j 的权威性系数；B 为企业的媒介投放费用总预算；c_j 为媒介 j 的每单位投放费用；X_j 为媒介 j 的最大投放次数。决策变量为：x_j 为企业 i 对媒介 j 的投放次数。

目标函数的第一项使媒介投放的总的受众人数最大化，并且通过 λ_{ij} 和 t_j 加上了企业的营销目标和媒介的权威性与可信度的影响。

目标函数中第二项的最大值（去掉负号后的最小值）是在各个 c_jx_j 相等时取得，所以第二项将广告和公共关系的投放尽可能分散于不同的媒介，指数函数放大了这种作用。

约束方程的含义为：总的媒介投放费用小于等于总的预算；媒介 j 的投放次数大于等于 0。企业对媒介的价格因素的考虑主要通过约束方程来实现。

三、用遗传算法求解企业媒介传播策略模型

企业的媒介传播策略模型是一个复杂的非线性优化问题，难以使用传统的精确算法进行计算，这里我们采用智能优化算法来求解。因为决策变量为正整数，所以使用遗传算法来进行求解比较适宜。

（一）遗传算法的一般知识

遗传算法的雏形最早出现在 Fraser 的论文中，他试图仿真突变和选择交叉作用的进化过程。1975 年，在 Holland 的第一本关于遗传算法的著作和 De Jong 的博士论文出版之前，即使是知名科学家对遗传算法也不大了解。Holland 和他的学生开创了遗传算法这一领域。Holland 的著作是目前称之为简单遗传算法的基础。此后，遗传算法覆盖了三个主要领域：基本遗传算法的研究、用遗传算法进行优化和带有分类系统的机器学习。这些研究的概况在 Goldberg 的著作中已有清楚的描述。

在过去 10 年中，遗传算法在实际中的应用大大增加。许多研究者开始对给定问题的搜索空间采用更自然的表达方式，这就发展了一些适用于新的数据结构的新遗传算法。遗传算法的这些扩展和改进给一般问题，特别是工业工程中难解的优化问题的求解带来了新的有希望的方向。Michalewicz 的著作对以上研究进行了极好的讨论。

近年来，遗传算法求解复杂离散组合优化问题的巨大潜力及其在工业工程领域的成功应用，使得该算法受到了广泛的重视。这些成功的应用包括：车间调度与排序、可靠性设计、车辆路径选择与调度、成组技术、设备布置与分配、交通问题，以及其他的许多问题。

1. 遗传算法的一般结构和特点

遗传算法的通用形式由 Goldberg 提出。遗传算法是一种基于生物自然选择与遗传机理的随机搜索算法。和传统搜索算法不同，遗传算法从一组随机产生的初始解［又称种群（Population）］出发，开始搜索过程。种群中的每个个体是问题

的一个解，称为染色体（Chromosome）。这些染色体在后续迭代中不断进化，称为遗传。在每一代（Generation）中用适值（Fitness）测量染色体的好坏，生成下一代染色体，称为后代（Offspring）。后代是由前一代染色体通过交叉（Crossover）和变异（Mutation）运算形成的。新一代形成后，根据适值的大小选择部分后代，且淘汰部分后代，从而保持种群大小是常数。

遗传算法在几个基本方面不同于传统优化技术，Goldberg 总结为如下几点：①遗传算法运算的是解集的编码，而非解集本身。②遗传算法的搜索始于一个种群，而非单个解。③遗传算法只使用报酬信息即适值函数，而非导数或其他辅助知识。④遗传算法采用概率的而非确定的状态转移规则。

2. 遗传算法的要素

（1）编码策略。如何将问题的解转换为编码表达的染色体是遗传算法的关键问题。Holland 的编码方式是二进制串表达。但对于许多遗传算法的应用，特别是在工业工程中的应用，这种简单的编码方式很难直接描述问题的性质。近 10 年来，针对特殊问题提出了各种非 0–1 串的编码方式，例如，约束优化的实数编码、组合优化的整数编码等。选择适当的候选解的表达方法是遗传算法解决实际问题的基础。对于任何应用问题，都必须将解的表达方法和适合于问题的遗传算法结合起来进行分析考虑。

（2）选择。遗传算法的基本原理是达尔文的自然选择原理，选择是遗传算法的推动力。选择压力是一个内含的准则，压力过大则搜索会过早终止；压力过小搜索又变得缓慢。一般说来，算法的初始阶段应该采用低的选择压力，这有利于扩展搜索空间；而在终止阶段建议采用较高的选择压力，这有利于找到最好的解域，这样就能将遗传搜索引向最优解。过去几年里，多种选择方法已经被提出，并进行了试验和比较。

（3）遗传运算。在遗传算法中通过遗传运算从父代产生后代。遗传运算分为两类：变异和交叉。交叉每次对两个父代操作，通过结合双亲解的特性产生后代。如果不同解的好的特性被适当结合，后代解能具有更好的特性。常用的交叉有三种：单断点交叉、双断点交叉和均匀交叉。已经证明均匀交叉具有比前两种交叉更好的性能。变异对一个父代解进行操作，通过随机修改父代解的特点，产生一个后代解，使用变异是为了保持种群的多样性，避免算法收敛到局部的最优解。另外，在遗传算法的设计过程中还要选择良好的交叉率和变异率。

(4) 约束处理技术。对于约束问题，由于进行遗传运算时通常获得不可行后代，因此如何满足约束是求解这类问题的核心。近年来，已经提出了几种用遗传算法满足约束的技术。Michalewicz 对此做了一个极好的综述。这些技术大致可以分成以下四类：拒绝策略、修复策略、改进遗传算法策略和惩罚策略。

拒绝策略抛弃所有进化过程中产生的不可行的染色体。修复策略利用修复程序使不可行染色体变为可行。改进遗传算法策略设计针对问题的表达方式和用专门的遗传算法来维持染色体的可行性。这三种策略的共同点是都不会产生不可行解，缺点则是无法考虑可行域外的点，对于约束严的问题，不可行解在种群中的比例很大，这样搜索限制在可行域内很难找到可行解。Glover 和 Greenberg 建议的约束管理技术允许在搜索空间里的不可行域中进行搜索，这比将搜索限制在可行域内的方法能更快地获得最优解或获得更好的最终解。惩罚策略就是这类在遗传搜索中考虑不可行解的技术。

惩罚策略的主要问题是如何设计一个惩罚函数 p(x)，从而能有效地引导遗传搜索达到解空间的最好区域。不可行染色体和解空间可行部分的关系在惩罚不可行染色体中起了关键作用。设计惩罚函数没有一般规则，这仍要依赖于待解的问题。

研究者对遗传算法提出了若干控制不可行性的方法，一般可以分为定量惩罚和变量惩罚两类。定量惩罚对复杂问题不太有效，最近的工作集中在变量惩罚上。一般，变量惩罚法包含两个部分：可变惩罚率和违反约束的惩罚量。可变惩罚率可按约束违反程度和遗传算法的迭代次数进行调节。Michalewicz 指出，前者随约束违反程度变得严重增加惩罚压力，属于静态惩罚；后者随着进化过程的进展而增加惩罚压力，属于动态惩罚。

基本上，惩罚是距可行域的距离的函数，这个距离可按三种方式测量：单一不可行解的绝对距离的函数、现行种群中所有不可行解的相对距离的函数和自适应惩罚项的函数。

惩罚法有很多种分类方式，例如，按对问题的依赖程度可以进一步分为问题依赖的和问题独立的，多数惩罚技术属于前者；按照是否带参数可以分为带参数的和不带参数的，多数惩罚技术属于带参数的。

（二）约束方程的处理

我们这里使用静态的惩罚函数方法来对约束进行处理。

将第一个约束方程：

$$\sum_{j=1}^{n} c_j x_j \leqslant B$$

处理后作为惩罚函数，表示如下：

$$\left(\sum_{j=1}^{n} c_j x_j - B\right)^2$$

将惩罚函数加入目标函数，得到：

$$\max\left\{\left(\sum_{j=1}^{n} p_j x_j \lambda_{ij} t_j - \frac{\gamma}{n}\sum_{j=1}^{n} p_j \lambda_{ij} t_j \exp\left[\sum_{j=1}^{n}\left(\frac{c_j x_j}{B}\right)^2\right]\right) + a\left(\sum_{j=1}^{n} c_j x_j - B\right)^2\right\}$$

这里，a 表示后加入的惩罚函数的权重。我们并没有让惩罚函数在 $\sum_{j=1}^{n} c_j x_j > B$ 时降为 0，因为企业的预算往往不是非常严格限定的，可以有少许的超支。

第二个约束方程：

$$0 \leqslant x_j \leqslant X_j,\ j = 1,\ \cdots,\ n$$

作为 x_j 的取值范围。

（三）遗传算法的实现

1. 遗传算子的定义

（1）编码方法。本问题中编码方法采用整数直接编码，基因长度固定为备选媒介的数量。染色体中的基因构成一个解，染色体中的每一个基因对应着该媒介投放的次数。

（2）初始种群的生成。在初始化范围内，即第二个约束方程的范围内，初始化种群。

（3）适值函数。因目标函数求最大值，所以染色体的适值标定为：

$$F(x) = f(x) - f_{min}(x)$$

这里，$f_{min}(x)$ 是每次迭代取得的目标函数最小值，这样保证了适值总是为正。

（4）选择算子。算法采用最常用的正比选择策略。设个体 i 的选择概率为

Pr(i)，则有：

$$Pr(i)=F(X_i)/Sum，i=1，2，\cdots，NP$$

其中，NP 为种群规模，Sum 为种群中所有个体的适值的和。

（5）最优选择与终止准则。保存历史最好解，指定最大代数作为停止准则。即选一个大的正整数 NG 为最大的代数，若迭代指标 k 大于 NG，则停止迭代并输出历史最好解作为最终的结果。

2. 遗传算法结构

遗传算法步骤如下：

step1：设置终止代数 NG、种群规模 NP、交叉概率 Pc，变异概率 Pm；

置 K = 0；在初始化范围内，随机生成初始种群 $POP(0)=(X_1，X_2，\cdots，X_m)$；设置初始历史最好解 $X^{(*)}$ 及初始历史最优目标值 F(*) = 0。

step2：K = k + 1

如果 K > NG，则输出最优解 $X^{(*)}$ 及最优目标值 $F[X^{(*)}]$。否则：

对每个个体解码，计算适应值 $F(X^j)$，并将个体适应值按由大到小顺序排列。

step3：用正比选择法产生下一代种群 POP(k)；并采用前面提到的交叉运算、变异运算，分别以概率 Pc 和 Pm 进行运算。

转 step2。

四、遗传算法实例解析

遗传算法用 Java 编程实现，运行在 P4-2.0，256M 计算机上对多个问题进行了成功的仿真实验。为证明算法的有效性，下面仅以某企业在某城市范围内的 10 个媒介选择问题为例。

企业的媒介投放费用的总预算为 B = 100000 元。

备选媒介的相关参数如表 2 所示。

这里，媒介 1、2、3、4 为电视媒介；媒介 5、6、7 为报纸媒介；媒介 8、9、10 为广播媒介。

遗传算法的参数设置：交叉概率 $P_c=0.8$，变异概率 $P_m=0.05$，终止代数 NG

表 2 备选媒介的相关参数

媒介 j	受众数 p_j （单位：万人）	媒介 j 的单位投放费用 c_j （单位：元）	权威性系数 t_j	相关性系数 λ_{ij}
1	355.0	5000	0.71	0.11
2	400.0	5500	0.72	0.10
3	245.0	3600	0.65	0.13
4	235.0	2500	0.61	0.12
5	138.7	23000	0.30	0.23
6	79.5	17000	0.60	0.24
7	26.5	15000	0.90	0.25
8	2.2	800	0.56	0.36
9	3.5	1000	0.61	0.23
10	4.7	1500	0.44	0.26

= 2000，种群规模 NP = 500。

这里，我们将每种媒介的投放次数限定在 365 天以内，即以一年为时间段进行媒介的选择。

计算结果如表 3 所示。

表 3 计算结果

媒介 j	媒介 j 投放次数 x_j
1	2
2	5
3	4
4	10
5	0
6	1
7	0
8	2
9	3
10	1

此时企业的媒介投放总费用为 100000 元。

为对结果进行分析，我们这里将模型中的第二部分，即起分散性作用的项去掉，来看一下媒介的选择情况。

同样使用遗传算法获得的结果如表 4 所示。

表 4　不考虑媒介选择分散性的计算结果

媒介 j	媒介 j 投放次数 x_j
1	0
2	4
3	0
4	34
5	0
6	0
7	0
8	0
9	0
10	0

此时企业的媒介投放总费用为 107000 元。

显然，此时媒介投放主要集中在媒介 4 上，为什么这样呢？我们来看一下媒介的性能价格比，这里我们用 $c_j/(p_jt_j\lambda_{ij})$ 来衡量。结果如表 5 所示。

表 5　媒介的性能价格比

媒介 j	媒介 j 的性能价格比 $c_j/(p_j t_j\lambda_{ij})$
1	180.34
2	190.97
3	173.89
4	145.33
5	2402.75
6	1619.97
7	2515.72
8	1803.75
9	2036.45
10	2789.76

从上面的结果中，我们可以看到媒介 4 的性能价格比是最高的，所以按照传统的媒介投放原则，只考虑媒介的性能价格比将得到主要把费用都投向媒介 4 的结论。这样的结论显然是不符合媒介组合的原则的。而加入了分散作用的项之后，结果考虑到了多个媒介的协同工作效应，使媒介投放更趋于合理。

另外，从我们的计算结果来看，有的媒介投放次数很小，甚至小于3，这固然有我们这里预算较少的原因，但是主要是因为在模型中没有将最小投放次数做出限定。在经专家的大量实验后发现一条规律，当暴露三次以上时，广告才会产生足够的效果，但频率达到一定的程度后，其传播价值会递减。

所以，在以后的工作中，我们应该进一步研究如何在媒介选择中更好地限定媒介的最大投放次数和最小投放次数。

五、结　语

随着实践的深入，人们越来越认识到企业的媒介传播过程需要用科学的态度来对待和研究。企业的媒介传播系统是一个比较复杂的系统，对它的研究涉及面广，需要从各个角度进行全面的研究。"基于遗传算法的企业媒介传播策略模型"只是以自然选择的智能优化方式作为切入点，试图解决企业媒介传播系统中一个非常重要并急需解决的课题。同时，本文所做的工作还仅仅是这方面研究的一次尝试，有许多东西还有待进一步完善。

应用笔者提出的"基于遗传算法的企业媒介传播策略模型"时，企业只需把媒介投放费用总预算、备选媒介的相关参数、交叉概率、变异概率、终止代数、种群规模等初始值输入，便可以得到企业在每个备选媒介所应投放的次数了。

值得一提的是，笔者设计的这套可量化的企业媒介传播整体解决方案，正是那些急于有所突破的人们——企业公关人员、公关公司、数据调查公司、媒介决策者想得到的东西。如果有机会将其中的模型制成软件，企业媒介传播决策在未来也许就会像点击鼠标那样轻松自在。

参考文献

[1]［美］布赖恩·卡欣，哈尔·瓦里安. 传媒经济学. 北京：中信出版社，2003.

[2]［美］迪尔德丽·布雷肯里奇，托马斯·J.德洛夫瑞. 新公共关系手册：成功的传媒关系策略. 北京：中国人民大学出版社，2003.

[3] 黄淳，何伟. 信息经济学. 北京：经济科学出版社，1998.

[4] 邵培仁，刘强. 媒介经营管理学. 杭州：浙江大学出版社，1998.

[5] 王亚南. 传媒的被控制与传媒的控制. 读书，2003（12).

[6] 魏权龄. 评价相对有效性的 DEA 方法——运筹学的新领域 [M]. 北京：中国人民大学出版社，1988.

[7] 席西民，陆晓鸣. 广告的动态最优控制模型 [J]. 系统工程理论与实践，1998（8).

[8] 姚峰. 博弈视角下媒介控制. 渭南师范学院学报，2002.

[9] Albarran，A. B. Media Economics，Lowa State Press，2003.

[10] Barbara Kahn. Dynamic Relationships with Customers：High-Variety Strategies [J]. Journal of the Academy of Marketing Science，1998，26（1)：45-53.

[11] Chintagunta P. K.，Jain D. C.. Empirical Analysis of A Dynamic Duopoly Model of Competition [J]. Journal of Economics and Management Strategy，1995，4：109-131.

[12] David Croteall and William Hoynes. The Bussiness of Media. Pine Foge Press. Thousand Oaks，California，2001.

[13] Deal K. R.，Optimising Advertising Expenditures in A Dynamic Duopoly [J]. Operations Research，1979，27（4)：682-692.

[14] Eoin Cassidy and Andrew G. Grady. Media and the Marketplace. The Institute of Public Administration，2003.

[15] Erickson G. M.. Differential Game Models of Advertising Competition [J]. European Journal of Operational Research，1995，83（3)：431-438.

[16] Erickson G. M.. Empirical Analysis of Closed-loop Duopoly Advertising Strategies [J]. Management Science，1992，38（12)：1732-1749.

[17] Feinberg F. M.. Pulsing Policies for Aggregate Advertising Models [J]. Marketing Science，1992，11（3)：221-234.

[18] Flint，J.. Local TV Stations Seek Investigations of Big Networks. Wall Street Jounal，9 March，2001.

[19] Glenn G. Sparks. Media Effects Research：A Basic Overview. Peking University Press，2004.

（高闯、常玲，原载于《经济管理》2008 年第 8 期）

基于网络分析法的 R&V 非竞争性战略联盟伙伴选择

一、引 言

已知市场空间的血腥竞争促使理论界与实业界的有识之士致力于开创“蓝海”。一时间关注超越竞争的“蓝海战略”风靡全球。超越竞争和选择恰当创新模式的迫切性使得 R&V 非竞争性战略联盟这种创新型联盟脱颖而出。R&V 非竞争性战略联盟是基于现实资源和虚拟资源全新整合的商业模式。R 指现实资源，是传统经济中产品、实物市场、宣传媒体等资源；V 指虚拟资源，是知识经济中的数字网络类传媒资源，如网络、网络中的虚拟市场、交易平台等。

R&V 非竞争性战略联盟克服了传统战略联盟在竞争合作、创新风险、战略转换、运作绩效等方面存在的天然局限性，非竞争性、目标移动性、零成本合作、用户共享、闲置资源互换（陈劲等，2007）的 R&V 非竞争性战略联盟具有高收益、零成本、内嵌入、稳定性、共享性、平等性、开放性、体验性的巨大优势，能够使得合作方联盟持久，具有全球资源整合、闲置资源互换以及注入文化元素的特质，解决了以往战略联盟内经常出现的竞争冲突、合作风险、战略错位等敏感问题（柳宏志，2007）。张钢等（2007）也认为 R&V 非竞争性战略联盟通过不相关产业的嫁接规避了学习竞赛，通过个体利益与公共利益的融合消除了机会主义行为，通过双方闲置资源的非线性整合实现了高收益下的零成本，从而解决了传统战略联盟的根本问题——竞争性。该商业模式为传统资源与虚拟资源整合、现实经济与虚拟经济跨行业交融创新做出了伟大尝试，中国企业家也因此以

“牛肉干+网游”的 R&V 非竞争性战略联盟①的卓越创新模式成功跨越现实与虚拟的障碍，第一次登上了欧洲著名管理学院的讲台。

二、战略联盟伙伴选择研究综述

虽然战略联盟已成为企业组织关系的制度创新中一种比较成熟的手段，但联盟内各成员间“右手握手，左手挥拳”的情况并不罕见。Gonzalez（2001）发现只有 50%的参加者认为其战略联盟取得了成功。在联盟失败原因的研究中，Broadhead（1995），Dacin et al.（1997），Das et al.（1998；2000），Hoffman et al.（2001），Kim et al.（2003）都认为大多数战略联盟的失败在于战略联盟伙伴无法实现预期的目标，或对彼此不满意。显然，不恰当的战略联盟伙伴成为战略联盟失败的最主要原因。无论是在理论还是实践方面，战略联盟伙伴选择评价指标都得到了广泛关注，表 1 对相关学者及其观点进行了汇总。

表 1 战略联盟伙伴选择评价指标主要观点汇总

学者	主要贡献
William et al.（1993）	强调战略联盟伙伴组织间相容的重要性
Walters et al.（1994）	认为能力互补最重要，同时互信与财务贡献必不可少
Brouthers et al.（1995）	提出联盟伙伴选择的 4Cs，即能力互补、合作文化、兼容目标、同量风险
Dacin et al.（1997）	探讨联盟构建的 14 个标准，建议长期观察，并了解伙伴对联盟的预期
Geringer（1998）	选择联盟伙伴时应考虑相关能力、资源互补、组织兼容等方面
Chang et al.（2000）	资源互补、地位平等、社会资源拓展是构建战略联盟的必要条件
Kim et al.（2003）	认为伙伴间必须相互信任，而且应分享互补资源以提升彼此的竞争力

① “牛肉干+网游”的 R&V 非竞争性战略联盟指传统制造行业的休闲食品巨头杭州绿盛集团与高新科技产业的杭州天畅科技结成 R&V 非竞争性战略联盟的创新案例。2005 年末，绿盛打算推出新产品——QQ 能量枣，天畅也打算推出《大唐风云》网络游戏，天畅和绿盛的两位企业家以其卓越的创造力和洞察力促成了 R&V 非竞争性联盟。该联盟主要表现形式是：两家企业将两种完全不相关的产品互相植入，天畅的《大唐风云》游戏形象作为主体形象印刷在“绿盛 QQ 能量枣”每年多达两亿个的包装封面，并体现在绿盛投放的包括超市陈列、户外广告、电视广告等各种宣传上。“绿盛 QQ 能量枣”则植入《大唐风云》游戏中，作为游戏中的最高能量补充剂，并通过多种方式让玩家在游戏中方便地接触“绿盛 QQ 能量枣”，如在游戏中设立绿盛牛肉店等。

续表

学者	主要贡献
Das et al.（2006）	综述了战略联盟伙伴选择的标准，并给出了一系列建议
Chen et al.（2008）	从企业相容、技术能力、研发资源、财务状况四个方面评价联盟伙伴
李永刚（2006），王挺（2009）	从能力、融合性等方面给出了综合评价指标

鉴于目前研究者对于 R&V 非竞争性战略联盟伙伴的选择并没有给予足够的重视，尚未给出模型或方法指导 R&V 非竞争性战略联盟的成功构建。本文试图弥补这一研究领域的空白，借鉴上述战略联盟伙伴选择研究成果，根据 R&V 非竞争性战略联盟特征确立其伙伴选择评价指标，并通过网络分析法（ANP）对潜在联盟伙伴进行综合评价，为企业选择 R&V 战略联盟伙伴提供简便、有效的方法，从而指导实践。

三、R&V 非竞争性战略联盟伙伴选择评价指标

上述普适性的评价指标为 R&V 非竞争性战略联盟伙伴选择评价指标提供了有益借鉴，但是，只有兼顾 R&V 非竞争性战略联盟的特征，才能确保评价指标的合理性。例如，R&V 非竞争性战略联盟"非竞争性、用户共享、闲置资源互换"的特征决定了企业在选择联盟伙伴时应将"互补性"作为重要因素，应尤其重视"顾客互补、闲置资源互补、销售网络互补"等指标。因此，本文根据 R&V 战略联盟的特征，结合专家意见，给出 R&V 战略联盟伙伴选择的 4 个因素，即兼容性、能力、互补性、其他，并将这 4 个因素细分为 19 个评价指标，各指标说明见表 2。

表 2　R&V 战略联盟伙伴选择评价指标说明

因素	指标	指标说明
1. 兼容性	资源兼容	合作伙伴资源间的相似性及可利用程度，既包括有形资源，又包括无形资源
	市场兼容	处于不同行业的合作伙伴可以分享合作企业顾客及营销渠道的程度
	战略目标兼容	合作企业的战略目标与各个合作伙伴及整个战略联盟群体目标的适应程度
	企业文化兼容	保证合作伙伴有效沟通的文化类似性，尤其是相似的价值观
	管理风格兼容	管理者受其教育背景、组织文化及管理哲学影响所表现出来的行为模式的兼容性

续表

因素	指标	指标说明
2. 能力	营销能力	市场感知、营销渠道联系、客户联系、新技术监测、市场细分、定价和广告技巧、品牌以及整合营销活动等技能
	柔性能力	包括自适应能力，发掘产品新价值，联合开发新产品的能力，网络及通信等基础设施能否满足敏捷性的要求以及根据市场需求快速反应的能力
	财务能力	企业获取、优化配置各种财务资源，使企业形成并保持持续的竞争优势，获得稳定收益的能力
	独特能力	企业能支持其策略所需，且不易被对手购得、模仿或取代的资源，是企业保持持续竞争力的关键
	企业家才能	管理能力、创造力、洞察力，及企业家或企业家团队长时间积累起来的经验、人脉，以及砥砺出来的信心
	信息技术能力	包括技术研发、产品开发、生产工艺、制造流程、技术变革预测等，这些能力使得公司可以保持低成本和实现产品差异化，有效进行技术创新和市场信息扩散
3. 互补性	顾客互补	联盟伙伴可以共享用户，使每个合作伙伴都可以扩大目标顾客群
	闲置资源互补	双方闲置资源在无损正常价值的同时，外延价值得到极大扩展
	销售网络互补	各方通过合作拓宽营销渠道，并有效节约营销成本
4. 其他	市场份额	市场份额很大程度上决定了企业的销售网络和客户，从而影响拓展市场的程度
	企业信誉	由于 R&V 战略联盟的嵌入性强，信誉的好坏会对合作伙伴各方产生重大影响
	合作态度	成员间精诚合作才能确保有效迎接机遇和挑战，取得战略联盟的成功
	所在行业	各行业的潜在盈利水平不同，所处的宏观经济环境不同，生命周期也不相同
	长期关系潜力	在互信的基础上建立长期稳定的合作关系可以减少战略联盟的各种成本

四、基于网络分析法（ANP）选择 R&V 非竞争性战略联盟伙伴

（一）ANP 方法的应用

网络分析法（Analytic Network Process，ANP）是在层次分析法的基础上发展出来的一种新的决策方法，网络分析法考虑各层次内部及各层次之间指标的相互影响，利用超级矩阵对各相互作用的因素进行综合分析得出其混合权重，以进行准确预测。ANP 模型并不要求像层次分析模型那样有严格的层次关系，各决策层内部及各层次之间都可以存在相互作用，是对复杂问题进行决策的有效工具。

ANP 将元素划分为两大部分：第一部分称为控制元素层，包括问题目标及决

策准则。控制元素层中可以没有决策准则，但至少应具有一个决策目标。第二部分为网络层，由所有受控制层支配的元素组成，元素之间相互依存、相互支配，元素和层次间内部不独立，递阶层次结构的每个准则支配的不是一个简单的内部独立元素，而是相互依存、反馈的网络结构（Saaty，2003）。由于 ANP 的超级矩阵计算及迭代收敛的过程非常复杂，使得 ANP 在实际应用中受到很大的限制。超级决策软件（Super Decisions）的开发应用不仅可以对超级矩阵进行快速求解，而且大大提高了 ANP 在决策、评价等问题中的实用性及精确性。

本文利用 Super Decisions 决策软件来解决妙音文化购物网的 R&V 非竞争性战略联盟伙伴选择问题。根据已经确立的 R&V 非竞争性战略联盟伙伴选择评价指标构建出的 ANP 分析结构（参见图 1）。其中，选择因素分别为兼容性、能力、互补性及其他。有向箭线表示的是箭尾因素集对箭头因素集存在影响关系。此外，弧形箭头表示因素集内部依存，即因素集内部指标是相互作用的。

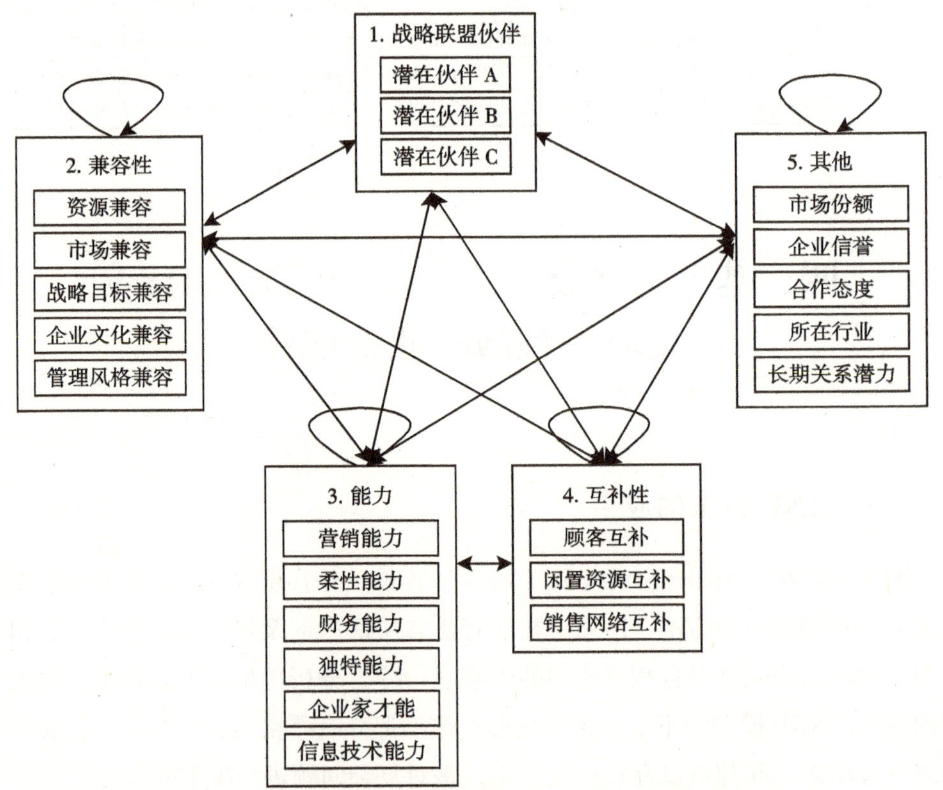

图 1　R&V 非竞争性战略联盟伙伴选择的 ANP 分析结构

（二）基于 ANP 的文化购物网联姻幸运甜饼实例分析

正在建设中的妙音文化购物网是在校大学生创业项目，借着“传统文化塑造个性生活方式”的启发和对潮流的把握以及创业者创新发展的理念，尝试 R&V 非竞争性战略联盟这种新的商业模式，考虑选择现实资源企业合作，最大化该购物网的收益。经过多轮筛选，三个潜在合作伙伴脱颖而出，分别为某婚庆公司（A）、某服装公司（B）、旧金山某幸运甜饼[①]生产商（C）。

该文化购物网与三个潜在合作伙伴构建 R&V 非竞争性战略联盟的表现形式如下：

第一，潜在伙伴 A（某婚庆公司）。文化购物网为婚庆公司设计富含传统文化内容的特色婚礼，如各朝代、各地域的传统婚礼，并为婚庆公司此类特色婚礼提供在线宣传和在线预订。婚庆公司所需举办传统婚礼的物品由该购物网提供，而且婚庆用品上需体现对文化购物网的宣传广告。

第二，潜在伙伴 B（某服装公司）。文化购物网为服装公司提供服装设计的文化内涵，水墨、图腾等美术、宗教元素都可能引领服装流行趋势。另外，文化购物网可提供个性服装的在线宣传和订购。服装公司个性服装的标签、包装上需标明设计的文化内涵来源，作为对文化购物网的一种宣传方式。

第三，潜在伙伴 C（旧金山某幸运甜饼生产商）。文化购物网为幸运甜饼生产商提供有传统文化特色的“甜饼签语”，例如，《易经》卦辞、爻辞和《论语》中的箴言名句等，但要求签语后面标明文化购物网的网址。此外，文化购物网提供幸运甜饼的在线宣传和销售，并将幸运甜饼以赠品的方式推广。幸运甜饼公司为文化购物网提供网站内容的英文翻译，使得通过幸运甜饼了解到文化购物网的海外消费者详细了解签语的相关内容，进而在该购物网消费。

本文应用图 1 所示的 R&V 非竞争性战略联盟伙伴选择 ANP 分析结构进行综合评价以选出最佳合作伙伴。应用决策软件 Super Decisions 1.6.0 版进行逻辑判断，通过形成的判断矩阵导出加权超矩阵，通过求其极限超矩阵（见表 3）可得出综合评价结果，最佳联盟合作伙伴为潜在合作伙伴 C 旧金山某幸运甜

① 幸运甜饼，在英文中叫“Fortune Cookie”，是一种脆甜的元宝状小点心，空心内藏着印有睿智、吉祥文字的纸条（签语）。幸运甜饼在许多西方国家非常流行，已经是中国文化的代表。

表 3 极限超矩阵

		1. 战略联盟伙伴			2. 兼容性	……	5. 其他
		潜在伙伴 A	潜在伙伴 B	潜在伙伴 C	资源兼容	……	长期关系潜力
1. 战略联盟伙伴	潜在伙伴 A	0.076575	0.076575	0.076575	0.076575	0.076575	0.076575
	潜在伙伴 B	0.079151	0.079151	0.079151	0.079151	0.079151	0.079151
	潜在伙伴 C	0.087022	0.087022	0.087022	0.087022	0.087022	0.087022
2. 兼容性	资源兼容	0.093507	0.093507	0.093507	0.093507	0.093507	0.093507
	市场兼容	0.085367	0.085367	0.085367	0.085367	0.085367	0.085367
	战略目标兼容	0.011003	0.011003	0.011003	0.011003	0.011003	0.011003
	企业文化兼容	0.032461	0.032461	0.032461	0.032461	0.032461	0.032461
	管理风格兼容	0.040972	0.040972	0.040972	0.040972	0.040972	0.040972
3. 能力	营销能力	0.068947	0.068947	0.068947	0.068947	0.068947	0.068947
	柔性能力	0.00735	0.00735	0.00735	0.00735	0.00735	0.00735
	财务能力	0.004107	0.004107	0.004107	0.004107	0.004107	0.004107
	独特能力	0.013144	0.013144	0.013144	0.013144	0.013144	0.013144
	企业家才能	0.042727	0.042727	0.042727	0.042727	0.042727	0.042727
	信息技术能力	0.004811	0.004811	0.004811	0.004811	0.004811	0.004811
4. 互补性	顾客互补	0.06999	0.06999	0.06999	0.06999	0.06999	0.06999
	闲置资源互补	0.054095	0.054095	0.054095	0.054095	0.054095	0.054095
	销售网络互补	0.059829	0.059829	0.059829	0.059829	0.059829	0.059829
5. 其他	市场份额	0.075842	0.075842	0.075842	0.075842	0.075842	0.075842
	企业信誉	0.008854	0.008854	0.008854	0.008854	0.008854	0.008854
	合作态度	0.030968	0.030968	0.030968	0.030968	0.030968	0.030968
	所在行业	0.036373	0.036373	0.036373	0.036373	0.036373	0.036373
	长期关系潜力	0.016904	0.016904	0.016904	0.016904	0.016904	0.016904

饼生产商，如图 2 所示。该评价结果与相关专家根据经验所进行的判断结果完全一致。

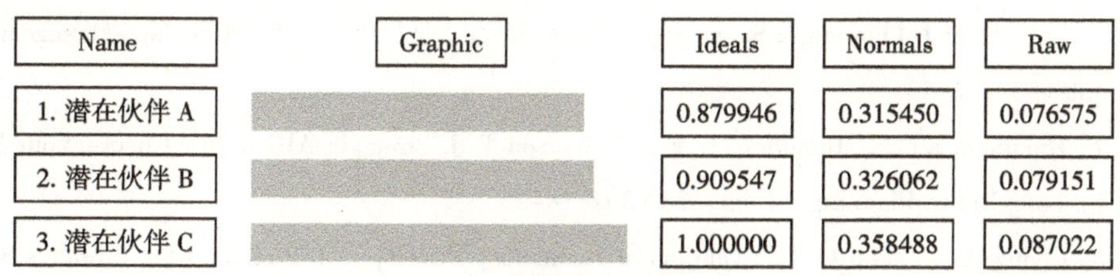

图 2　综合评价结果

五、结　论

R&V 非竞争性战略联盟的核心竞争力不仅在于资源交换，更在于发现潜伏在资源内的隐性传媒功用，因而为企业提供了一条获得竞争优势的重要途径。

由于战略联盟合作伙伴的选择对于联盟的成功至关重要，为科学、综合地分析 R&V 非竞争性战略联盟伙伴选择中的诸多因素，以及因素间的相互依赖、相互影响的关系。本文确立了 R&V 非竞争性战略联盟伙伴选择的评价指标及 ANP 分析结构。该指标体系的确立及 ANP 方法的使用可大大简化 R&V 非竞争性战略联盟伙伴评价选择的复杂性，也使联盟伙伴选择的决策更为科学、合理。幸运甜饼生产商在文化购物网 R&V 非竞争性战略联盟伙伴选择中的胜出也从个案的角度印证了该评价指标体系与 ANP 方法具有一定的实用性和推广价值。

参考文献

[1] 陈劲，杨峰. R&V 非竞争性战略联盟：战略联盟的全新模式——基于绿盛集团和天畅公司的案例研究 [J]. 管理学报，2007 (4)：114-117.

[2] 李永刚. 基于进化博弈分析的跨国国际战略联盟构建研究 [D]. 天津大学，2006.

[3] 柳宏志. 科技型中小企业的企业家经营能力与思维创新研究 [D]. 浙江大学，2007.

[4] 王挺. 一种网络协作环境下的虚拟研发团队合作伙伴甄选方法研究 [J]. 上海管理科学，

2009（1）：59–62.

［5］张钢，倪旭东. R&V 非竞争性战略联盟：一个案例研究［J］.研究与发展管理，2007（4）：1–7.

［6］Broadhead J. Planning a Successful R&D Alliance ［J］. Research Technology Management，1995，38（5）：12–13.

［7］Brouthers K. D.，Brouthers L. E.，Wilkinson T. J. Strategic Alliances：Choose Your Partners［J］. Long Range Planning，1995，28（3）：18–25.

［8］Chang P. L.，Tsai C. T.. Evolution of Technology Development Strategies for Taiwan's Semiconductor Industry：Formation of Research Consortia ［J］. Industry and Innovation，2000，7（2）：185–197.

［9］Chen S. H.，Lee H. T.，Wu Y. F. Applying ANP Approach to Partner Selection for Strategic Alliance［J］. Management Decision，2008，46（3）：449–465.

［10］ Dacin M. T.，Hitt M. A.，Levitas E. Selecting Partners for Successful International Alliances：Examination of U. S. and Korean Firms［J］. Journal of World Business，1997，3（1）：3–17.

［11］ Das T. K.，Teng B. S. Resource and Risk Management in the Strategic Alliance Making Process［J］. Journal of Management，1998，24（1）：21–42.

［12］ Das T. K.，Teng B. S. Resource–based Theory of Strategic Alliances ［J］. Journal of Management，2000，26（1）：31–61.

［13］ Das T. K.，He I. Y. Entrepreneurial Firms in Search of Established Partners：Review and Recommendations ［J］. International Journal of Entrepreneurial Behaviour & Research，2006，12（3）：114–143.

［14］ Geringer J. M. Selection of Partners for International Joint Venture［J］. Business Quarterly，1998，53（2）：31–36.

［15］ Gonzalez M. Strategic Alliances：The Right Way to Compete in the 21st Century［J］.Ivey Business Journal，2001，66（1）：47–51.

［16］ Hoffman W. H.，Schlosser R. Success Factor of Strategic Alliances in Small and Medium–sized Enterprises：An Empirical Survey［J］. Long Range Planning，2001，34（3）：357–381.

［17］ Kim Y.，Lee K. Technological Collaboration in the Korean Electronic Parts Industry：Patterns and Key Success Factors［J］. R&D Management，2003，33（1）：59–77.

［18］ Saaty R. W. Decision Making In Complex Environments：A Tutorial for the Super Decisions Software. Creative Decisions Foundation，2003.

［19］ Walters B. A.，Peters S.，Dess G. G. Strategic Alliances and Joint Ventures：Making them Work［J］. Business Horizons，1994，Jul./Aug.：5–10.

[20] William R. G., Lilley M. M. Partner Selection for Joint Venture Agreements [J]. International Journal of Project Management, 1993, 11: 233-237.

（高闯、杜鹃，原载于《财贸研究》2011 年第 1 期）

浅论技术引进的全过程管理

党的十一届三中全会以来，随着对外开放政策的实施，在引进技术的同时，开始重视技术引进的管理工作。但是，时至今日，仍有许多技术引进项目达不到应有的经济效果。造成这种情况的重要原因，就在于忽视或不懂技术引进全过程的管理工作。为此，本文拟提出一种技术引进全过程管理理论模式，并就如何建立这种模式提出一些设想和措施，供有关部门和实际工作者参考。

一、技术引进全过程管理模式

技术引进全过程管理工作的内容是极其丰富的，归纳起来，不外乎四个基本环节，即引进准备、消化投产、改进创新及转移输出“四部曲”。这四个环节在时间和内容的划分上既有阶段性，又有重叠性。这四个环节环环相扣，循序渐进，阶梯式上升，构成了技术引进工作的全过程，笔者把对这一过程所进行的一系列管理工作，称为技术引进工作的“全过程管理”。

技术引进全过程管理的内容主要有：

引进准备是指从项目提出到签订合同为止。它包括选题、拟订引进方案、可行性研究、询价、谈判、签订合同等。

消化投产是指从合同生效到投产成功为止。这是个关键环节，主要工作在国内，时间较短，往往和签订合同并行。它主要包括：①引进技术资料的翻译、整理、消化、管理。②组织人员出国培训，接待外商专家来华指导或技术服务。③做好各项生产的准备工作，组织试产。④引进技术的考核，样机的试验、验收，组织正式投产，等等。

改进创新是真正实现本国化的阶段，也是整个引进过程最艰巨的工作之一。要使得引进技术得以仿制、改进、创新，关键在于组织一个有科研、设计、制造、使用四个方面人员参加的技术研究中心（联合体）联合攻关。有关领导一定要特别重视，要不惜投入比引进初期多出几倍的人力、物力，把引进技术和国内的科研工作、技术改造工作结合起来一起抓。

转移输出是对引进技术的部门和企业所提出的一个更高层次的要求。技术转移的含义很广，既包括国际间的转移，也包括国内企业间的转移，这里强调的是引进技术经改进、创新后在国内的再转移和输出国外。引进技术在国内的再转移应成为技术引进工作的重要目标。一方面，对国内多数企业来说，由于资金、技术、人员等条件有限，不能直接从国外引进技术，因而使得引进技术的再转移更加重要，通过技术再转移可使国内更多企业提高技术水平，从而促进整个国民经济的技术进步。此外，技术引进在国内再转移也可避免重复引进。另一方面，对于那些实力雄厚、富有创新精神的企业来说，应该敢于把引进技术经改进创新后向国外再输出作为技术引进的重要目标。日本第二次世界大战后的经济之所以能够迅速起飞，原因之一就在于它善于将引进的技术改造创新，并及时在国内企业间转移技术或输出国外。美国曾经是日本的技术输入国，现在，美国市场上有大量的“日本货”。要想使引进的技术再向国外输出，除了改进创新这一起码条件之外，关键的因素就是，在引进技术时，就应带着这种目的选择项目；在输出技术时要善于捕捉打入国际市场的机会，进行市场研究，综合运用国际市场的分割、定位、定时策略和进入市场的策略，将经过改进后的引进技术适地、适时地打入并占领国际市场。

二、技术引进全过程管理的特点

从上述模式中可以看出，“全过程管理”与传统的技术引进管理工作相比，具有以下三个鲜明的特点：

（一）全过程管理的目的具有革新性

传统的技术引进往往以消化或仿制为目的。对全过程管理来说，消化或仿制不是目的，只是技术引进全过程的一个阶段。1978 年 6 月，联合国工业发展组织在南斯拉夫举办的发展中国家技术引进与发展的讨论会上，许多国家的代表提出，引进技术项目投产后，还不算最终完成引进任务，应该包括引进技术的改进、创新并实现本国化。有人总结说：引进的第一步是“依样画葫芦”，第二步是融会贯通，第三步就应该是“青出于蓝而胜于蓝”了。以“日本缩影”著称的索尼公司就是这样起家的。1951 年，美国生产出晶体管产品，两年后用它组装在助听器上，由于频率低，在收音机上无法应用。索尼公司的创始人盛田昭夫经过分析，预测到晶体管代替电子管的时代即将到来，于是以 35000 美元于 1954 年引进了美国西方电器公司的低频晶体管。然后，他组织力量攻关，仅用了几个月时间就研制出高频率的晶体管并用于收音机。接着，投资兴建微电子工业，于 1955 年制造出第一台晶体管收音机，在市场上风行一时。紧接着，先后把袖珍晶体管收音机、晶体管固体电路电视机、磁带录像机等一大批新产品推向市场……现在经过近 30 年的艰苦奋斗，索尼已成为称霸欧美国家电子产品的市场巨擘。当今世界，科学技术发展日新月异，如果只重视使用、消化引进技术，不善于改进、创新和输出，那就永远只能跟在外国人后面爬行。因此，全过程管理一开始就应该把目标定在创新、输出上。

（二）全过程管理的环节具有连续性

传统的技术引进工作缺乏连续、渐进性，往往不进行充分的准备，不去做可行性分析，就盲目地签订合同，靠行政手段“拍板”，结果造成大量的重复引进，给企业以致国民经济造成巨大损失。对全过程管理来说，技术引进工作的四个环节环环相扣、循序渐进，它充分注意了各环节间的相互衔接，遵从了技术引进工作的客观规律。

（三）全过程管理的过程具有完整性

传统的技术引进工作由于缺乏对全过程的完整认识，因此，工作起来往往顾此失彼，有始无终或无始无终。就全过程管理来讲，技术引进工作是一个完整的有始有终的过程。对于一个富有创新精神的企业来说，技术引进工作既不应半途而废，也不应抛弃哪一个环节，而应该走完全过程。

三、技术引进全过程管理的要求

技术引进全过程管理要求变革传统的技术引进管理方式，为适应这一要求，笔者从建立保证体系、加强基础工作和掌握创新方法三个方面提出如下设想和措施：

（一）建立全过程管理工作组织保证体系

这一保证体系应由三个相互联系的层次组成：第一个层次，实行“主任全过程目标责任制”。要选派（或聘任）得力干部负责全程领导工作，并实行责任制。具体来说：①主任人选最好是“技术—管理型”专家，既精于技术，又善于管理，会交际，有组织能力，思维敏捷，能当机立断。主任上任伊始，要根据引进项目的难易程度及需要与可能，制定引进目标及实现目标的措施。②成立主任责任考核小组，小组可由上级主管部门和审计部门的有关人员共同组成，专门从事主任目标责任的考核工作，包括建立严格的考核制度和奖惩办法等。③主任人选要保持相对稳定（当然，不胜任者除外），无特殊情况，不宜随意调换。确因工作需要更换时，可采取审计公正等办法使新旧主任顺利交接。这样做既不埋没前任者的成绩（或不能掩盖其缺点），也不会给继任者带来不应有的困难。

第二个层次，成立“技术引进全程工作委员会”。委员会直接领导全程工作，有责有权，一抓到底。委员会人选，原则上应由主任提名报批，但也可由主任与有关部门协商而定。委员会要有合理的智能结构。

第三个层次，建立“技术引进项目咨询研究中心”。中心可分别由国家、行业、地区等层次建立，组成多元的网状结构。中心的基本职能是：①对于引进的设备、技术、专利、资料等，分类建立统一的档案，供国内企业查找，并根据需要向有关部门、企业通报引进项目。②对企业无法承受的大型项目，要调动各类技术研制人才，集中力量进行改进创新的“攻关”。引进“技术全程工作委员会”

是主要的领导（或骨干）力量。③设立必要的奖励基金，及时奖励在技术引进全程工作中成绩显著的单位和个人；进行各中心之间的信息沟通工作。

（二）培养创新输出意识，掌握创新输出方法

在技术更新周期日益缩短的时代，不创新便无法生存。在技术引进的创新方法中，一个值得重视的方法就是反求工程。所谓反求工程，就是对外国的先进技术和产品做全面、系统、深入的科学分析和“破坏性研究”，不仅要透彻地知其然，而且要知其所以然，以便迅速掌握外国的先进技术和产品，并在此基础上不断创新，逐步形成具有本国特色的技术体系。日本人说：“综合就是创造”，他们在技术引进中高度重视运用反求工程。例如，氧气顶吹炼钢技术是1953年奥地利发明的。1956年日本通产省组织各大钢铁公司研究人员联合组成“氧气顶吹技术研究所”，统一接收一切技术引进项目，进行反求工程研究。直至1962年，先后完成了包括美苏高炉高温高压技术、联邦德国熔钢脱氧技术、瑞士连续铸钢技术及带钢轧制等“六大主体技术”，使日本钢铁工业居世界前列。

（三）加强技术引进全程管理的基础工作

全程管理的基础工作很多，这里仅谈两个需要突出注意的问题：第一是加强情报研究工作。情报工作是技术引进全程各个阶段的先行官，必须贯穿始终。日本成功经验的第一条就是“情报先行”，日本三井物产商社的信息网，在五分钟之内就可得到各地商情信息。我国技术引进效益差的一个重要原因就是情报工作落后。因此，必须加强情报研究工作，用现代化的情报传递方式代替小生产的情报传递方式；同时，不但要注意技术情报，更要注意经济情报。

第二是加强人才培训工作。人才培训是技术引进全程工作成败的关键，必须把它作为一项重要的战略任务来抓。

（高闯，原载于《辽宁经济》1986年第10期）

依托地区产业集群
打造东北企业品牌

一、依托什么去打造东北企业品牌

东北企业要振兴，必须塑造自己的品牌。然而，创建企业品牌是一个漫长的甚至是痛苦的过程。能否寻找到一种路径，最大限度地缩短这个过程呢？在经济全球化和社会化大生产条件下，靠企业自身单打独斗显然不是一种明智的选择。依托什么去打造东北企业的品牌呢？央视的“十大经济人物评选”引起了我们的思考。2002 年有一位耀眼的人物南存辉，温州正泰集团董事长、中国民营企业前 5 强、年销售额 80 亿元，号称温州第一老板；2003 年也有一位人物同样引人注目：温州打火机厂厂长、温州烟具协会副会长黄发静先生，人称“烟具大王”。这两位老板都来自温州，是巧合还是另有奥妙？原来，这两家企业的背后是享誉中外的“温州集群模式”。他们在温州这个特殊团队的辉映下脱颖而出，迅速建立起自己的品牌并把企业品牌推向海内外。看来，依托地区竞争优势所形成的集群氛围托起一批品牌企业，既是创建企业品牌的“捷径”，又是推动地区经济发展、打造地区品牌的重要路径。

“集群”现象是近年来理论界和企业家共同关注的一个新课题。按照迈克尔·波特先生的解释，集群是指企业、供应商、相关产业和专业化机构集中于某一地理区位，此地理区位可以是国家、省份或城市的特定地区。更重要的是，这些组织之间密切联系，既竞争又合作，共同分享技术、市场、劳动力和各类信息。这种企业群所构成的产业网络不是企业数目的简单加总，而是一个复杂的自组织系统，能够灵活应对外界的变化。这种集群现象最初出现在所谓的“第三意大利”地区，那里聚集了数目众多的中小企业，彼此相互联系、垂直分工合作，实现了专业化生产和弹性化生产的统一，创造了不同于“福特主义”的生产模式，有力地推动了地区经济的发展。在这之后，产业集群在世界上许多国家和地区陆续出现。过去，我们讨论地区经济发展问题仅仅注重地区产业分析和企业分析，忽视了地区产业集群的分析，这是一个重要缺憾。经验证明，产业集群可以提高企业的综合生产效率，在降低交易成本、获得外部经济效益和持续创新等方面具有很强的竞争力，因而是形成地区竞争优势的一个非常重要的因素和有效的生产组织形式，它本身就是一种品牌。单个企业创建品牌时间漫长、困难重重且成功的概率较小。与单个企业品牌相比，集群品牌是诸多企业通力合作的结果，是众多企业品牌精华的浓缩和提炼，因而更直接、更形象，影响也更广泛持久。单个企业的生命周期也比较短暂，品牌效应难以持续。相比较而言，只要集群区不发生衰退或转轨，集群品牌效应就会持续发生作用。可以说，集群品牌对集群区企业是一种珍贵的无形资产。

中央提出振兴东北的战略决策后，人们常常将东北同长三角、珠三角及环渤海地区的经济发展进行比较以发现东北地区存在的问题。但人们在比较时只注意那些地区所拥有的地缘优势或政策优势，往往忽略了它们的一个共同特征：它们都不约而同地依托产业集群去打造地区品牌，带动了地区经济的发展。谈到东北振兴的方略时，人们也总是强调技术、市场及资金等要素，忽略了产业集群的作用。事实上，在上述地区的经济发展过程中，产业集群所形成的地区品牌起到了非常重要的作用。这一点恰恰被我们忽视了。

二、依托什么样的产业集群打造东北企业品牌

依托产业集群去打造东北企业的品牌，应该成为东北企业振兴的重要支点并应成为我们的共识。问题是：我们需要依托什么样的产业集群？是以现有产业为基础，还是另辟蹊径重新选择产业？理论界存在着截然不同的两种观点。一种观点认为，装备工业和原材料工业作为东北振兴的产业集群已经失去了必要的基础

和条件，应该由市场来选择发展哪种产业集群。这是一种“市场选择说”。他们指出，东北的装备工业和原材料工业都有较好的基础。产业基础比较好，资源条件不错，可能是好的条件，也有可能成为一种“包袱”。从全国来讲，竞争相当激烈，你在发展别人也在发展，特别是装备工业，尽管东北地区有较好的基础，但从装备工业新的特点和趋势来说，往往需要产业集聚的条件，需要相当发达的专业化分工协作体系。但在这方面东北并没有优势。从全国来讲，装备工业大发展的条件正在成熟，但东北能否充分分享这种发展机遇，是否会像纺织等产业所发生的情况那样，出现产业中心的转移，应当说存在着相当大的不确定性。因此，东北振兴要重视装备工业和重要原材料工业，但又不能把宝全押在这些产业上。发展何种新兴产业，政府事先往往是说不准的，还是要交给市场来选择。另一种观点则认为，应该借助装备工业和原材料工业的振兴来带动东北老工业基地的振兴，政府可以在产业集群的成长过程中发挥引导作用。这是一种“政府引导说”。他们指出，作为一项国策，中央把振兴东北的目标定位为充分发挥东北地区的资源优势、区位优势与巨大的发展空间，通过对东北制造业的再造与发展，使东北地区成为继珠三角、长三角和环渤海地区之后的第四个经济圈，成为我国经济的第四个增长极。作为一个新的增长极，需要一批具有较强竞争优势的产业群支撑。东北老工业基地具有良好的制造业基础，但这些制造业的竞争力在不断下降，因此，振兴东北的关键是将那些具有比较优势的制造业发展成为具有较强竞争优势的制造业群。虽然产业集群多是自发形成的，但作为一种经济发展的战略方式，产业集群也可以通过当地政府的引导而自主形成。

经济学家发现，地区集群经济的发展具有累积和自增强的特征，但这些特征并不是一成不变的。曾经成功的产业集群区可能会由于某些原因失去其发展的活力，带来成功的发展因素也可能作为限制性因素起作用，阻碍地区经济的新发展。我们之所以把东北称为老工业基地，很重要的一点是因为东北地区的工业特别是装备制造企业密集，而且过去这些企业有着相对稳定的产业联系，形成一个相对独立的产业体系。但改革开放以来，一批新的工业基地迅速崛起，东北老工业基地在国民经济中的位次逐渐后移。更重要的是，经过 20 多年的体制改革，由计划体制造成的产业联系也基本上解体。例如，“一汽”虽然仍在中国汽车产业中位居首位，但其实力早已今非昔比。原因之一就是其物流配送系统非常落后，远离汽车市场中心和零部件供给中心，物流成本特别是采购成本极其高昂。

尽管如此，东北地区在国民经济中仍占有十分重要的地位，具有较好的产业基础。2002年，东北地区的GDP占全国的11.25%，汽车产量占1/4，其中重型卡车产量占1/2，造船产量占1/3，钢产量占1/8，重型装备制造业中，以苏27、苏30为代表的军用飞机、核潜艇等重要的军品生产均在东北。东北地区的一些制造业如装备制造业、船舶制造业、汽车制造业以及钢铁、医药等产业都有一定的比较优势。在中央作出振兴东北战略决策的今天，东北地区产业集群的发展何去何从颇费思量。我们可以从瑞士手表集群产业的演进过程得到一些启示。瑞士的Jura地区的机械表生产长期处于世界领先地位，但当数码技术应用于制表业时，由于受技能和制度的遗传结构的限制，其领先地位便失去了。但是该地区随后设法打破这种限制，在国际上重新获得了竞争优势。因此，问题的关键不是"另起炉灶"重新选择产业，而是我们能否从现有的产业基础出发按照市场化方式重建企业间的产业联系，形成相对发达的专业化分工体系，进而生成产业集群的特有氛围。

从东北地区现有产业基础出发去重建企业间的产业联系并不是说要采取政府"拉郎配"的方式，而是遵循产业集群的生成与演进机理，按照市场化的方式进行。但这并不能理解为政府在地区产业集群的发展过程中无所作为，在现代化大生产和经济全球化背景下，既不应采取全然不顾市场规律的政府"设计生成"方式，也不应采取完全排斥政府作用的市场"自然生成"方式。"看不见的手"和"看得见的手"各有自己的功用。地区集群发展的决定力量是市场规律，但政府可起到重要的导向作用。在波特的钻石理论中，政府扮演着一个特殊的角色。我们知道，产业集群的本质不是企业数目的简单加总，而是一群密切联系的公司（包括专业化供应者）、知识生产机构（大学、科研院所）和连接机构（经纪人、咨询人员）所组成的网络系统。政府的作用就在于正确地运用有效的集群政策去促进该系统中各类组织的联网过程，为网络的形成和发展提供激励性的制度环境。这里所说的集群政策不同于传统的产业政策。传统产业政策的目标是通过财政支持经济活动中重要的部门或公司。集群政策的目标则指向更加广泛的企业价值链系统，并从直接的财政支持转向间接的促进变化。可见，在集群的形成和发展过程中政府的角色是网络生成的促进者、催化剂、经纪人和制度构建者。比如，提供公共基础设施特别是研发（R&D）基础设施以增加知识的供给和扩散；提供建设性对话和知识交流平台以促进公司间的合作与联系；建立清晰的产权制度以造就企业家成长的环境；制定有力的宏观经济政策和竞争政策以促进集群活动的平稳开展；等等。

三、如何依托制造业集群打造东北企业品牌

东北老工业基地在历史上曾被喻为共和国的装备部，但从品牌理论的角度分析会发现，长期以来，东北企业并未形成自己特有的品牌，无法借助品牌价值提升产品的附加值。由于缺乏品牌形象，东北企业的产品无法确立自己的市场竞争地位，更谈不上争创国际名牌。原因是我们缺乏起码的品牌意识，因而不善于借助东北地区制造业的集群优势打造地区品牌。从某种意义上说，重振制造业集群，形成区域品牌，进而通过整合传播将东北集群品牌推向世界，是东北经济能否振兴的关键。

首先是构建地区制造业集群品牌钻石体系。作为一种有效的生产组织方式，制造业的产业链条长、配套环节多、迂回生产方式复杂，是在高度专业化分工基础上形成的协作体系，因此，必须按照其内在的产业联系去构建集群品牌的整体架构，可考虑借用地区品牌钻石模型去设计。地区品牌之钻由若干支柱产业品牌侧面组成，如长春和沈阳的汽车制造业、大连的船舶制造业、沈阳的重型机械制造业以及鞍山的钢铁制造业等；每一个产业品牌侧面又由众多企业品牌组成，如长春一汽、沈阳华晨、大连新船重工、造船重工和渤海造船、沈阳机床集团、重型机械制造集团、矿山机械、中捷友谊、鞍山钢铁集团等。环绕在支柱产业和企业周围的是众多专业化配套企业、知识生产机构和各类联结组织，进而形成多侧面聚合的区域品牌钻石体系。应围绕区域品牌钻石体系采取各种方式培育与发展制造业集群。比如，吸引新的同类或相关企业进入，引进新的战略投资者，改组特大型国有企业，改造老工业区，调整工业园区，等等。

其次是挖掘形成区域集群品牌的动力源。一般而言，一个地区经济发展分成四个阶段：①生产要素驱动阶段（例如自然资源禀赋、劳动、资本等）。②投资驱动阶段。③创新驱动阶段。④财富驱动阶段。分析表明，东北地区目前尚处于投资驱动阶段，某些产业甚至处于生产要素驱动阶段（如原材料工业）。我们仍

然习惯于采取招商引资，设立“项目年”的方式去拉动经济发展。相比之下，长三角、珠三角等地区则是通过创新驱动获得了经济的快速发展，这也是东北和上述发达地区的差距所在。按照熊彼特的理论，创新的内涵比较宽泛，既包括产品、技术、市场的创新，也包括制度、管理及上述要素组合的创新。国内外诸多地区集群发展的事实表明，不断创新是推动集群品牌形成的根本动力和唯一途径，没有创新就没有地区集群品牌的出现。

再次是营造区域品牌创新的集群氛围。温州集群品牌的形成与发展除了众多民营企业作为创新的主体发挥作用之外，地方政府、各类行业协会商会、中介机构和一些民间组织都发挥了重要作用。温州市政府顺应市场经济发展的要求加快政府职能转换，将部分职能逐步转交给行业协会等中间组织；同时又制定鼓励电子商务发展的政策法规，完善电子商务运作环境，引导企业推进信息化建设；制定质量立市的地方性法规，引导企业抓质量树品牌。

最后是形成区域集群品牌整合传播的机制。诺贝尔经济学奖获得者赫特说过：“随着信息时代的发展，有价值的不是信息而是你的注意力。”东北地区集群不仅要制定明确的品牌识别和定位策略，还要有效地进行品牌传播。因此，通过跨国战略联盟、虚拟合作、价值链一体化去整合地区资源，打造地区品牌进而远播世界。

（高闯、赵晶，原载于《市场营销导报》2004 年第 11 期）

从集群角度看待中关村企业的发展与变化

——中关村高技术企业发展调研（上）

中关村是中国高技术集群企业的典型代表。承担国家自然科学基金项目“高技术企业集群治理及其演进机理”的专家调研小组在对中关村进行了专题调研后提出：全面认识和把握中关村企业的发展与变化，首先应该立足于企业集群的视角。调研小组负责人，辽宁大学工商学院院长、博士生导师兼中国企业管理研究会常务副理事长高闯指出，现在对中关村的评价差别很大。包括IT行业一些著名的独立观察家在内的不少“意见领袖”评价中关村正被剥离“中国硅谷”的外衣，是“一次性的中关村”，正在走向没落。而来自中关村管理机关的同志用“数字”说话，提出中关村的创业企业数量仍在高速增长之中，中关村内部的活力仍在继续显现。

高闯认为，中关村是典型的高技术企业集群。所谓集群，就是一组在地理上具有邻近性，在产业上具有关联性的各类机构，它们组成一个有机的整体，以取得不同于孤立个体的整体竞争力。从集群的视角观察中关村，能够对一些重要的问题形成全面、客观、理性的认识，这是从事中关村研究与管理服务工作的基础。

首先，要站在集群的角度，对中关村出现的“企业逃离”等热点问题进行全面认识。任何具有竞争力的集群，都是对特定类型的企业而言的。企业身处于集群中，能得到集群收益（感受到集群向心力），同时也要承担集群成本（感受到集群离心力）。集群收益包括组织之间交流带来的创新机会等；集群成本包括过多企业的聚集导致的房价过高、劳动力紧张、交通不便等。对于中关村而言，一些大企业“逃离”中关村，将它们成熟产品的制造基地搬至南方或远郊，并不值得大惊小怪；但是对于一批批中小企业不堪重负，或因感受不到创业环境的优越而纷纷离村出走，则要高度警惕。对此，高闯指出，从有利于集群整体发展的角度去看，中关村应该科学监测各类企业的进入与离开情况：应该让不合适的“村民”顺畅离开；但同时又要让合适“村民”留下来发展。从社会舆论角度上讲，应该对何者去何者留进行分类研究。

其次，要站在集群的角度，对中关村发展的历史阶段性有客观认识。以高科技集群企业的典范硅谷为例，20世纪60年代的主导产业是半导体，70年代是处理器，80年代是软件，90年代是互联网，其发展轨迹表明：硅谷也不是永远增长，整个创新过程是一个新陈代谢、时起时伏的过程。高闯认为，衡量中关村这样的高技术集群的发展，一是要看集群中关键性的产业（如中关村的信息技术产业、生物工程与医药产业、光机电一体化产业，新材料产业、环保产业）在国内外的现实影响力；二是要看集群各种因素在“联结”的深度与广度上是否朝着有利于创新的角度进行。集群广度是集群中各种构成因素的数量；集群深度是各种要素之间复杂的多重对应关系。

高闯认为，从长远来看，集群广度与深度的发育是决定一个集群能否具有发展活力与后劲的关键，这一点已从美国西海岸的硅谷与东部的“128公路”的历史轨迹中得到充分证明。实践证明，短期业绩与长期业绩的取得方式是不同的，因此，如果对集群发展也进行“政绩考核”的话，管理者的短期行为与长期行为要得到合理兼顾；而集群企业的现实表现与发展潜力在评价体系中都要得到相应显现。换言之，这也就是中关村是要GDP还是想要硅谷的问题。

再次，要站在集群的角度，对集群中包括政府在内的各力量的博弈关系进行综合判断。从集群的构成来看，围绕高技术企业这个核心要素，大学、科研院所、协会、创业投资者、银行和非银行金融机构、律师、会计师、传媒与广告等比邻而居，其中政府又是一个重要而特殊的因素。硅谷的早期发展是与美国政府和军方的支持分不开的，即使是现在，美国评价高技术园区的八个方面中仍然包括地方政府支持这项内容。但硅谷等地发展又表明：在高技术集群企业演进过程中，政府之手的“手形”不断变化。因此，非常有必要将政府力量置于高科技企业集群之中，研究在集群发展的不同阶段，政府应该视周边集群因素的发展状况，相应采取何种措施。离开博弈互动这一点，讨论政府的各项干预性政策就没有科学基础，就不能以理服人。从中关村高技术集群企业公司治理的角度来看，的确有必要分析政府作为公司外部治理者的角色，它的哪些政策影响了公司治理的目标设定与成本大小，从而阻碍中小企业技术创新的顺利实现。

（本文由记者王金湘、冯奎采访整理）

中关村企业技术创新的集群困境

——中关村高技术企业发展调研（中）

国家自然科学基金项目“高技术企业集群治理及其演进机理研究”的调研小组在相关报告和研究成果中，从集群角度分析了中关村企业技术创新面临的“集群困境”。

中国企业管理研究会战略部部长、管理学博士冯奎指出，所谓集群困境，就是指由于集群内部诸要素的“数量”与“品种”发育不够，并且各要素之间没有形成多重、复杂的网络对应关系，从而导致技术创新缺乏集群环境的有力支持。中关村企业技术创新最典型的集群困境集中在创业投资者治理方面。创业投资者一直被视为高技术企业发展的“经济引擎”与“发动机”，硅谷等地创业投资者治理对于推动高技术集群企业的技术创新起到了首要的作用。但创业投资者治理具有明显的集群依赖的特征。对于高技术集群企业来说，创业投资者发挥作用的条件之一是：创业投资者是以群体面目出现的，而它们的治理对象——中小企业也是以群体面目出现的，二者有着多重复杂的丰富关系，这是创业投资者效率得以提升的重要条件。

冯奎介绍，首先，在中关村创业投资者群体发育不够。中关村目前有100多家创业投资公司，大部分是国有企业。这些创业投资公司所投资的一般是成熟企业处于发展阶段中后期的“保本投资项目”。从这些投资公司的所有制性质、企业制度形式来看，这样的投资选择是有其合理性的。但这样一来，对于大量成长中的中小企业来说，就无法得到相应的创业资本的投资支持。创业投资治理的推动作用几乎无法体现。

在美国硅谷等地，创业企业在获得大的投资公司的资本支持之前，一般都有过一轮融资。这轮融资的实现借助着“天使投资者”（个人投资者）的力量。技术员老、中高层管理人员都可以充当天使投资人的角色，细分起来，包括所谓的价值增值型、富有型、个人联合体型、家庭型、社会责任型、管理者型等。这些天使投资者帮助中小企业迈出关键的第一步，为后期创业投资公司的选择提供了庞大的基数。除了天使投资者与创业投资公司“接力”投资于一个企业外，不同的创业投资者（机构）还进行广泛的联合投资。这些也是中关村较为缺乏的。

其次，在中关村，创业型中小企业群体的发育不够。在硅谷等地，众多的中小企业可以围绕一个创业投资者，展开一场比技术、比市场，最后“赢家通吃”、输者被毫不留情地淘汰出局的激烈争夺。这些地方中小企业的生存成本相对较低，社会鼓励冒险的舆论环境又助长了中小企业的创业热情。近些年，中关村支持大企业发展的规划与政策导向已较为明显。中关村上地信息中心每亩地价已过百万元；西区的政策规划是期望成为国内顶级公司和世界大公司的聚集地；每年的评奖也都是一些大公司的成熟面孔。种种原因导致了在中关村这样的地方，中小型创业企业的生存压力过高、创业精神不足。高技术集群的轴心是创新投资者与创业企业、创业企业群体的活力不够，也直接导致创业投资者（包括大量潜在的天使投资者）持币观望的局面。

最后，在中关村，创业投资者与创业企业两个群体之间基于各种治理与管理关系的“联结”，一直没有得到充分发展。历史原因在于，中关村许多企业在“爷爷”辈的时候，大学、科研院所、企业、政府部门、街道办事处等就存在着投资主体不明，产权不清的纠葛现象，以至于到了它们衍生出“儿子辈”、“孙子辈”企业的时候，产权关系、投资者关系“剪不断、理还乱”。创业投资者和他投资的企业的真实利益关系得不到保障，结果只能是众多极具资本与管理实力的创业投资者另谋高就；另外一些中小企业销声匿迹。所以在中关村没有出现那种数十年来上百个企业衍生自一个公司（硅谷仙童半导体公司）或科研院所（斯坦福大学）而又能激烈有序竞争的局面。

（本文由记者王金湘采访整理）

借助产业集群理论提高中关村公司治理水平

——中关村高技术企业发展调研（下）

国家自然科学基金项目“高技术企业集群治理及其演进机理研究”调研小组围绕中关村的公司治理问题，在中关村进行了访问、座谈和有关书面调查。调研小组认为，中关村企业应该借助产业集群理论的指导，进一步提高公司治理的水平。

调研组成员、辽宁大学副教授樊玉臣、博士生赵晶等人认为，传统的公司治理研究实际上隐含着一个假定，即企业是孤立地存在着的。事实上，在中关村这样的地方，企业是以集群形式存在着，集群中的各种构成要素不仅是企业的生存环境，而且实质性地影响到企业考虑发展战略与治理结构。从理论研究方面来说，置于集群中的高技术企业的治理与演进机理，处处都要受到集群中其他要素直接和间接的复合性影响，其中，俱乐部、协会等已经构成了一种“中间组织治理模式”。这给公司治理的理论研究带来了巨大的挑战。

辽宁大学工商学院院长、博士生导师兼中国企业管理研究会常务副理事高闯认为，对于硅谷和中关村的研究虽然已经开展多年，但这方面仍然有许多问题没有得到很好的总结。从企业自身实践的角度来看，最为关键的是要把集群的其他要素都当做利益相关者，充分考虑利益相关者治理带来的诸多影响。首先，公司治理需要考虑这些利益相关者的角色与作用，提高公司治理的决策水平。比如，创业企业之间存在着信息共享与学习交流，但在创业投资者的协调下，几个企业之间又需要展开竞争。对于同类型的其他企业既能够“开放”又能够“包裹”的战略，多数中小型创业企业并不习惯，但这是创业投资者所需要的（治理效率），也是创业企业所需要的（获取创业资本）。其次，善于通过利益相关者联合进而降低整个集群企业治理成本的方式，达到促进企业发展的目的。在没有产业集群的理论指导下，集群企业的惯常方式是共同发现问题，但这些问题得不到解决，较高的治理成本阻碍了企业发展。用集群视角去重新审视，集群企业的思维方式和行为将变成共同发现机遇、同时克服困难（比如共建产品检验中心、组织创业投资者群体与创业企业群体各种联谊机构和活动），由此，企业的治理成本必然得以下降。

（本文由记者王金湘、冯奎采访整理）

（高管专供信息，综合版，新华通讯社 2005 年 1 月 25 日第 4 期）

中关村的六大悖论

中关村在全国53家高新技术区中排名第一位，被美国《信息周刊》誉为“企业家的摇篮”，进入21世纪，新产品研发的步伐似乎减慢了……无论在互联网领域还是在国内新兴的半导体领域、无线技术应用领域还是生物科技等代表当下最具创新活力的领域，中关村已经无法再保持中国全面领先、独占鳌头的地位了。尽管在中国还找不到可以替代中关村地位的创新型科技园区，但它还是被无情地贴上了“中国技术创新中心”、“一次性硅谷”的标签。此类说法的警示作用是明显的，越来越多的人陷入了思考“创新为什么减少，研发阻碍何在”这类问题的茫茫大海。在探究技术环境与制度环境是怎样地妨碍了我们的创新时，我们有必要关注中关村出现的一些不协调之处，这些问题以及问题与问题之间的联系形成的怪圈，也许能给我们一些启示。

一、融资难与国有风险投资

尽快解决中小企业融资难问题是制约中关村发展公认的“瓶颈”。这一问题的纾解，当然离不开风险投资机制的形成。中关村目前有100多家风险投资公司，大部分是国有企业。据调查，这些公司每天都相当忙碌，一个投资项目从业务员到部门经理再到总经理往往大费周章。其决策速度慢且不说，最终选定的投资项目往往根本不是众所期待的“风险投资项目”，而是所谓的“保本投资项目”。在“民间资本要成为投资主力，不能全靠政府投资”的呼声不绝于耳的今天，国有投资的成交金额和交易项目少得可怜。已经没有人再期待国有风险投资公司会成为中关村的“加油站”了，即使是筹建之初被寄予厚望的中关村技术交易中心，也由于其在成立之初就没有明确独立法人地位，无法按照市政府“企业化管理、市场化运作”的要求运行，也不得不先后四次改制，以避免资本金耗尽、难以为继的生存困境。一个显而易见的现实是，国有产权的投资公司投资主体不清楚，几乎等同于找不到最终的投资者，虚拟的投资主体如何对投下去的资本负责呢?

二、“脑子”找“票子”，“票子”不要“脑子”

中小企业创业离不开“脑子”与“票子”。企业要创新、要研发，科技与资金少了谁都不行。通过在中关村的调研发现，一方面“脑子”在积极寻找“票子”，另一方面“票子”对于“脑子”却是冷眼相对。许多海归学子创业之初就苦于有好点子而没“票子”。中关村有2000多家由海外学子回国创办的企业，几乎每一个创业企业家都有“金点子”，而其中的成功者，无论是李彦红的百度搜索、邓中汉的手机多媒体芯片企业，还是胡辉博士的医疗影响系统企业、韩少云的达内培训企业，这些海归创业公司之所以迅速成为耀眼的明星企业，一个共同点就是或者有政府资助在先，或者有海外融资在后。再好的“脑子”找不到“票子”的及时介入，企业也毫无发展前景可言。

与“‘脑子’在苦苦寻觅”形成鲜明对照的是“‘票子’在远离‘脑子’”。究其原因，一方面，资本是否愿意和技术结合，并不取决于技术的水平，而是取决于这个技术能否使资本增值。另一方面，在中关村高新技术只是一个相对的概念，要准确鉴别，难度和成本相当大。持币观望的投资者只好放弃对技术本身的评判，转而对预期中的市场表现十分感兴趣，不能不说这是大量科技含量高的项目坐冷板凳的原因了。中关村是以中小企业创业园地为旗帜的，创新的市场表现是新产品的不断出现，而凝结在新产品中的两个不可或缺的要素——技术与资金——在目前的中关村却表现出如此的不协调，实在发人深思。

三、协会——信息优势的延续还是政府角色的尴尬

几乎每个到过中关村的人都能切身感受到信息优势。这里的信息交流被描述为“多元复杂无限式”。这其中有被各方经常提到的行业协会。既然搞市场经济搞国际接轨，当然不能不谈协会。中关村有大小协会10多家，除了像信息、医药这样按照行业划分而建立起来的行业协会以外，还有像“信用促进会”等一些服务性的协会组织。调查发现这些协会的作用微乎其微。政府办的协会，交流也都是政府层面上的。倒是翠工饭店的新闻发布会、各大高校的MBA课的休息时间、免费赠送的各种报纸、商业周刊的经理论坛、星巴克咖啡厅的漫谈成了人们津津乐道的信息平台。而“理论上”应该发挥重要信息平台作用的协会却令企业大失所望。思考这一怪现象的同时，是否应该旧话重提——在中关村的发展历程中，在中国市场机制不断得以完善的前沿阵地，如何重新审视政府主导的历史必然性与历史阶段性?

四、是中小企业的园地还是大中小企业共生

问题的关键不是企业的大小，这里想探讨的是，无论是中小企业还是大企业都没有问题，问题在于企业是否还具有创新精神，是否还有研发活动。中关村每天有20~30家企业诞生，同时每天也有10多家企业死亡，请注意这10多家企业几乎都是中小企业。大企业不容易死，国家也不会轻易让大企业死，死亡的中小企业是否由于其生存空间被大企业挤占而推出的问题在中关村尚存争议，尽管如此，我们还是看到相当多的企业，当它们长大，小苗成为大树，它们还是待在有着“中小企业的摇篮”、“研发的基地”、“孵化器”等称号的中关村，而研发活动没有了，企业比任何时候都重视规范化管理，市场而不是创新成了它们最关心的问题。

我们习惯拿中关村和硅谷相比，其实中关村应是硅谷和华盛顿的复合体。在中关村，对中小企业具有吸引力的是类似硅谷的创业环境；而对大企业具有吸引力的是它的政治中心地位，可以辐射国内外市场，占领市场开拓的高势能区域。技工贸总收入、利税总额、企业数量、外贸收入是衡量传统工业园区的指标，大企业对这些指标值的贡献不言而喻。而现在很重要的一个衡量科技园区创新水平的指标是“瞪羚企业数量”，说白了就是看高成长性的中小企业的数量。柳传志曾经说过这样的话：“作为企业，我希望政府明确，到底是想从中关村要经济增长，要 GDP？还是想要硅谷？还是说两者都想要？”

五、二人治理结构与公司永续发展

调查中发现的一个有趣而又引人深思的现象是，“二人结构”被认为是创业企业最有效的治理结构。所谓“二人结构”是指一个人是绝对权威，他掌握创业企业的发展方向和每一次转型，是企业无可争议的思考者和宏观决策者；另一个人是绝对忠诚可靠的执行者，是个管家婆型的守业者。问题是，这种在企业发展初期被证明十分有效的治理结构，随着企业慢慢长大以后，是否会依然有效？换言之，一种有利于创新的治理结构是否就一定会有利于企业的永续发展呢？从企业成长壮大的内在需要看，将企业的命运维系于一两个关键人物身上，肯定不是理想的治理结构。那么，什么样的公司治理结构才既有利于创新，又有利于企业的永续发展呢？

六、是科技优势还是“半拉子政府”的土壤

聚集了国内 39 所知名高等院校和 213 家科研机构的中关村，其人力资源与科研基础条件，是为企业创业提供“脑子”的大本营，是中关村一直被外界津津乐道的优势之一。在所谓中关村的第一次创业中，大量中小企业的创业者是来自

科研机构和院校系所的科技人员。这些科研技术人员在下海经商之初，为创业企业提供"脑子"的同时，其本人往往还保留着科研机构和院校系所等半官方身份。其所在企业也顺理成章地享受着原单位提供的种种扶持性的"优惠政策"。这种"戴红帽子"企业在创建之初就注定了行政力量的介入，被人们形象地称为"半拉子政府型企业"。等到企业长大，进入规范经营阶段，"半拉子政府型企业"为公司治理结构的理顺留下了一大堆难题，成为制约着这类企业健康成长的主要障碍。

据有关部门统计，目前中关村仍有多家科技企业被理不清的产权所纠缠，追根溯源，部分企业当年为了避税、方便信贷、规避政治风险等目的，在创业初期主动申请戴集体"红帽子"。企业一旦做大了，谁都想来抢产权，表面看企业是一个整体，实际上是"诸侯割据"；有的创始人不得不背叛原有的企业，通过新创办一个产权清晰的企业获得利益；还有的企业在"半拉子政府"干预下盲目扩张进而销声匿迹，这些问题严重影响了企业本应获得的更快、更好的利润增长。

吴敬琏认为，到现在为止，中关村要想成为中国的硅谷所具备的主要条件，还主要是一个高密集的、高素质的科研人员这个条件，而其他条件还不完全具备。应当警惕切莫让这个基础性优势条件，成为第二次创业中新兴企业陷入"半拉子政府"怪圈的土壤。

（高闯、郭舒，原载于内部文稿《中关村调研总报告》2004 年 4 月）

依托什么开发和建设浑南

"挺进浑河南"是制定和实现沈阳"十五"计划的重要内容和关键，是市委、市政府提出的一项重大战略举措。是否"挺进"，牵动着沈阳百万市民的心弦；如何"挺进"，是将构想变为现实的首要问题。

一、先迁移人口还是先培植产业

沈阳是一座老城市、大城市，存在着较严重的"城市病"，如人口过度集中、交通阻塞、空气污染等。所以，沈阳的改造自然会使人首先想到人口迁移。但问题的关键不在于人口是否需要迁移，而在于依托什么去拉动、诱导人口迁至浑南。

西方一些发达国家的城市发展已进入城市郊区化阶段，制造业、商业和人口迁出城区造成中心区的"空壳化"。人们为了追求生活质量、延长寿命而迁出中心区。住房、小汽车、通信及医疗设施的普及与健全也使人们迁至郊区成为可能。人们普遍将住房选择在距市中心区一小时车程以内的干道边和小城镇中。城市延伸展轴向外扩展 20 公里以上，空间结构呈放射状。美国曼哈顿与周边几个区就是这种典型的放射状结构。

与沈阳中心区相比，浑南正好处于不足一小时车程的边缘区位，似乎是理想的居住地段，所以"挺进浑河南"使人们很容易想到盖别墅、大量迁移人口。这显然失之于简单化。与西方国家相比，中国的城市发展正处于"集中城市化"阶段，人们在中心区享受着城市集聚和规模扩张所带来的好处。虽然沈阳作为老工业基地，交通拥挤，空气、环境质量不尽如人意，但沈阳市居民还远不具备在边缘区位居住的条件。

西方发达国家有这样一个规律：收入越高的阶层，越远离市中心区居住。而我国的居民收入较低，以工薪阶层为主。据北京的一份资料显示，在郊区购房的75%是公司，10%是海外富商或华侨，只有5%是城市高收入居民。我国的私人汽车拥有率也很低，北京每百户居民只拥有两部汽车。公交系统的不完善和捷运系统的缺乏，无法满足人们长距离快速出行的要求。即使具备上述条件，还存在基础设施、服务设施和系统的问题，如水、电、暖特别是子女入托、上学、车辆维护等。因此，中国目前城市郊区化的空间范围仅在十公里左右。如果马上启动在浑南新区成片开发住宅（含别墅），很可能形成高薪阶层不想去（他们在市内大都已有较好住房），工薪阶层又去不了（不具备上述条件）或不想去（工作单位大都在市中心区）的局面。

通过与西方城市建设情况的对比发现，我们与它们处于城市发展的不同阶段，因而必须有不同的城市发展思路和"打法"，简单照搬必然失败。那么，依托什么或者说以什么为核心来开发建设浑南呢？笔者的观点是，应该先培植产业，通过产业活动拉动、诱导人口迁移或居住。因为人口居住是"花钱"的活动，产业活动是"赚钱"的活动，人往"赚钱"处走。只要他认为那里的产业会赚钱，他就会感兴趣，就会有居住在那里的需要。

二、先培植什么类型的产业

接下来的问题是：先培植什么产业，或依托什么产业拉动人口迁移？依笔者之见，必须培植那些具有"集群效应"的产业，只有这样的产业才能带动浑南新区，拉动南部副城建设。

"集群"是企业竞争理论中的一个新概念。所谓集群，是指在某一特定领域内相互联系的、在地里位置上集中的公司和其他组织体的集合。事实上，集群是每个国家国民经济、区域经济甚至都市经济的一个显著特征，在经济发达国家尤其如此。美国的硅谷和好莱坞就是有名的集群。浑南建设也可遵循这一规律。比如，处于同一产业的几家公司、企业可拉动一批为它们提供原材料的供应商，提供基础设施的建设者，甚至延伸至销售渠道和客户。向侧面扩展，能够拉动一批辅助产品制造商，与技能技术或投入相关的产业公司和为产业提供专业化服务的培训、教育、信息技术支持的机构，如大学、标准制定组织、咨询公司、职业培训提供者和贸易联盟等。

集群理念认为，把相关性的业务活动一起迁居到同一地点，比把这些活动扩展到多个地点更为有利。集中研发、零部件加工、装配营销、客户支持，甚至一些相关业务均将在技术、信息、人力资源共享方面促进内部效率的提高。我国目前开发比较成功的一些地区，事实上都不自觉地遵循了“集群经济”理论。浑南建设如果借鉴这一理论，使具备集群效应的产业入驻浑南，人口迁移将不成问题。更为重要的是，产业活动是城市经济发展的根本、城市聚财的根本。没有产业活动创造财富，人们拿什么去消费？

三、依托哪些集群产业建设浑南

所有集群产业包含的实体、公司都可以沿着浑河南堤一字排开吗？答案无疑是否定的。任何违背客观实际生搬硬套理论或现成经验的做法都会使浑南建设误入歧途。应该承认，就浑河新区规划和浑河南堤的地理环境而论，新区（特别是沿南堤一带）是不大适合布置大批产业、公司的。

按照沈阳市总体规划，新区是“以生活居住、教育科研、高新技术产业、文化娱乐用地为主，合理配置商业用地”的“现代化花园式新城区”。如此看来，集群产业在浑南新区岂不是“英雄无用武之地”了吗？当然不是。我们注意到浑南发展规划中有两个重要的经济生长点：一个是国家高新技术产业开发区；另一个是“南部副城”的工业园区，即以苏家屯区为主的综合性副城中的工业园区。笔者认为，在这两个生长点布局集群产业可实现“依托集群产业开发浑南”的战略构想。

如果上述构想成立，紧接着的问题就是：什么样的产业有希望成长为未来集群产业的核心？按照区域经济理论，答案应该是那些代表未来经济发展走势、具有地区比较优势并能牵动沈阳城市经济发展聚集城市财富的产业。根据笔者对沈阳南部的直觉，这一核心产业应该是无污染的或生态型高新技术产业。诚然，我们容易从规划中发现两个重要的“经济生长点”，但是，进一步的生长点中的核心产业是什么？各生长点之间应该有着怎样的联系？这些重要的问题并没有引起人们的注意。根据集群经济理论，笔者把未来的浑南产业设想成四梯度不规则放射状的空间布局：第一梯度是以东大阿尔派为代表的一批高技术产业集团，提供集群产业的核心产品；第二梯度是南部副城的工业园区，为生产核心产品提供若干零部件、机器和服务等专业化投入及专业化基础设施（请注意这一园区的功能定位）；第三梯度是延伸至浑北的销售渠道、市场和客户；第四梯度是在适当区域布置的高知识产业（教育产业或大学城），除提供一般意义的教育以外，还为集群生产提供专业化的培训、教育、信息研究和技术支持甚至贸易合作等。这将是一个具有主从关系、分工相对明确的新兴产业集群。根据硅谷经验，产业集群从发育到成熟至少要经历十年甚至更长的时间（当然我们这里已有相当的基础了）。至此，不说自明，人口迁移已不是什么问题了。

四、政府应做些什么

就新区开发方式而言，大体可有两种类型：一种是产业主导或拉动型，另一种是政府规划或诱导型。这两种类型都有成功的先例。浑南开发应该把产业主导和政府规划有机地结合起来。这里的实质是政府和企业之间的关系。政府在与企业合作的过程中，必须清醒地认识到：应加强和建立现存的和正在出现的集群，而不是努力去创造一个全新的集群。成功的新行业和集群大都是从已有的行业和集群中脱颖而出的。它们一经形成，地区优势就已经存在了。集群发展初期主要是对专业化和竞争优势的追求，绝不是仅仅模仿其他地区成功了的集群。因此，提供优秀的商业环境、基础设施和配套服务，建立独一无二的区位条件成为了政府的首要职能。

另外，制定新区或集群产业的竞争或游戏规划成为了政府的重要职能。对于如何保护创业者的知识产权，反对垄断鼓励竞争等问题政府要有理性的政策跟进。政府决策部门必须清楚，并非所有的集群都会获得成功，因为最终起决定作用的是市场力量而非政府的决策。如果我们的设计成功了，也只能说是政府决策符合新区建设的发展规律，对区位优势有准确的把握并有效地运用政策杠杆使其发挥到极致。

（高闯，原载于《沈阳日报》2000 年 10 月 11 日第 5 期）

第四部分

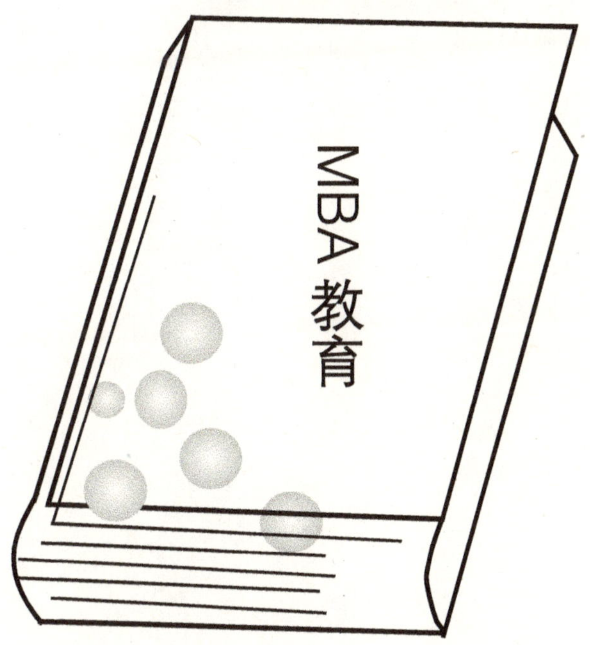

“哈佛学派”与“芝加哥学派”的兼容并蓄

2003年9月，由《财经时报》、新浪网、《世界经理人》主办，《人民日报》、中央电视台、凤凰卫视等19家新闻单位作为支持媒体的“中国最具影响力MBA排行”张榜公布。辽宁大学MBA中心跻身全国30强，成为沈阳地区唯一一家入榜院校。诺贝尔经济学奖得主、“欧元之父”蒙代尔亲自为辽宁大学颁奖。

此前，在经国务院学位办正式严格考评而认可的62所MBA院校中，辽宁大学也名列其中。

政府机构与权威媒体的双重认可，使MBA教育界向辽宁大学MBA中心投来关注的目光。经过8年的不懈努力和执着的探索，辽宁大学MBA已磨砺出了自己的办学准则和特色。尤为重要的是，实践证明，这种准则和特色顺应了中国MBA教育未来的发展走势。

辽宁大学工商管理学院院长、MBA中心主任、博士生导师高闯说，他所追求的是两个指标要素——质量和特色。“没有质量，你的MBA就无法融入世界MBA大潮；没有特色，你就没有办法发挥出自己的优势和核心竞争力。这里所说的质量，是个国际化概念；特色则是本土化或个性化概念。有意将国际化和个性化融合在一起，是辽宁大学MBA打出的‘当家牌’。”

辽宁大学MBA教育定位相当明确，即MBA教育不是培养企业家，而是培养职业经理人。企业家本身有天赋的成分在内，而为企业家打理日常管理业务的中高级管理人员是完全可以塑造的。高闯院长在阐述质量指标时，为了直观起见，引用了企业管理中的质量管理“工程五要素”概念。产品质量能否合格取决于生产能否达到以下五个要素：人（员工）、机（机器）、料（原料）、法（工艺方法）、环（操作环境）。一个MBA学生培养的质量也取决于这五个要素，教师、教具、教材、教法、教学环境。

辽宁大学 MBA 教育由于依托辽宁大学这所综合性大学，所以具备了综合大学的潜力和特点。辽宁大学所具有的浓郁的人文、社会科学底蕴，恰恰与 MBA 所倡导的通才教育相吻合。MBA 教学资格也打破了科系与学校的界限，吸纳了国内外著名的学者和企业界专家。

教法是 MBA 教学的灵魂所在。辽宁大学 MBA 教育倡导一种“哈佛学派”与“芝加哥学派”的“兼容学派”。MBA 教育在国际上有两个学派，一个是哈佛大学的案例教学学派，另一个是芝加哥大学的理论教学学派。“哈佛学派”培养出若干企业精英，“芝加哥学派”则拥有一批诺贝尔经济学奖得主。究竟哪种学派更适用于中国 MBA 教育呢？高闯院长认为，目前中国 MBA 生源中有 50%来自理工类本科毕业生，20%~30%来自经济管理类，剩下的则是来自其他学科。因此，未来中国的 MBA 教育应该更多考虑到中国学生的特点，尽量融理论教学与案例教学于一体，创造出一种兼容并蓄的学派，辽宁大学 MBA 教育其实已经为这一走向作出了实际探索和经验积累。

（高闯，原载于《沈阳日报》2003 年 10 月 30 日）

（本文由记者常玲整理）

中国 MBA 教育的国际化和本土化
——基于要素分析法的视角

一、问题的提出

中国 MBA 教育的国际化和本土化究竟是指什么？如何观察中国 MBA 教育国际化和本土化？能否用指标来衡量中国 MBA 教育国际化和本土化的程度和水平？

笔者认为，MBA 教育的国际化是指中国的 MBA 教育必须同其他国家的 MBA 教育，特别是西方发达国家的 MBA 教育处在一个平台上，即中国的 MBA 教育是国际通行的 MBA 教育，是具有国际可比性的教育；MBA 教育的本土化是指 MBA 教育必须针对中国的国情，针对中国的具体环境，针对中国 MBA 学生的具体情况。简言之，MBA 教育的国际化是指 MBA 教育的通用性，MBA 教育的本土化是指 MBA 教育的适应性。从这个角度来分析，可以设计两个核心要素来表达国际化和本土化：一个核心要素是质量，即用质量表达国际化的范畴；另一个核心要素是特色，即用特色表达本土化的范畴。没有质量，中国的 MBA 教育就无法融入国际 MBA 教育的大潮，没有特色就无法形成自己的核心竞争力，因而也就无法形成持久的竞争优势。所以，MBA 教育的国际化和本土化，MBA 教育的质量和特色是一个统一的范畴。

二、中国 MBA 教育国际化：质量五要素分析法

保证和提高 MBA 教育的质量是一个系统工程，涉及因素很多。本文应用质量管理学的工程质量五要素——人、机、料、法、环，来考核 MBA 教育的质量。

（一）人——教师、学生和管理人员

教师是 MBA 教育系统中具有教育功能的要素。这主要包括三个方面：①要有大师。1931 年清华大学校长梅贻琦曾经说过："所谓大学者，非谓有大楼之谓也，有大师之谓也。"即大学不是靠大楼和钢筋水泥来支撑的，而是靠大师来支撑的。②教师的平均水平。总体而言，名牌大学应该有众多一流的教师，但是二流、三流的学校内也不乏大师。③实践问题。教师不仅需要具备一定的专业理论水平和教学能力，而且还应有较丰富的企业管理实际经验，才能符合 MBA 职业性和务实性的教学特点，如案例教学和直接参与企业管理的实践性教学环节。中国目前从事 MBA 教育的教师大多数来自高校，他们理论水平较高，但缺乏对企业较为透彻的理解和实战经验，对于企业实际问题很难提出可操作、有针对性的解决之道，这对 MBA 教育质量有一定的影响。

生源质量直接影响到 MBA 教育的质量。MBA 教育的目标是培养企业经理人。MBA 教育本身是一个艰苦、残酷但又富有挑战的过程，只有那些高智商、高情商、具有管理潜质者才适于接受 MBA 教育，并有可能在未来的事业中有所成就。我国目前 MBA 招生采取的是全国统一联考，这在公平竞争、选择合格的 MBA 学员上起着有效的质量控制作用，但如何利用面试环节，加强对考生的综合考察判别，将真正具有管理潜质的优秀学员挑选出来，是我国 MBA 生源质量控制中需要重视的方面。

MBA 教育的目标很明确，学生的成才愿望很高，因而对教师的要求自然也很高。教学管理人员的责任是根据 MBA 的教学目标，对教师的教学工作做具体要求，制定检查评估制度，并通过组织学生及有关人员对教师的教学情况进行定期检查评估活动，对不合格的教师及时予以调换，从而保证 MBA 的教学质量。

（二）机——教学设备和教具

目前，各商学院已普遍运用电脑、视听设备等现代工具辅助教学，利用国际互联网和卫星传送等高科技手段进行远程教育，这些在一定程度上弥补了半脱产如 MBA 学员课时不足的缺陷。另外，网络技术使世界各地的学生与著名商学院知名教授的双向交互式的交流犹如现场教学。

从培养 MBA 对教学设施的要求看，商学院应为学员提供具有公司化特征的学习环境和现代化的教学设施。椭圆梯形案例室和小组讨论室不仅有利于消除师生之间和学员之间的视角差异和对立心理，而且为课堂案例讨论和课后小组学习提供了模拟公司讨论问题和进行决策的环境；配备网络和多媒体教学设施的教室，则把课堂和商场联系在了一起，使学生犹如身临其境。

（三）料——教材

按 MBA 教育的特点和企业家的素质要求设置的课程体系，是构建 MBA 宽广、综合、务实的知识结构的基本途径。我国借鉴国际通行的 MBA 课程模式，集全国综合性大学、理工科大学和财经类大学课程特色为一体的 MBA 指导性课程体系及各门课程的教学大纲，已成为我国各院校 MBA 课程设置的依据和组织、实施各门 MBA 课程教学的参考标准，同时也是评估 MBA 教学质量的主要依据之一。

该课程体系从总体上体现出 MBA 教育的特点，可保证 MBA 人才合理知识结构的形成，例如，围绕企业管理而开设的财务会计、市场营销、生产管理等课程，以及专业方向性选修课，体现了务实性、职业性的特点和要求；运筹学、管理统计学、计算机技术等课程体现了文理渗透的时代要求；商务英语、国际商务等课程体现国际性特点和要求。目前应考虑的是精简课程内容和课时，开设知识整合性课程以及反映信息时代商业活动特点的课程，优化整个课程体系功能，提高 MBA 课程设置和体系构建的质量。

按照这样的课程设计选择教材必须符合 MBA 教学的特点，符合 MBA 学生的素质提高和其工作实践的要求。

（四）法——教学方式及方法

方法是实现系统目标的主要手段。在MBA教育上最著名或者各执一端的有两种方法：①哈佛大学商学院首创的案例教学法，它已成为MBA教育中的经典教学方法之一，被许多商学院效仿。案例教学法试图让学生实现由“知其然”到“知其所以然”的转变。②由麻省理工学院、斯坦福大学、芝加哥大学等推崇的理论教学法，因为它们相信智慧是不可言传的，只有理论可以。这两种方法孰优孰劣，如何选择？其判断依据有两个：第一，要弄清楚MBA教育要给学生的是什么？MBA教育教给学生的是管理，管理首先是科学，科学是内在的运行规律；管理又是实践，只有实践才能体现管理的价值；管理又是一种技巧和艺术，但是万变不离其宗，万变不离其形。第二，MBA培养的对象的知识结构决定了我们既不能尊崇“哈佛学派”，又不能尊崇“芝加哥学派”，因为我们缺乏市场结构化的知识。我国的经济、文化、社会背景与先进国家存在着较大差异，在直接引用国外的MBA教学内容特别是使用国外的教学案例时，国内学员往往很难深刻理解或进入角色，并且感到案例内容与自己所从事的工作相距甚远。另外，由于我国与美国等国家经济、政治体制不同，因此不少理论在应用及进行价值判断时会出现很大的偏差。

鉴于此，在引进国外MBA教学内容和教学方法时，应结合中国的环境、实际情况和学员的特点加以改造，正确处理好引导、吸收与消化的关系，既坚持向国际水平看齐，又重视消化吸收。

（五）环——环境

优秀的心理素质是决定MBA未来事业成功的关键因素，它是先天素质和后天环境与教育相互作用的结果。校园文化环境在培养造就MBA必备的心理素质中具有重要的影响和作用。通过校风学风、课外小组或专业团体活动、教学管理制度、杰出校友的榜样等属于校园文化范畴因素的潜移默化影响，使学员的心理素质得到发展，形成敢于成功的自信心、敢于竞争的胆识、坚忍不拔的意志、善解人意和自我调控的情商，以及不断进取、自我实现的价值观等。然而，校园文化在造就MBA卓越心理素质上的功能还远未引起我国大多数院校的足够重视。

三、中国 MBA 教育本土化：特色三要素分析法

中国 MBA 教育的特色可以从三个层次加以分析，即 MBA 教育的总体特色、区域特色（行业特色）以及各个学校的 MBA 教育特色。

（一）MBA 教育的总体特色

我国的 MBA 教育起步较晚，但发展势头迅猛，受重视程度高，它是近年来国内研究生教育中发展最快的一个领域。国内一些著名的商学院，如北京大学光华管理学院、清华大学经济管理学院、中欧国际商学院等开始重视有国际知识背景的和有企业工作经验的师资，大量吸收有国际化背景和实践经验的教师加盟 MBA 教育。MBA 教育越来越多地采用具有中国特色的教学案例，在学习实践活动的安排上也更贴近中国的实际情况，学生学到的专业知识和获得的管理经验在中国更具有实际意义。

（二）MBA 教育的行业特色

随着市场竞争日趋激烈，传统的“所有的人都适合一种规格”的营销观念已过时了，“大众化营销已走向死亡”。近年来，国内外越来越多的企业开始选择走专业化的发展道路，专业化发展的公司自身的行业特色就十分清晰。因此，这些公司绝大多数都希望招聘的员工（特别是经营管理岗位的员工）具备本公司所属行业的专业知识和专业能力，以提高企业的竞争能力和经营管理水平。对商学院来说，一个专门行业中的企业（如果这些企业愿意聘用 MBA 毕业生）就构成了一个“细分的市场”。各商学院可以根据自身的能力和相关行业对 MBA 毕业生需求的情况，选择一个或几个行业（如银行业、汽车业、日化行业等）作为自己的“目标市场”，这样培养出来的毕业生就能有针对性地满足行业的要求，同时也强化了自身 MBA 教育的行业特色。这种以“细分的市场”为导向的培养模式是与企业专业化的发展趋势完全吻合的。

（三）各学校 MBA 教育的特色化

在确保质量的基础上，更高的要求则是要强化特色和品牌。综合性大学 MBA 教育项目要办出综合性大学的特色；行业院校 MBA 教育项目，要办出行业院校的特色；地处不同区域的大学也可以办出具有浓郁区域文化特色的 MBA 教育项目，比如，具有齐鲁文化、燕赵文化、中原文化、荆楚文化、岭南文化、巴蜀文化、吴越文化、关中文化、三晋文化等文化特色和内涵的 MBA 教育项目。总之，通过价值创新和差异化竞争，各个培养院校都可以使自己的 MBA 教育质量过硬、特色鲜明。事实上，各院校普遍认识到，专业的特色化、课程的特色化、活动的特色化是建立竞争优势的重要途径。经过不断探索，许多学校已经形成了自己的 MBA 教育特色：如中欧商学院 MBA 教育的国际化程度很高；北京大学光华管理学院培养的 MBA 综合管理能力强、视野开阔；清华大学 MBA 教育注重学员分析问题和解决问题能力的提高；中国农业大学培养的 MBA 在期货管理方面和农业管理方面具有相当强的竞争优势；电子科技大学的 MBA 教育项目以 IT 方向的技术管理为特色；西北工业大学 MBA 教育强调的是高科技项目管理特色；大连海事大学和上海海事大学 MBA 教育突出的是物流管理特色；中央财经大学 MBA 教育将金融作为专业特色；南京航空航天大学 MBA 教育选择依托航天航空和民航业形成专业特色；浙江大学 MBA 教育突出围绕创新和创业形成了“双创”特色；等等。[①]

四、辽宁大学 MBA 教育国际化和本土化：探索与思考

辽宁大学 MBA 从获准培养 MBA，到工商管理硕士教育中心正式成立；从顺利通过国务院学位委员会办公室教学质量评估，到获准自主确定春季 MBA 招生录取分数线和招生名额；从成为辽宁省高等学校高级经营管理人才培养培训基

① 2008 年全国 MBA 教育指导委员会第三届六次全体会议暨 MBA 培养院校管理学院院长联席会议纪要。

地，到两度入选《世界经理人》杂志的“中国 MBA 最具影响力前 30 名排行榜”和“中国 MBA 最具影响力排行榜”，辽宁大学 MBA 教育已走过了 10 年历程。10 年间，我们对 MBA 教育的国际化和本土化进行了有益的探索。

（一）通过国际化塑造辽宁大学 MBA 教育品牌

MBA 教育的品牌建设依托于学校的品牌。辽宁大学充分发挥与国外、境外著名院校的友好合作关系，将“走出去”与“请进来”相结合，形成辽宁大学 MBA 教育的国际化特色，并通过国际化带动辽宁大学 MBA 教育的品牌建设。

作为国家“211”工程建设院校和辽宁省唯一一所综合性大学，辽宁大学 MBA 教育中心充分利用辽宁大学经济学科、管理学科丰富的教育和科研资源，在师资队伍的选择上，注重任用有留学背景的教师，组建了一支以有海外留学背景的青年教师为主体、以辽宁大学博士生导师和教授为支撑的教学科研队伍；辽宁大学 MBA 教育针对目前企业处于全球化背景的现实，在课程设计上增加国际商务及管理的内容，让学生能够理解全球商业背景下的混合文化和个体的多样性，增强全球文化意识，从而提高他们在新的、不断变化的环境中分析问题、解决问题的能力。辽宁大学 MBA 教育中心充分利用校内外各种资源优势，开展广泛的国际合作和交流，先后邀请美国印第安纳州立大学、日本关西大学、韩国首尔大学、澳大利亚昆士兰大学、俄罗斯伊尔库茨克大学等学校的教授开设讲座，训练学生的开放性思维及汲取管理科学前沿新知的能力；先后派出优秀青年骨干教师到美国康奈尔大学、英国曼彻斯特大学、美国特洛伊大学、美国贝密基大学、澳大利亚昆士兰大学、比利时根特大学、韩国首尔国立大学等大学进修学习，提高他们应对教育国际化的意识和能力。

（二）利用区域化突出辽宁大学 MBA 教育特色

MBA 教育的发展要走特色化道路。自国家实施振兴东北战略和强力打造环渤海经济圈以来，辽宁省经济迅猛发展，连续多年保持了 12%以上的增长速度，辽宁省的大企业通过集群化、国际化不断做强做大，为辽宁经济发展作出了巨大贡献。与此同时，大企业在进一步走向国际市场的过程中急需管理人才；大企业的发展也对企业管理者的能力和素质提出了新的更高要求。辽宁大学地处辽宁省省会沈阳市，沈阳市是辽宁省政治、经济和文化中心。因此，辽宁大学 MBA 教育依靠地理位置及区域优势，根据地方社会经济发展的实际需要，培养高层管理经营就成为了一种必然选择。

多年来，辽宁大学 MBA 教育结合区域经济发展特点，将培养目标定位在培养具有丰富的跨国经营管理与风险控制能力、具有卓越的领导艺术与战略决策能力、具有积极的创新变革能力和高度社会责任感与良好商业道德的商界政界管理人才；辽宁大学 MBA 教育中心在借鉴国内外著名商学院 MBA 教学经验及中国企业丰富的创业经营实践的基础上，逐步形成了一套具有自身特色的教学方式，在注重理论教学的同时，积极进行本土化、区域化案例的开发，探索基于问题的教学方法，让学生成为教学的主体，教师和学生相互平等，从而形成毫无偏见的学习气氛，激发学生的学习兴趣和热情。同时，辽宁大学 MBA 教育中心充分利用与区域内企业建立的良好合作关系，设计建立了中深集团研究生实习基地、辽宁红塔集团研究生实习基地等，使 MBA 学生有机会检验理论与实践的结合程度。

截至 2008 年底，辽宁大学 MBA 教育中心已招收学员 22 届，人数为 1793 人，有 1218 人获得 MBA 学位，有不少人成为各类企业、政府部门的高级管理人员，他们为国家和地方社会经济发展作出了重要贡献。

在未来 MBA 教育国际化和本土化结合的实践中，我们将关注国内外 MBA 教育的发展动向，探索 MBA 教育“知识—能力—品格”三位一体的培养模式的适用性，更加注重对学生学习能力、思维能力的培养，强调精神的塑造、价值观的传承，而非单纯的知识技能传授；更加重视本土管理实践和理论的结合，加强本土案例的编写和应用，尽量使案例成为管理现场的立体还原，而不是抽象叙述和理论层面的总结，力争让更多的既有深厚的理论基础又具有丰富的实战经验的教师、既可以传道又可以授业的教授加入到 MBA 教育中来。

参考文献

[1] 王文超. 中外 MBA 教育的比较研究 [J]. 科技与管理，2007 (4).

[2] 章达友. 中国 MBA 教育质量控制系统分析 [J]. 厦门大学学报，2001 (4).

[3] 苏磊. 西方 MBA 教育的特色教学 [J]. 现代企业教育，2006 (7).

[4] 俞国梅. 上海交通大学 MBA 教育发展战略研究 [J]. 安徽工业大学学报，2007 (5).

[5] 王明辉. 美国 MBA 教育质量评估与管理评析 [J]. 中国成人教育，2008 (2).

[6] 郑绍濂. MBA 教育不能用本土化代替国际化 [J]. 中国高等教育，2001 (21).

[7] 应斌，等. 瑞典德隆大学 EMBA 教育研究 [J]. 比较研究通讯，2008 (8).
[8] 菲利普·科特勒. 营销管理 [M]. 上海：上海人民出版社，2004.

（高闯、李雪欣，原载于《学位与研究生教育》2009 年第 11 期）

纵论 MBA 教育质量“工程五要素”

国际化与本土化是两个比较宽泛的范畴，因此，需要搭建一个分析框架来展开讨论。MBA 教育的国际化与本土化究竟是指什么？笔者认为，MBA 教育的国际化是指中国的 MBA 教育必须同国际上通行的特别是发达国家的 MBA 教育站在同一个平台上。而本土化则强调要针对中国国情、中国 MBA 学生的情况去开展 MBA 教育。进一步地，能不能寻找到相应的指标来表达这两个范畴呢？我们发现，质量和特色这两个指标比较合适。前者强调通用性，可用于国际比较；后者强调适用性和个性化。没有质量，中国的 MBA 教育就无法融入世界 MBA 教育的大潮；没有特色，我们就无法发挥自己的优势，形成核心竞争力。可见，质量是国际化的概念，特色则是本土化概念。中国的 MBA 教育要在世界舞台上立足，必须将国际化与本土化有机融合。在这方面，中国的 MBA 教育还存在不少问题。借用质量管理学的术语，产品质量如何取决于质量“工程五要素”，即人、机、料、法、环。MBA 教育质量的高低也取决于五个要素：教师、教具、教材、教法和教学环境（特别是体制环境）。中国的 MBA 教育在这五个要素上均不同程度地存在问题。其中，教师、教法和教学环境尤为重要。

MBA 教育质量的高低，同培养对象直接相关。因此，在展开分析之前，必须对培养目标有一个准确的定位。随着 MBA 毕业生的增多，社会对 MBA 的讨论也多了起来，有两种极端的认识值得重视：一种是“神秘说”，以为商学院是“炼金炉”，可以把 MBA 学生变成张瑞敏、韦尔奇。另一种是“泛滥说”，认为商学院培养学生与实践相脱节，“中看、中听，不中用”，不要对他们抱什么幻想。显然，这两种认识均与我们对培养目标定位模糊有关。时下社会流行的说法认为 MBA 的目标是培养优秀的企业家（或后备军），结果把企业的胃口越吊越高。笔者则以为，商学院的任务是培养为企业家（或总裁）打理经营管理业务的职业经理人员（这当然不是说 MBA 学生不能出企业家）。这些人既要学会创造性地工作，更要学会规范性地工作。不想当将军的士兵固然不是好士兵，但不当好士兵就不能让他当将军。所以，商学院的宗旨应该是使学生学会像总裁一样去思考，像秘书一样去工作。

现在，我们可以讨论 MBA 教育工程的五大要素了。在这五大要素中，关键是什么？是教师。教师队伍建设决定 MBA 教育的成败。中国的 MBA 教师队伍建设至少有三大问题必须解决：首先是商学院要出 MBA 教育大师。20 世纪 30 年代初，时任清华大学校长的梅贻琦先生曾说过："所谓大学者，非谓有大楼之谓也，有大师之谓也。"大学乃大师云集之地，但中国大学的大师不多，而专事 MBA 教育的大师更是寥寥无几。这固然与我们开展 MBA 教育的历史短暂有关，但更与我们对 MBA 教育的认识有关。MBA 教学不同于一般教学，对教师素质有特殊要求，在书斋里和课堂上很难训练出来。从这个意义上说，出大师难，出 MBA 大师更难。其次是提升教师队伍的平均水平或总体水平。专门从事 MBA 教育的教师本来就不多，再加上 MBA 教育属于"通才"教育范畴，人们以为什么人都可以从事 MBA 教育，结果这几年教师改弦更张做 MBA 教师的相当普遍。这肯定会影响 MBA 教育的质量。最后是教师的训练方式问题。我们的教师必须走出国门，以解决教学方式问题。必须走入企业，以解决教学实践问题。

如果说教师队伍建设是关键，那么，教法（教学方式）的选择就是 MBA 教育的核心问题。谈到教学方式，人们自然会想到案例教学。社会上甚至有一种观点，认为哈佛大学商学院的一门课程就是由若干个案例组成，因此 MBA 教学就是案例教学，案例教学是中国 MBA 教育的必由之路。这实在是一种误解。笔者想指出的是，过去中国高校的课堂上没有案例教学，而 MBA 更需要案例教学，所以，中国的 MBA 教育必须首先通过案例教学关。甚至可以说，能否"过关"，是中国 MBA 教育成败的一个重要因素。但案例教学并不是 MBA 教育的全部。事实上，即使在美国，MBA 教育也一直沿着两条轨迹发展："芝加哥学派"和"哈佛学派"各执一端，各领风骚。MBA 教育究竟应以理论熏陶还是实务训练为主，多年来一直争战不休。2002 年秋，管理学大师亨利·明茨伯格（Henry Mintzberg）撰文批评理论导向的教学模式，穷七年之功打造了一个全新的"国际实践管理硕士"项目，在商学院产生了强烈反响。与此同时，崇尚理论导向的学者抨击实务导向模式，与明茨伯格的观点相映成趣。他们认为，"商学院并不是一种职业学校。作为综合性大学的一个独立的学术单元，商学院同其他院系、学科一样，需要以理论研究和学术活动来为自身赢得承认和尊重”。如此大相径庭的取向，原因出在哪里？依我之见，盖出于人们对管理活动的性质缺乏深刻的认识。殊不知，MBA 教育的目的是指导学生独立处理各类复杂的管理问题。而管理既是一门科学，也是一种艺术，还是一种技巧。管理是科学、艺术与技巧的有机结合，因此理论与案例都不可以偏废。更何况，中国的 MBA 学生一般来自理工科，首先就需要接受系统的理论训练。即使是案例教学，也不是说提供的案例越多越好，而是通过案例检验学生是否掌握了分析案例的理论和工具。企业实践中无法找到同一“模本”的案例，但分析案例却有基本的理论和工具。

教学环境是 MBA 教育质量的重要组成部分。我在这里强调制度环境（或体制环境），至少有两点必须引起重视：一点是如何考核 MBA 教师。我刚刚讲过教师队伍训练问题。我提出教师要走出校门，走进企业。但这就“逼”出来一个问题：教师的考核制度必须改革。对 MBA 教师的考核，首先不是看（当然不是说不看）其发表多少学术文章，而是看他编写多少案例。编写的案例越多，质量越好，授课越精彩，职称、薪酬都应该越高。只有这样，才能使教师走进企业，才会“逼”出一批中国 MBA 教育大师。另一点则是如何考核学生。现在学生考核方式仍然是一种“应试型教育”，从入学考试到整个培养过程。入学考试非常有利于“应试型考生”。因此现在学生素质与 MBA 培养目标的距离越拉越大，每况愈下，令人担忧。另有些学生一考几年，考上才罢休。我实在搞不清楚是由于考试制度落后而误人子弟，还是根本就没有什么培养价值，本不该录取。入学以后，学生每门课程的考核仍然承袭传统的考试方式——闭卷笔试。这除了传统考试习惯的作用以外，更因为国家会派出考核组对 MBA 院校进行评估，而试卷及其命题、成绩等则是一个重要的考核内容。各 MBA 培养院校只好以此方式“时刻准备着”接受检查。MBA 学生所做的论文也有很大的比重不反映 MBA 教育的特点，难以真正考核 MBA 学生的处理复杂管理问题的能力。总之，从“应试型教育”方式向“能力型教育”模式转变，是中国 MBA 教育面临的一个重要任务。

关于特色问题，我们在谈到工程质量三个要素时已经涉及。每个地区、每个产业、每所院校各有自己的背景条件，因为 MBA 教育的特色只能因地区、行业和院校而异。著名营销大师菲利普·科特勒认为，“没有哪条发展道路是最好的，通过分析每条发展道路的优劣，政策制定者可以选择最合理的道路”。辽宁大学是国家重点建设的“211”百所院校之一，是一所综合性大学，仅经济管理学科就有 2 个一级学科博士学位点、3 个博士后流动站和近 20 个博士学位点。综合性大学浓郁的人文社会科学底蕴，恰好与 MBA 这种“通才”教育的要求相吻合；经济管理类作为学校的强势学科，又与 MBA 教育的专业性要求相一致，再加上东北振兴这一难得的历史机遇，就有可能打造出自己的特色。依我之见，国际化的问题首先是师资，而不是学生。但通过 MBA 项目的国际化合作，可以达到“一箭双雕”的效果。所以我们除了引进有海外 MBA 教育背景的教师、向国外著名大学选派教师以及聘请外籍教师领衔主讲 MBA 核心课程外，还与美国印第安纳州立大学和贝密基大学合作培养 MBA。针对东北经济的特征和教师资源存赋以及增量空间，学院还在教学战略上作出调整，拟开设企业创业与经营、项目管理及物流管理三个专业方向，以适应民营经济发展、国有企业转制以及物流产业发展的需要。

（高闯，原载于《瞭望》2006 年第 7 期）

商学院究竟能为企业做些什么

前不久，沈阳市组织了一次别开生面的MBA案例思辩会。由于公出在外，我没能应邀赴会。后来，我浏览了媒体对这次思辩会的报道，深感沈阳人才市场为社会做了一件大好事，拉近了商学院与企业、理论与实践的距离。感奋之余，也进行了一些思索。

十多年来，有近2万名MBA学生走出了中国商学院的圣殿。随着MBA毕业生的增多，社会对MBA的议论也多了起来。有两种极端的认识值得一提：一种认识期望值过高，以为商学院是“炼金炉”，可以把MBA学生变成张瑞敏、韦尔奇。另一种认识期望值过低，认为企业管理不是可以在商学院里学出来的，而是在实践中作出来的。因此，商学院毕业的MBA“中看、中听，不中用”，不要对他们抱什么幻想。无论哪一种认识，首先都涉及一个最基本问题：商学院究竟应该为企业做些什么？商学院究竟能为企业做些什么？这是我，一名商学院的院长无法回避的问题，是一个必须诠释清楚的问题。

MBA教育始于20世纪初期的哈佛商学院，但直到50年代末，它还仅仅被当做是一种专门的职业训练。1959年，著名的《戈登—豪威尔报告》(Gorden-Howell Report）问世，严厉抨击把商学院办成职业学校的做法，提出要重估MBA教育，对商学院的发展产生了深远的影响。事实上，从那时起，美国的MBA教育一直沿着两条轨迹发展：“芝加哥学派”的理论教育和“哈佛学派”的案例教学各领风骚。前者强调系统知识的训练，后者则重视实战能力的培养。在美国，MBA教育究竟应以理论训导还是实践训练为核心多年来一直争执不休。

2002年秋，管理学大师亨利·明茨伯格（Henry Mintzberg）撰文批评“理论导向”的MBA教育模式，认为这种模式是因为错误的理由用错误的方法教育错误的人。他说这种教育更大程度上是B（Business）而不是A（Administration)：“它们大多是关于工商管理的各个专业功能，而不是管理实践本身。商学院招进那些没有多少管理实践的年轻人，给他们充实各种理性分析能力。这些年轻人最终被培养成各专业功能的独立专家，而不是善于合作的管理者。”明茨伯格先生强调管理的实践性，穷七年之功创立了一个全新的管理教育模式——“国际实践管理硕士”项目（International Master in Pricing Management，IMPM）。IMPM 不是按营销、财务和人力资源等专业分工而是按照一名管理者应该具备的心态来设计课程，并创造了许多把管理教育延伸到课堂之外的卓有成效的方式。IMPM 模式在商学院产生了强烈的反响。

与此同时，另有一些学者强调商学院的发展重在学术研究，抨击“实务导向”的 MBA 教育模式，与明茨伯格的观点相映成趣。这些学者强调“商学院并不是一种职业培训学校。作为综合性大学中的一个独立的学术单元，商学院同其他院系、学科一样，需要以理论研究和学术活动来为自身赢得承认和尊重”。他们指出，“商学院具有研究（知识和创造）与教学（知识传播）的双重任务，但大多数商学院都只想到后者而忽略了前者”。突出的表现就是把商学院作为一种培训经理人员的“职业训练学校”（Vocational Training School）。学者们指出，所谓 MBA 教师应该既有理论知识又有实践工作经验的说法是一个广为流传的谬论。事实上，美国商学院的师资，特别是那些冠名、讲座教授，几乎全部是纯粹的理论研究人员，毕竟商学院与咨询公司有着不同的定位。

如此大相径庭的取向，原因出在哪里？依我之见，是出于人们对管理活动的性质缺乏深刻的认识。殊不知，管理既是一门科学，也是一种艺术，还是一种技巧（或手艺）。管理是科学、艺术与技巧的有机结合。如果连这一点都搞不清楚，如何准确定位商学院的使命？而商学院的使命定位不准确，又根据什么去设计 MBA 的教学活动？因而出现上述分歧也就不足为怪了。可以认为，无论是“理论导向”还是“实务导向”均有失偏颇，都是对管理本质缺乏认识的表现。

究竟怎样依据管理活动的性质去设计我们的 MBA 教育模式呢？教育的目的是训练学生能在今后的一生中自己教育自己。推而言之，MBA 教育的目的就是指导学生能够自己独立处理各种复杂的管理问题。因此必须首先使学生掌握分析问题的理论、工具和方式，即“科学”范畴或“理性分析”范畴。要知道，任何财富的获得都起源于思想，这是我们必须把握的首要之点。然而，思想再好也不过就是思想，唯有行动才是现实，行动是使思想成为现实的唯一手段。因此，学生还必须学会运用科学理论去处理各类复杂问题的管理艺术、学会落实方略的管理技巧或手艺。这就是要用到案例教学。案例教育的目的不是提供的案例越多越好，而是要通过案例检查学生是否掌握了分析案例的理论和工具。企业实践中无法找到同一“模本”的案例，但分析案例却有基本的理论和工具。最后，学生们还应该走出案例分析的“实验室”，进入企业或者创立企业进而开展各类管理实践活动，如现场研究、交换访问和创业活动等。这大概便是MBA教育的“三步曲”或者说是商学院应该为企业所做的事情吧。

现在，我们来剖析上述两种极端的认识。第一种认识的“误区”在于把企业家与职业经理人混为一谈。企业家是一种天赋，他们有着特有的甚至是与生俱来的发现“市场机会”的直觉，是市场的“开拓者”和战略决策者。而职业经理人是专指那些为老板打理日常管理业务的人。商学院的使命是培养职业经理人而非企业家，这当然不是说MBA学生中不能产生企业家。MBA学生要努力学会像总裁一样思考，像秘书一样工作。不想当将军的士兵不是好士兵，可做不好士兵也不能当将军。第二种认识搞不清管理活动的性质，片面强调管理的实务特征，否认管理的科学属性。案例思辩会MBA学生的发言、答辩及争论，充满着智慧和理性的光辉，绝非“职业培训”能够达到，而是因为“MBA学子理论功底非常扎实，对企业管理研究很深”。

案例思辩会所折射出的是设计者的睿智和中国MBA的希望。据盖洛普的一项调查估计，按中国的企业数目及其需要的经理人估算，中国一年至少需要30万名经理人，而目前每年从商学院毕业的MBA还不足2万人。更何况，MBA毕业生越多，越能促进经济增长，而经济越繁荣，企业对MBA的需求量就越大。我相信今后会有更多成功的“案例思辩会”设计者，会有更多的MBA优秀学子不断弥补社会发展所急需。

（高闯为2006年7月在沈阳举行的“中国MBA案例教学思辩会”而作）

现代大学“智囊团”：理论、实践与制度安排

现代大学出现了一个令人瞩目的现象：大学已经逐渐演变为“多元化巨型大学”，大学内部的管理活动也愈发复杂。同时，随着大学所处的外部环境在不断变化，大学之间的竞争也日趋激烈。因此，单凭几位校长的经验和知识已无法应对学校中几乎全部的决策、指挥及各项管理活动。于是，现代大学内的“智囊团”应运而生。这一新生的专事战略规划、政策咨询以及院校分析的研发机构尽管称谓各异，具体职能不尽相同，但都对其所在院校的决策和管理起到了非常重要的咨询和指导作用。在美国，几乎每一所大学都设有专门从事此类研究的机构。设立这种专业化的研发机构，已成为美国大学一项重要的制度安排，这与美国大学的迅速发展不无关系。

在我国，随着高校的迅速扩招，大学之间的竞争日趋加剧，一些大学也开始纷纷设立诸如高等教育研究院（所）、政策研究室或战略规划处等部门。观察发现，这些机构由于无法独立发表意见，或者演变为仅仅为学校领导开会提供资料、讲话稿或报告的部门，或者演变为远离本校实际的“纯粹的”学术研究机构。距现代大学内“智囊团”的性质和应承担的职能相去甚远。因此，解读并合理设计现代大学“智囊团”，对于建立现代大学治理制度、实现我国大学的科学发展具有重要的理论价值和实践意义。本文首先解读现代大学“智囊团”的性质、功能和作用，其次结合美国大学“智囊团”来分析我国大学教育研究机构的现状及问题，最后提出若干机构类型选择的依据和建议。

一、“智囊团”的理论解读

在现代社会，决策问题复杂，情况瞬息万变，未知数多到成串连环，领导者决策的难度极大地增加了。一项决策光凭领导者个人的经验、知识和智慧显然不够了。甚至由于依据缺乏，判断错误，制定的方案欠妥、失时误事，会造成不应有的损失。因此，要在事业上获得成功，当代的领导者必须掌握一整套现代科学决策的理论、程序和科学素养。有了看家本领，得心应手，胸有成竹，方可掌握全局。顺应潮流发展的趋势，一种专为领导者提供各种咨询服务机构即“智囊团”应运而生。这种由专家、学者及专业人士组成的咨询机构，其功能就是填补现代领导职责与能力之间的差距，就是内行专家通过各种途径为领导决策提供正确可靠的科学依据，协助领导者下决心定方案。美国兰德公司就是这样一个以智慧、创造力和咨询业为特征的现代智囊群体。20 世纪 50 年代初中国抗美援朝出兵朝鲜、60 年代中期苏联卫星上天，兰德公司都作出了准确的预测。70 年代初中美建交，兰德公司也立下汗马功劳，兰德公司因此而享誉世界。现代“智囊团”也由此被称为领导决策的“外脑”和“耳目”。

大学“智囊团”是专门就本校的战略规划、政策制定提供决策咨询的研究机构。它是一个大学信息的处理器，还是一个决策知识的培训部，更是一个领导决策的智囊团。他的基本活动是信息捕捉、整理、分析、调研、判断、建议、指导、策划。与社会“智囊团”相比，大学“智囊团”的基本职责是为本校服务。大学的“智囊团”虽不属晚进发展，但比社会的“智囊团”逊色许多。原因复杂，这里不拟研究。其中之一，便是其制度安排出现些偏差。尽管如此，作为活跃在大学舞台的一支充满智慧和创造精神的有生力量，大学“智囊团”在大学战略规划和各类管理政策制定的过程中，仍然起到了不可或缺的重要作用。现代大学之所以设立这样一个专门的“智囊团”为学校决策服务，有其客观的必然性和必要性。

(一) 大学“智囊团”解读

首先，设立大学“智囊团”是现代大学管理分工细化的必然产物。一部人类社会的发展史，实质上就是一部社会活动分工不断细化的历史。分工带来专业化，专业化提升了效率，效率使社会发展的脚步加快。随着大学规模的不断扩大，大学管理的分工也日益细化，出现了决策与监督、多谋与善断、指挥与执行的分离，现代大学的组织机构分化为决策系统、指挥系统、监督系统和咨询系统。决策系统是现代大学的最高领导机关，是大学管理的灵魂。西方的决策系统是校董会，我国的决策系统是党委会。指挥系统由负有专责的校长们组成，他们执行决策系统的各项指令。如果说决策在于多谋善断，指挥则强调精明强干。监督系统根据决策系统的指令对指挥系统进行监督，以保证执行指令准确无误。现代大学管理的一个最突出的标志是出现了咨询系统。它是从事战略与政策研究、协助校领导决策的智囊机构。现代决策的成败在于“善断”，“善断”的基础是“多谋”。许多糟糕的大学决策就是处在那些“情况不明决心大，知识不多点子多”的领导身上。这里的“情况”主要由咨询系统提供。咨询就是在做“多谋”的工作，而“足智”才能“多谋”。从这个意义上说，咨询活动非常人所为也。孔子曰，“闻道有先后，术业有专攻，如是而已”。人非圣贤，现代领导也不例外。由于人的“有限理性”，加之时间、精力的制约，可以想见，如果没有“智囊团”的大量咨询活动，现代领导长出“三头六臂”，决策的科学性也是很难得到保障的。

其次，设立大学“智囊团”符合利益相关者群体构成的组织系统，决策者按照各类利益相关者群体的意愿，确立并处理着各类利益相关者群体之间的关系，其目的是使各类利益相关者群体之间的利益最大化趋同，或使各类利益相关者群体之间的矛盾趋于最小化。一般而言，利益相关者是指可以影响高校的战略成果或受其影响的教师、学生、政府、社会组织等个人或群体，包括资源利益相关者、服务利益相关者、高校内部利益相关者，其构成见表 1。

现代大学中各类利益相关者群体之间存在着大量纷繁复杂的矛盾和问题，如果领导事必躬亲，不是因情况不透彻仓促决策招致群众不满，就是由于时间不充分难以权衡轻重导致避重就轻或顾此失彼。由专门的“智囊团”从从容容进行政策分析、评估、预测乃至文件制定，领导审时度势“拍板”决策，就可能

表 1 高校三大利益相关者群体

资源利益相关者	政府、科研经费的提供者
	校友及捐赠者
	向学生和学校发放贷款的银行
	奖学金设置者
	各种学术活动评审委员会和委员
服务利益相关者	政府、科研经费的提供者
	毕业生供职的机构、企业
	学生及其家庭
	普通民众
高校内部利益相关者	教师、研究人员
	行政管理人员
	学生
	其他员工

资料来源：彭兰. 关于我国高校制定与实施发展战略规划的思考. 教育决策与管理，2005（4）.

使各类利益相关者群体之间的矛盾趋于最小化，或最大化各类利益相关者群体之间的利益。

（二）设立大学“智囊团”的必要性

首先，设立大学“智囊团”是现代大学科学发展、可持续发展的根本性需求。科学发展观不仅是我国经济社会文化发展的重要指导方针，而且是统领当今大学发展战略、推动现代大学又好又快发展必须坚持和贯彻的重大战略思想。

大学发展需要解决的问题千头万绪，必须抓住事物的主要矛盾。我们讲科学发展观，就是要在学校当前改革发展稳定的一系列矛盾中抓住主要矛盾，抓住了发展中的主要矛盾，就等于抓住了发展的“牛鼻子”。同时，由于历史和现实等各方面的原因，大学发展的基础、道路、条件等都各不相同，因此，走特色发展之路也是科学发展观的题中应有之义。科学发展观又是可持续的发展观。除了要发展重点和发展特色以外，还必须统筹谋划全局发展战略，推动学校事业的全面协调和可持续发展。所有这一切信息的收集整理、问题的分析判断，交由大学“智囊团”去完成，大学领导无疑会如虎添翼。

其次，设立大学“智囊团”是大学外部环境变化加剧、大学之间竞争日趋激烈的战略性要求。2008 年的美国总统大选，希拉里打出的牌是“经验”（Experience)，奥巴马打出的牌则是“变化”（Change）。结果，希拉里输给了奥巴马。为什么？因为经验只代表过去，而过去的经验是过去的背景和条件形成的，过去的背景和条件在未来无法复制。因此，过去的成功经验很可能成为未来发展的陷阱，亦即“经验陷阱”。因为这个世界唯一不变的就是“变化”本身。不进则退、慢进则退。打“变化”牌的奥巴马得民心，顺“天意”，必然胜出。不过，“经验”自有它的用武之地。决策靠创新，指挥则更需要经验。因此，奥巴马聘用希拉里做国务卿。奥巴马“出牌”的成功，既是他本人的素质使然，又有“高人”指点。这个“高人”就是现代“智囊团”。据有关资料介绍，美国能够提供本科学位的大学共有 3600 多所，能提供硕士以上学位的大学就有 1700 多所。中国的大学也已经达 1900 多所，在校学生总规模超过 2500 万人。除了规模大，中国大学的类型也不同，分为“985”大学、“211”大学、一般性大学、各类大专和职业学院。于是，中国大学与外国大学之间、中国的同类大学之间、不同类别的大学之间呈现你追我赶的竞争态势。是“以不变应变”还是“以变应变”，成为大学竞争成败的关键。如果不利用专门的“智囊团”对各类大学进行比较分析，从中寻找本校发展的优势、劣势、机会、风险，仅凭直观感觉进行“非理性决策”，后果是不难想象的！

最后，设立大学“智囊团”也是现代大学科学治理、专家治校的内在体现和有效途径。企业是营利性组织，以利润最大化为目标；政府是行政性单位，以社会和谐发展为目标。与企业和政府不同，大学是非营利性组织，以输出的人才最优化为目标。学生们到学校来是为了获得知识和接受教育，教授们在学校是从事创造知识、传授知识的劳动。因此，如果说大学的功能是创造知识、传授知识的话，那么，这样的功能主要是由大学的教授完成的。可见，大学教授们理应是大学治理的主体。学校的行政服务是为创造知识提供条件的，是派生出来的，显然不能成为大学治理的主体。可见，设立大学“智囊团”，由具有教育学知识背景或长期从事教育研究和实践的专家出任“智囊”，为学校领导决策提供充分信息、理论准备、缜密判断乃至政策建议是实现现代化大学科学治理、专家治校的内在要求和有效途径。

二、美国大学"智囊团"的实践

事实上，美国大学内普遍设立"智囊团"绝非偶然，而是经历了一个长期的发展过程。

1924 年，明尼苏达大学成立了一个专门的"教育研究委员会"。此后，密歇根等著名大学也相继成立了专门研究机构以进行"自我研究"。那时，这些机构的出现仅仅是出于改进教学工作和提高管理效率的需要。"二战"后，美国高等教育进入发展的"黄金时期"，大学的规模不断扩大，课程和管理问题也日趋复杂。与此同时，美国的高等教育认证制度也日趋完善起来。在内外条件和环境显著变化的情况下，许多大学纷纷设立专门的研究机构。到 1965 年，已经有 115 所大学设有专门的"院校研究室"(Office of Institutional Research)。

进入 20 世纪 70 年代中期以后，美国高等教育走向调整期，其主要特征不再是规模扩张，质量成为美国高等教育的战略重点。与此相适应，美国大学教育研究机构的职责也逐渐扩大到政策分析和战略规划等领域。美国大学教育研究机构在这一时期也有了较快的发展。20 世纪 90 年代以来，美国大学的规模继续扩大，"生源竞争"和"说明责任"成为大学面临的新问题。美国大学的教育研究机构对大学外部环境变化格外关注，战略规划也逐渐成为重点研究领域。相应地，美国大学的教育研究机构也得到了更大的发展。现在，美国几乎每一所大学都设有专门的研究机构，为本校的改革和发展服务，成为名副其实的现代大学"智囊团"。

大学的"智囊团"已经内化为美国高校内部的一种"制度设计"。这种制度设计为大学规划与政策研究在高等学校发展与管理中发挥作用提供了必要的体制保证。下面我们以朱剑研究员的论文为基础，较为详细地介绍美国著名大学"智囊团"的状况。该文以 2006 年的《美国新闻与世界报道》中的"Top National Universities"为参照物，选取了排名前 50 名的 10 所公立、私立大学（其中私利 6 所，公立 4 所）并以这些学校的院校研究机构为研究对象对美国著名大学的"智囊团"做了详细的研究（朱剑，2007）（见表 2）。

表 2　美国 10 所著名大学“智囊团”设置情况

大学	智囊团（中文）	智囊团（英文）
哈佛大学	预算、财政规划与院校研究办	Office of Budgets, Financial Planning and Institutional Research
麻省理工学院	院校研究部门	Institutional Research Section
耶鲁大学	院校研究办公室	Office of Institutional Research
康奈尔大学	规划与预算部	Division of Planning and Budget
哥伦比亚大学	规划与院校研究办公室	Office of Planning and Institutional Research
宾夕法尼亚大学	院校研究与分析办公室	Office of Institutional Research and Analysis
加州伯克利大学	规划与分析办公室	Office of Planning and Analysis
加州洛杉矶大学	财政与预算办公室	Office of Financial and Budget
密歇根大学	预算与规划办公室	Office of Budget and Planning
弗吉尼亚大学	院校评估与研究办公室	Office of Institutional Assessment and Studies

注：前 6 所为私立大学，后 4 所为公立大学。

我们再以康奈尔大学和加州洛杉矶大学为例，说明美国大学“智囊团”内部机构设置情况（见表 3）。

表 3　康奈尔大学和加州洛杉矶大学“智囊团”内部结构设置

大学	智囊团	下设二级部门
康奈尔大学	规划与预算部	预算办公室 University Budget Office
		资金预算和空间规划办公室 Office of Institutional Planning and Assessment
		院校规划与评估办公室 Office of Institutional Planning and Assessment
		院校研究与规划办公室 Office of Institutional Research and Planning
		规划信息与政策分析部 Department of Planning Information and Policy Analysis
加州洛杉矶大学	财政与预算办公室	学术规划与预算办公室 Office of Academic Planning and Budget
		分析与信息管理办公室 Office of Analysis and Information Management
		空间管理与分析办公室 Office of Space Management and Analysis
		审计与咨询服务办公室 Office of Audit and Advisory Service

可以看出，这些大学的“智囊团”无论从名称上还是从具体机构设置上都有所差异。有的大学只是学校办公室下的一个小部门，如麻省理工学院的院校研究部门就设在学校的教务长办公室下面；而有的大学则较为综合，如康奈尔大学规划与预算部和加州洛杉矶大学财政与预算办公室分别设有 5 个和 4 个下属部门，研究人员达到或超过 30 人。相同的是，美国大学的“智囊团”基本上是直接向负责学术事务或主管财政的副校长汇报工作，这就意味着“智囊团”的研究从一开始就是作为大学一个重要的管理功能而定位的。由于这些“智囊团”直接向副校长负责，因此，他们在开展工作时会顺利地得到其他部门的支持。

美国大学的“智囊团”一般都是紧密结合本校实际开展研究工作的。其研究的基本内容大致包括：①数据收集与分析，包括对学生、教职员工等数据的收集与分析工作、学校的财政预算、为学校所在的社区通过数据支持等。②专题研究，包括学生事务研究、教师事务研究和一些专题研究等。③政策分析，包括学生政策分析、教职工政策分析等。④战略规划，包括学校整体发展规划、院系发展规划、学科发展规划、校园发展规划等。⑤评估工作，包括对学校办公效益的评估、学生学业成就评估、大学的教学科研评估等。

大学“智囊团”的研究工作成功与否，很大程度上取决于研究人员的专业素质、数量和配置情况。弗尼吉亚大学院校评估与研究办公室有 9 名工作人员，其中博士或在读博士 3 人，硕士 2 人，学士 3 人，另有一位教育背景不明。从学科分布情况看，以社会科学居多，自然科学较少。获得过统计或测量方面学位的人数占到了总数的 1/3，不少人所获的学位来自世界著名大学。从研究工作需要熟悉本校实际情况的要求来看，有 5 人在本校获得过各种学位，有 3 人在该校研究办公室工作已超过 20 年，有 3 人的工作经历已超过 10 年。这就有效地保证了他们从事研究工作所必备的科研素质、能力和经验。因此，他们从事研究工作显得从容不迫、游刃有余。

三、中国：初步的制度安排

在我国，随着高校的迅速扩招，大学之间的竞争日趋加剧，一些大学也开始纷纷设立类似“智囊团”的组织机构。归纳起来，大致有如下几类：①由有关专家组成的规划（策划）委员会。②由来自有关院系、部处负责人组成的非专门研究委员会。③由原有的高等教育研究院（所）承担战略规划或政策研究任务。④由原有政策研究机构与规划部门整合组成的战略规划处或政策研究室。从性质上划分，这几类机构又可简分为委员会组织、准行政机构、纯教育研究机构和决策咨询研究机构。除最后一类外，其他几类机构都有着明显的局限性。因此，我们结合中国大学的现状，参照美国大学的时间，提出我国大学“智囊团”设计的粗略思路和初步的制度框架。

（一）关于大学“智囊团”的性质和功能

目前，我国大学内类似“智囊团”的研究结构缺陷十分突出。委员会组织的最大缺点是非专业化。兼职的专家们讨论问题往往是头脑风暴式的、感性的、局部的、短期的，这与决策问题要求的深思熟虑、理性化、系统性和长期性相悖。准行政机构的最大弊端在于其探究问题缺乏自主性或独立性。由行政人员的身份决定，这类机构很难独立发表意见，久而久之便演变为仅仅为学术领导开会提供资料、讲话稿或报告的部门。纯教育研究机构的研究往往远离本校实际，虽然承担了战略规划或政策研究任务，也常常因为其临时性和短期性特点而“打快拳”，演变成完成领导交办任务的“突击队组织”。

同上述机构相比，大学“智囊团”有三个本质特征：①它的本质属性是咨询（Consultation），咨询的原意是医生会诊、专家的会议。所以，“智囊团”是一个专门化的决策咨询研究机构，不是简单的信息收集库，也不是与本校实际无关的、“纯粹的”学术研究机构，更不是行政领导的附庸。②由第一个特征所决定，“智囊团”必须是自由思考得以无限张扬、想象力和创造力得以充分发挥的场所。面对学校的重大决策、规划和政策制定，研究人员能够独立地思考与判断，方便地发表独立意见。研究人员的思考不应被决策者左右；相反，却能够影响决策者的判断。③与社会“智囊团”不同，大学的“智囊团”的基本任务是服务于本校，因而研究人员可以长期地、持续地、身临其境地观察、分析本校发生的问题，并依据“智囊团”的群体智慧作出独立的判断。这也是大学“智囊团”研究人员的人事关系隶属于他所研究的学校的原因，同时也是它特有的优势。依此标准观察中国大学现有的类似机构，真正意义上的大学的“智囊团”其实还十分少见。

（二）关于大学“智囊团”的研究内容

美国大学的“智囊团”的研究内容源自美国大学特殊的性质和背景，因此，其中的某些方面不能简单套用。例如，财政预算和园区规划在美国大学“智囊团”的研究工作中是重要内容，但如作为我国大学“智囊团”研究的主要内容就不一定合适。财政预算和园区规划在大学建设中固然重要，但那是非常专业化、技术化的内容，非专业人士很难驾驭。

在现阶段，应将以下方面作为大学“智囊团”主要的研究内容：①战略规划。大学普遍扩招、扩建和兼并重组后，学校规模和空间骤然放大，追赶世界一流大学的问题随之而提上日程。然而，“作为大学者，非大楼之谓之，乃大师之谓也”（梅贻琦，1930）。因此，如何高瞻远瞩地研究并制定大学发展战略，特别是学术水平上如何“攀比”世界一流大学就成为“智囊团”需要研究的一个重大问题。②政策分析。大学是高校各类利益相关者群体的集中地，各种利益冲突、矛盾交织。如何处理好各类利益相关者群体之间的关系，使各类冲突最小化，政策是非常有效的工具。调研、预测、制定、政策及其后的评估与追踪就成为“智囊团”的经常性工作。③专题研究。学科建设、科研水平、教学质量、教师队伍和管理队伍建设、学生就业情况等都可以成为“智囊团”的研究内容。

（三）关于大学“智囊团”的研究人员配备

与企业、政府、医院等其他组织相比，拥有大量高学历、造诣精深的研究人员是大学尤其是综合型大学具有的突出优势。这些高素质专业人士所拥有的专业知识为大学“智囊团”的人员配备提供了丰富的资源。同时，我国大多数高校原有的高等教育研究院（所）和政策研究室等机构，已经具备了一定的研究力量。因此，挑选优秀的研发人员组成非常“地道”的“智囊团”并不十分困难。一般而言，研究人员配备至少包括“质”和“量”两个方面。质的方面要综合考虑学位、专业、素质和经验及其相应的比例及搭配；量的方面至少考虑两个因素：其一是学校的规模尤其是学生的规模；其二是研究机构本身的职责范围和研究内容的复杂程度。但由于我们对大学“智囊团”所给予的特定的质的规定性，实际上对研究人员的职业操守、综合素质和专业素质都提出了空前的要求。

（四）关于大学“智囊团”的运作机制

大学“智囊团”的运作机制包括权责制度、激励制度及运作流程和方式等。①权责制度。首先是权责必须到位，这是大学“智囊团”得以正常运行的基本前提和制度保证。其次是权责必须对等。俗话说，“有责无权活地狱”，而有权无责又会导致滥用权力。②激励机制。创造性劳动的最大特征或难点是其工作过程的难以观察性。因此，对研究人员的激励宜采用“成果管理”或“锦标赛制度”。其研究成果更适宜于同报酬挂钩而不适宜行政管理人员的报酬支付形式。③运作流程和方式。同创造性劳动的特点相适应，研究人员的活动空间和时间要有较大的“弹性”和自由度。车间现场工人和行政机关管理人员的活动方式都不适宜于研究人员。研究人员基本上有权根据需要自由地参加学校的各种会议，与各类机构的人员沟通、调研。

参考文献

[1] 朱剑等. 美国著名大学的院校研究机构解读 [J]. 比较教育研究，2007 (1).

[2] 彭兰等. 关于我国高校制定与实施发展战略规划的思考 [J]. 教育决策与管理，2005(4).

[3] 符惠明. 运用科学发展观统筹大学发展战略的价值向度 [J]. 浙江大学学报，2007 (6).

[4] 张维迎. 大学的逻辑 [M]. 北京：北京大学出版社，2005.

（高闯，原载于《科学发展观与高等教育》，辽宁大学出版社 2009 年版）

第五部分

管理变革：世纪之交的回顾与前瞻

——管理学者访谈录

陈佳贵：中国社会科学院副院长，博士生导师、研究员

黄速建：中国社会科学院工业经济研究所副所长，博士生导师、研究员

高　闯：辽宁大学工商管理学院院长，博士生导师、教授

冯　奎：《人民日报》记者，管理学博士生

记者：中央多次提出，管理工作对于企业改革与发展具有至关重要的意义，要搞好国有企业，最终还要依靠企业经营管理水平的提高。我们知道，管理的实践活动由来已久。从管理实践中可以提炼出管理理论，而一种理论一旦形成，又会推动实践的发展，成为实践的先导。站在21世纪的门槛上，各位专家能否回顾一下过去这个世界中管理理论的发展轨迹呢?

陈佳贵：世纪回眸，很有意义。百年时间，只不过是历史的瞬间，不过，翻检一下前人给我们留下的管理理论和思想，我感到内容十分丰富。如果要寻根的话，管理理论的第一阶段当以泰罗的著作《科学管理原理》为重要标志，主要代表人物就是美国的泰罗和法国的法约尔等人。泰罗的思想核心主要在于如何提高劳动生产效率，研究成果集中于现场作业环境研究和动作研究。法约尔则是从一般管理入手，着重研究企业的组织结构和高层经理管理。他们的主要贡献是推动企业管理从经验走向科学，并且完成了许多基础研究工作。可以说，在今天的诸多企业管理思想和具体运作中，时不时地可以看到管理学的开山鼻祖留下的东西。

黄速建：任何学科都是一样，初创理论总是存在着自身的局限性。到了20

世纪 30 年代，实施科学管理理论的许多工厂都面临严重的劳工冲突，科学管理理论无法解决这些问题，行为科学便应运而生。这个阶段的代表人物是美国行为科学家梅约。梅约领导了霍桑实验，并且取得了重大的理论突破，摒弃了科学管理理论中“经济人”的假设，提出了“社会人”的假设，并认为应当强调满足员工的需求才能真正提高工作效率。

高闯：20 世纪 60 年代以来，管理学进入了管理学家哈罗德·孔茨所说的“现代管理丛林”的新阶段，各种管理理论层出不穷，彼此之间又相互渗透，促使管理理论日益丰富和完整。社会系统学派、决策理论学派、管理过程学派、系统管理学派、经验主义学派、社会—技术系统学派、权变理论学派、管理科学学派和经理角色学派等简直让人眼花缭乱。

记者：我注意到一个现象，就是管理理论呈现加速度发展，特别是在 20 世纪 80 年代以后，这种趋势更加明显。这恐怕不是一种偶然。其中特定的时代背景和社会背景，能否请专家们具体分析一下？

黄速建：管理理论的发展速度比以往大大加快，这是一个显而易见的事实。20 世纪 80 年代末 90 年代初以来，一些主要的理论，比如学习型组织、企业再造、知识联盟、虚拟企业和核心能力等理论不断涌现，极大地丰富了管理学的思想宝库。其中的原因是很复杂的。

陈佳贵：从宏观角度来看，国际政治、经济的背景发生了很大的变化，各个国家之间的较量主要表现在综合国力上，多数国家意识到发展经济是一件十分迫切的事情。与此同时，世界贸易体制也发生了很大变化，各国的贸易保护壁垒不断被削弱，全球贸易发展十分迅速。同时，任何一个国家的市场都不仅仅由本国企业所独占，而要有许多国际大公司参与，各个国家的国内市场都呈现国际化趋势。要与国际巨头进行面对面的较量，就需要企业把自己做大。这几年，企业间的并购势头没有减弱的迹象，相反兼并的数额越来越大，不仅是在传统产业中有兼并现象，在信息产业中兼并现象也俯首可拾。兼并的直接结果是跨国型大企业越来越多，规模不断扩大，触角也越伸越远，遍及世界各地，战火波及的范围不断扩大，由此形成了包括跨国经营、无国界经营等诸多理论。

高闯：20 世纪 90 年代还有一个突出特点，即知识对经济增长和企业发展的贡献比例逐渐增大，知识经济成为时代最鲜明的特色，必然对管理理论和实践的变化发展产生重大影响。80 年代末，保罗·罗默等人发展了传统的经济增长模型，提出推动经济增长的要素不仅包括劳动和资本，还有第三个要素——知识技术。知识社会实际上就是一个以知识为核心的社会，处于知识社会中的企业要依靠知识取得长期竞争优势，由此发展出知识管理、智力资本和核心能力等理论。

陈佳贵：不久前，全国科技创新大会在北京召开，举国瞩目。回顾百年管理变革，我们可以清楚地看到，科技对管理的影响极其深刻。就拿信息技术来说，它的发展和传播是知识经济的关键因素，新派技术、光通信技术、网络化技术以及软件技术的发展为知识经济时代的到来创造了技术条件，彻底改变了知识的社会化生产、传播、应用及存储。这些技术应用到企业中，为敏捷制造、看板管理、柔性制造等先进管理模式的出现奠定了技术基础。

黄速建：以上从国际政治背景、经济、科技等方面进行了分析。不知诸位注意到了没有，从微观的层次看，进入 90 年代以后，随着人们对企业自身认识的深化，企业之间的关系发生了显著变化。企业之间不单纯表现为以往的相互竞争，合作被更多的企业采用，逐渐成为党建的主流。这一点可以运用经济学的新理论——博弈论加以解释，即纳什均衡状态要求双方采取相互合作的策略，从而达到双赢的局面。这就形成了策略联盟、知识联盟等理论。

记者：就像各位专家所描绘的那样，进入 90 年代以后，管理理论的确像是进入了“百花齐放”的“丛林”时代。那么，当我们把镜头对准这些形形色色的理论时，它们从总体上表现出来的特点，各位专家能否简要概括一下？

陈佳贵：进入 90 年代以后，管理理论的一个突出特点就是经营思想发生了很大变化，这又包括多方面的内容。比如，各种管理思想中，人本主义色彩较以往更加浓厚，目前对人性的理解较以往更全面、更符合实际。多数管理理论都要求充分理解人、尊重人和发挥人的主动性和积极性。没有员工的理解和认同，任何管理理论和方法都难以取得良好效果。又如，企业组织结构和生产经营系统发生了革命性变革，打破了传统理论中渐进式调整的思路，运用新的“合工”思想和团队理论重新设计和组合各项工作，摆脱以往的流程框架，从而大幅度地提高生产效率。再如，整体和系统思考被越来越多的管理学家所采用。系统动力学的思想促进组织持续学习，推动组织能够不断突破成长极限。还有一个很重要的特点是重视知识管理，对无形资产管理的重视程度不断提高，保护知识产权已经成为企业管理的重要内容之一。

黄速建：从管理学的研究角度看，管理学对其他学科的借鉴也越来越多。管理学与经济学、数学、社会学、心理学等学科相互借鉴和融合，同时广泛采用了计算机技术，促使企业管理方法和技术不断推陈出新。譬如说，由于吸收了运筹学和博弈论的思想，企业的决策水平大大提高。采用了计算机技术和其他学科的思想，在生产管理中产生了“准时生产制”、“柔性制造系统”、“敏捷制造”等多项革命化的管理方法和技术，极大地推动了管理效率提高和管理水平进步。

高闯：从现状与历史的比较中，还可以发现一个与以往不同的现象，即传统管理理论流派的界限十分清晰，各自的特点非常鲜明，容易区分。而90年代以后出现的各种管理理论之间的界限不再明显，管理学各学派之间的界限日益模糊，原因在于：随着企业大环境变得越来越纷繁复杂而且日益多变，企业管理理论必须将触角伸到企业的各个角落，涉及的领域更广阔，更贴近生产经营的实践。同时，企业管理理论也要根据环境的变化不断进行调整，吸收其他理论的长处，这对企业来讲是一件好事。

记者：“他山之石可以攻玉”。从老师们的回顾与分析中，我得到一个基本印象，那就是：现代较为成熟的管理理论较多来自西方发达国家，我们国家的管理理论在某种意义上还停留在借鉴阶段。理论只有运用于实践，才能产生生产力。结合我国国情，研究掌握西方管理学理论有哪些需要注意的地方?

陈佳贵：首先一条恐怕还是态度方面要积极。管理理论来源于企业管理的实践，又是对实践经验的总结和升华。在我们国家传统文化里面，管理思想十分丰富，新中国成立后也总结提炼了不少管理上的经验，这些都是我们的宝贵财富。但是相比较而言，我们搞市场经济的时间很短，现代社会、政治、经济的变化又日新月异，在这样的情况下，对待西方的企业管理思想就有一个学习与借鉴的问题，闭门造车不会取得好效果。

黄速建：学习西方先进的管理思想和理论十分必要，但是这不应当成为国内企业追求时髦和轰动效应的借口。这方面的学费我们已交了不少。以企业再造理论为例，这个理论运用整体思想重组企业业务流程，强调打破传统的分工理论的束缚，使企业适应快速变化的外界环境。这个理论一经提出，便得到极为广泛的应用，但即使在西方发达市场经济国家中，失败率也高达70%。我国企业在采用流程再造理论时，也要充分认识到学习国外新的管理理论和方法并不是简单的模仿，有的管理模式适合大型企业，有的管理模式只适合中小型企业，因此要抓住本质，从实效的角度出发加以运用，进行创造性地吸收，才会取得良好的效果。

高闯：有一个非常重要的问题，我想在这里强调一下，这就是管理与制度改造之间的关系问题。回过头来看，我们国家的企业改革中，制度改革是一条主线，这是正确的，可以理解。因为当前我国的企业刚处在从传统企业向现代企业过渡的过程之中，制度创新始终是个生死攸关的问题。实际上，当前全球竞争首先也就是制度竞争。制度创新固然重要，但并不是唯一的。在实践中，如何看待制度创新与管理创新的关系，不少决策者往往以前者取代后者，于是出现了以包代管、以股代管、以卖代管等现象。中共十五大以后，一些地方片面提出只要进行彻底的产权制度改革企业就能搞好。实践表明，制度的突破的确给一些企业带来暂时的“辉煌”，但由于管理和其他工作没有跟上，企业很快又走了下坡路。道理非常简单，产权改革只是为企业发展奠定制度基础，要通过强化管理，才能使企业步入良性循环的轨道。

陈佳贵：你讲的是改革与管理的关系，我对不少企业进行过的研究和观察，感到基层一些决策者对于技术改造与加强管理关系的认识，也有一个如你所说的倚轻倚重的问题。爱迪生是个著名的发明家，但管理企业却一塌糊涂。事实上，从现代西方一些功绩卓著的科技型企业的经验来看，无疑不是将技术创新与管理创新结合在一起。我国许多民营企业靠技术创新起家，甚至赚了大钱，但如果忽视了管理，昨天成功的经验会成为明天发展的陷阱。进一步地，在技术创新、制度创新、市场创新与管理创新的关系问题上，管理创新带有整合的性质。这个关系如果把握不好，势必对企业发展带来不利影响。

高闯：的确，我们刚才在时间的纵坐标上分析管理理论变革，是为了看清这种变革的脉络。通过西方管理实践我们可以清楚地看出，一种管理理论能否取得良好的效果，很重要的方面是看它和特定的科技、市场、制度等方面因素的“配合”关系。中央反复强调要把体制改革、企业改组、技术改造和加强管理统一起来，我想也就是这个意思。

（原载于《经济管理》1999 年第 10 期）

谁去选择企业家

——辽宁大学两位博士关于企业家选择机制的对话

李平（下面简称“李”）：中国正处在一个经济体制转轨时期。在这个转轨时期，我发现一个非常矛盾的现象：社会一方面呼吁要有一大批适应市场经济活动的企业家，另一方面社会又对目前企业特别是国有企业的企业家行为感到不满意。如何解释这种矛盾的现象呢？

高闯（下面简称“高”）：这就像一出戏需要一个主角，而我们又对充当主角的演员的演技感到不满意一样。关键的问题是，这个主角是由谁选定的？也就是说，谁去选择企业家是解释这个矛盾现象的关键所在。在传统体制下，厂长、经理是由政府的行政部门委派、任命的；而在市场经济体制下，企业家是由市场选择和确定的。中国历经 18 年的改革，但企业家特别是国有企业的企业家在不同程度和不同形式上仍然是由政府部门选择和确定的，也就是说，在经济体制转轨过程中，选择企业家的机制并没有发生实质性的变化。

李：的确如此。由政府还是由市场去选择企业家，是计划经济与市场经济的一个重要差别。如果从一个侧面去观察，经济体制是否完成了转轨，实际上要看选择企业家的机制是否发生了根本性的变化。但是我们现在要解释的问题是：为什么社会对企业家行为的诸种不满意要归因于政府选择企业家这一问题呢？

高：因为在选择企业家的目标、标准和程序等方面，政府同企业明显不同。由政府选拔出来的企业家从本质上是行政官员，而不是职业经理。他们只对行政主管部门负责，而不是对企业负责；他们要听命于行政主管部门的指挥，而不是接受市场信号的调节和约束。这样就会出现两类问题：一类是企业家抱怨上级主管部门管得太多，放权不够、放权不到位，等等。前些年，我们经常能听到这样的舆论和呼声。另一类是既然企业家是上级任命的，那么就只对主管部门负责。

企业盈利了，他们皆大欢喜，利益均沾；企业亏损了，他们共同努力申请补贴、减税、滞还贷款。尽管他们作为企业家不称职，但只要政府选择企业家这一机制不变，我就会继续留任。这种机制缺乏对企业家的约束，久而久之就会导致某些企业家侵犯财产所有者的利益，甚至牺牲职工的利益，以谋求个人利益最大化。后一类问题是目前社会对企业家行为感到不满意的主要问题。改变这种状态要求由市场而不是由政府去选择企业家。

李：您说的有道理。我想强调的一点是，实际上由市场去选择企业家的真正含义是指要由所有者去选择企业家。中国的国有企业的本质是，财产在法律上归全民所有，而政府主管部门只是这个财产的代理人。这是一层委托—代理关系。然后再由行政主管部门去选择财产的经营者，也就是企业家，企业家是代理人，这是又一层委托—代理关系。行政主管部门由第一层的代理人身份变成第二层委托人身份。从委托—代理关系看，政府行政主管部门作为代理人就可能偏离真正所有者的利益，而企业家作为代理人的代理人离真正的所有者越远，受所有者的约束就越弱，分割所有者利益的可能性也就越大。政府选择企业家这一问题的实质在于，它不是一个由财产所有者去选择经营财产的企业家，自然就不会有人从关心财产的保值、增值这一切身利益角度去选择真正的职业经理去约束企业家。

高：从另一个角度看，不同的选择企业家的机制同时也创造出不同的约束企业家的机制。在市场经济条件下，财产所有者选择企业经理。股东可以通过股东代表大会从内部监督、检查企业家的行为活动是否背离了股东的利益，或者叫做“用手投票”；也可以通过股票市场抛售股票从外部表达他们对企业家的评价，或者叫做“用脚投票”；尽管这种机制也不能做到对企业家进行百分之百的有效监督，但它比起政府选择企业家的机制来，约束力要强得多。因此，体制转轨要求我们要用市场或者说是用所有者选择企业家这一机制取代计划经济体制下政府选择企业家的做法。

李：我们应当把这种选择机制的转换作为改革的明确目标。但要达到这个目标还需要创造制度性的条件，譬如通过什么方式确立所有者的真正地位，然后由它们去选择企业家，就是十分现实的问题。我们现在有一种倾向性的做法是建立一些区域性的或全国性的企业家市场，如上海、广州、深圳以及唐山等。这些企业家市场的建立有助于消除在本企业、本系统、本地区选择企业家的封闭做法，这无疑是有着积极意义的，也应当给予充分肯定。但同时我们也要清楚企业家市场能够解决的是什么问题以及它不能解决什么问题。实际上，企业家市场的建立只是提供企业家之间竞争的环境，它本身并不能解决谁去选择企业家这一问题。如果以为有了企业家市场就会选择出真正关心财产所有者利益的企业家，那仅仅是一种幻觉。因为企业家是一种生产要素，企业家市场只能提供这种要素的“供给”，而对这种要素的“需求”主体，必须到这个市场之外去寻找。换句话说，由市场去选择企业家，单纯依赖企业家市场是远远不够的。

高：那就是说，要在产权界定清楚的基础上明确所有者主体，然后由这个主体去担当选择企业家的责任。

李：是这个意思。

高：在逻辑上似乎没有什么问题，但在实际操作上有些问题还需要研究，也就是说由财产所有者去选择企业家在理论上没问题，但在现实中如何做到真正由所有者去选择企业家呢？我们正在建立现代企业制度，企业的股权结构也已经开始建立，但对国有企业来说，国有股所占比重非常之大，在这样一种股权结构下，由所有者去选择企业家实际上就成为由国家股的代表（可能就是政府官员）去选择企业家，这同原来的由行政主管部门例行任命有什么区别呢？

李：您提出了一个很好的问题。在我看来，区别还是有的，那就是国家是以所有者（实际上是所有者代理人）的身份而不是以原来的行政官员的身份去选择企业家。问题在于这种区别与原来相比是不是实质性的。判断这个问题的标准是要看是不是由真正的所有者去选择企业家。在企业的股权结构中，个人股和法人股作为真正的所有者，会从自身的财产利益出发去选择企业家，这是没有问题的。问题在于国家股或在董事会中国家股的代表仍然是全民财产所有者的代理人，而真正的财产所有者在法律上是我们这些芸芸众生。这样，国家股或它的代表能否从真正的财产所有者利益出发去选择企业家，主要取决于他作为财产代理人对财产所有者利益的关心程度。这个关心程度一方面依赖于代理人本身的道德行为，另一方面取决于这些财产所有者对代理人的约束、监督程度。而作为财产所有者的一分子如果去认真监督和约束代理人（假设监督约束成本是零），会给所有的公有财产的所有者带来利益，但不会给实际监督者带来直接的利益，那么实际监督者就缺乏动力去监督代理人。人人都这么想的话，全民的财产关切度自然就降低了。结果是，代理人能不能像一个真正的所有者那样去选择真正的企业家并进行有效的监督，我们就只好赌在代理人（国家股代表以及经理）个人道德行为这步棋上了。代理人道德行为良好，责任心强，我们就受益；代理人道德行为不良，我们的利益就受损。

高：如果是那样的话，就等于财产所有者不是用制度去保护财产利益，而是依赖代理人的良心如何了。

李：是这样的，而且这是靠不住的。我们必须从制度方面着眼去解决问题。针对目前一些国有企业经营不景气的状况，可以考虑通过各种形式的企业资产重组，降低或减少企业中国有股所占的比重，增大法人股和个人股所占的比重，形成企业产权多元化的格局。这样，就一个企业来说，在选择企业家时就会更多地从财产所有者的切身利益出发，尽管国有股仍然存在，全民财产代理人的道德行为的不确定性仍然会影响企业能否选择出真正的企业家，能否从所有者的利益出发去约束企业家，但由于国家股所占比重相对下降了，出现这类问题的机会和程度也就随之减少了，这就是制度上的进步，是把由市场或者说由所有者去选择企业家落到实处的重要一步。

（高闯、李平，原载于《企业管理》1996年第5期）

产业定位与制度创新的双重考验
——访辽宁大学工商管理学院院长高闯教授

振兴沈阳老工业基地，什么是关键？在理论上搞清楚这个问题，规划上才会有正确的目标，行动上才会步调一致。辽宁大学工商管理学院院长高闯教授认为，振兴沈阳老工业基地的关键，是产业定位与制度创新。

应该按照比较优势理论定位沈阳的核心产业

记者：作为闻名全国的工业基地，长久以来，沈阳都以产业齐全著称。国家振兴东北老工业基地的策略恰如春风。但是，春风吹拂，沈阳的所有产业就能一片碧绿、生机勃勃吗？对于重新规划的沈阳产业“森林”来说，是不是也应该有“大树”、“小草”之分呢？

高闯：沈阳老工业基地内部产业众多，经济的规律和历史的教训都告诉沈阳，各个产业齐头并进既不可取也不可能。重新确立的沈阳经济发展规划，应遵循“比较优势”原则，从国内分工、参与世界经济循环以及未来发展的高度，充分考虑沈阳地区相对充裕的资源存赋或生产要素，把那些产业关联高、带动效果强的产业做为沈阳振兴的重点产业来发展。对于沈阳来说，装备制造业优势突出；对于竞争来说，也是有比较优势的产业。更重要的是，制造业特别是装备制造业代表一国的科技进步水平和社会进步程度，直接影响甚至决定一国经济实力的强弱和国际地位的兴衰。经济学家发现，英国从“世界工厂”到后来的急剧衰落，美国从英属殖民地到“世界霸主”地位，日本从“二战”后的战败国到后来创造“东亚奇迹”，无不与装备制造业直接相关，装备制造业成为一国产业兴衰与演进的决定性因素。

记者： 那么，在沈阳经济的这盘棋上，装备制造业是制胜之子吗？

高闯： 是的。沈阳装备制造业在中国经济中的优势地位非常明显。中国改革开放20多年，轻工业产业凭借其特有的劳动力密集和低成本优势，在国际市场上争得了份额，但重化工业特别是装备制造业发展滞后，关键产品和技术仍依赖进口。中国要实现20年GDP翻两番的目标，仅靠西部地区不行。到2020年时，它们主要在搞基础设施建设，总体经济实力增长还有限；单靠"长三角"、"珠三角"的支撑也难以实现。因此，东北老工业基地的振兴就成了关键。从国际上看，世界制造中心正在由英国、美国、日本、德国向中国转移，而且，外国资本和技术的流入，也将由一般制造业转向装备制造业等产业。目前，外商直接投资还主要集中在"珠三角"和"长三角"，但逐渐转向环渤海经济圈的苗头已经显现。在沈阳老工业基地的改造中，重点提升沈阳装备制造业的水平，就是为承接国际上这一产业的转移做好准备。

记者： 实事求是地说，沈阳经济昔日的辉煌和今日的相对衰退都与装备制造业有关。在这样的背景下，您又把沈阳老工业基地振兴的主导产业定位在装备制造业，这不是在枯井中找水，在沼泽中求鱼吗？

高闯： 不可否认，由于旧体制的深刻影响，东北装备制造业的发展确实存在相当大的困难，传统产业比重过高而且设备老化、技术陈旧，许多产品缺乏足够的竞争力。正是由于这个原因，我们就更应及早采取措施遏制衰退，但不能靠缘木求鱼的办法。中国老工业基地的振兴，在很大程度上仍靠重化工业特别是装备制造业的支撑。试想一下，如果没有大众、宝钢等一大批重化工业特别是装备制造业的崛起，上海经济怎么会有今日的勃兴？

记者： 您认为，装备制造业应该是振兴沈阳的核心产业，但是，靠原有的装备制造业沈阳能重新振兴吗？

高闯： 这正是我要强调的。装备制造业有现代装备制造业和传统装备制造业之分，我们所要发展的是现代装备制造业，确切地说是围绕现代装备制造业而不是传统装备制造业的发展来振兴沈阳老工业基地；"一五"时期重工业优先发展战略走的是一条依赖自然资源和普通资本投资的传统工业化道路，沈阳装备制造业的复兴要走一条充分利用现代高技术，信息化、知识化、生产高附加值产品的新型工业化道路。新中国成立初期工业基地创业时的背景是计划经济体制，而振兴沈阳老工业基地的背景则是市场经济体制。所以，充分依靠市场机制确立产业发展定位是振兴沈阳老工业基地的基本出发点。

记者：俗话说，“浑身是铁也打不出几个钉”。振兴沈阳，装备制造业似乎还无法挑起全部担子。

高闯：是的。我们提出用现代装备制造业改造沈阳老工业基地，但并不是说沈阳老工业基地的振兴仅凭装备制造业。诚然，比较优势理论是我们进行产业定位的重要原则，但比较优势不会一成不变，它会随着技术创新、生产要素的跨地区流动及市场交易关系的变化发生演变。美国经济学家巴拉萨曾提出过比较优势转移的阶段性理论。说的是比较优势可因其经济发展水平的改变而分阶段转移。要赢得未来竞争优势，沈阳经济就必须突破既有的产业格局，特别是在新兴产业方面争取较大发展。新兴产业在目前往往不具有比较优势，要使新兴产业的潜在优势转化成现实优势进而取得未来的比较优势，除了对产业未来的发展要有深邃的透析力，政府的产业扶植政策至关重要。

产权多元化成为现实是核心产业产生带动作用的前提

记者：我注意到，您在谈及“东北现象”时，曾提及旧体制对产业发展会产生深刻影响。

高闯：是的，按照制度经济学的说法，制度安排影响效率。产权制度不合理，产业结构调整也很难进行。一般来说，社会经济中存在着两种不同的产权结构：公有产权结构和私有产权结构。这两种不同的产权结构分别有着与之相对应的产业领域。具体而言，竞争性、营利性产业宜采用私有产权结构，非竞争性（或弱竞争性）、非营利性（或弱营利性）产业宜采用公有产权结构。事实上，国有企业面临的主要问题是产权结构与产业结构的错位，即把大量应采用私有产权结构的竞争性、营利性产业摆到公有产权的舞台。因此，使产业定位与升级同产权结构相吻合就成为我国国有企业改革的核心问题。沈阳虽经近 20 年的改革，但国有经济在社会总资本中的比重仍然过大，国有大中型企业的资产存量、平均规模都高于全国平均水平。

产权特性是产业结构调整的体制性基地和前提条件，调整现有的国有经济结构，为老工业基地改造提供内在动力，是实现沈阳老工业基地振兴的关键和前提。所以，沈阳的国有企业在产业选择上一定要坚持有进有退、有所为有所不为的原则，在那些竞争性领域逐步退出。除去关系国家安全和国民经济命脉的重要产业和关键领域，其他产业和领域都应该推行投资主体和产权多元化。

记者：在沈阳，企业产权多元化在理论上似乎也已经不成其为问题了，但是在实践上不但是问题，而且是个难题。

高闯：产权多元化是很精巧的公司制度安排。在企业发展史上，由业主制到合伙制再到现代股份公司，实质上就是企业产权多元化的过程。产权多元化与所有者的有限责任使企业大规模经营成为可能，而所有权与控制权的分离又使企业获得了“永续生命”。问题是，对中国这样一个国有经济长期占据主导地位的国家而言，具有很强投资能力的个人和非国有的机构投资者一直是非常稀缺的资源。沈阳是国有经济的集中地，这个问题自然更突出，无论是上市公司减持国有股，还是非上市企业变现部分国有资产，都缺乏有实力的非国有投资者，也就是“缺乏买主”。

改变这种状况的一个现实希望是民营资本的作为。在沈阳振兴的过程中，民营经济应该能发挥重要作用。如，参与国企改制，进行产品的初加工，特别是以消化国企冗员，等等，但对民营企业的作用应有一个恰当的估计。从目前来看，民营企业很难担当振兴沈阳老工业基地的重任。

从国际上看，跨国公司是参与国有经济结构调整的重要力量。20 世纪八九十年代，跨国公司参与的世界最大 50 个国有企业重组项目中，在经济转型国家就发生了 26 个。外国资本与技术的流入必然伴随着所有权的转移，这是实现沈阳国有经济结构和产业结构同步调整的最佳时机。沈阳决定选出 20 家企业与外资合资并由外资控股应该说是一种理智的决断。

记者：产权多元化像一首优美的曲子那样悦耳动听。但我发现，就是在西方那些有上百年历史的股份公司中，近几年也不断曝出财务丑闻。

高闯：这只能进一步说明制度安排的重要。股票期权制度和首席执行官制度一向被认为是美国公司成功的精髓。安然事件以后，经理的认股权被视为美国公司虚报业绩、抬高股价的诱因，颇有“成也萧何，败也萧何”的味道。依我之见，美国公司系列丑闻的发生，是绝非个别或少数失信的经理违规操作所能解释的现象，而是美国公司治理结构的严重缺陷。现代公司治理结构主要解决三大问题，即大股东与小股东的关系、股东与经营者的关系以及股东同利益相关者的关系。安然公司等与一系列财务丑闻在这三方面几乎都存在问题。

中国的企业特别是上市公司多为国企转制上市在处理上述关系上有其特殊性，但同样问题不少。比如，一方面是国有股的“一股独大”，导致政企难分。到目前为止，这些公司仍由政府控制，直接委派官员出任董事长。另一方面是经理“内部人控制”，侵害所有者的利益。两种相互矛盾的现象，在沈阳的企业中均有发生。看来，这是个世界性的难题。

总之，老工业基地的改造，对沈阳来说是产业定位的重大课题，也是体制创新的严峻考险。

（高闯，原载于《沈阳日报》2003 年 12 月 15 日）

（本文由记者何北剑整理）

靠什么打造“辽中”经济区
——辽宁大学工商管理学院院长 高闯教授谈话录

高闯教授长期研究企业改革与发展问题。这位辽宁大学工商管理学院院长、博士生导师，享受国务院特殊津贴的专家，兼任中国企业管理研究会副理事长，也是沈阳市政府决策咨询委员。近期，他开始关注东北振兴问题，不但接受《财富时报》专访，还在新浪网发表议论。就打造辽宁中部城市经济区这个话题，他接受了本报记者的采访。他认为，首先应该解决有关的理论与认识问题，并把培育地区持续竞争优势、政府政策以及支持性制度安排，看做是辽宁中部城市经济区建设的两个关键性因素。

城市经济区不是地理学而是经济学概念，形成持久的地区竞争优势才是辽宁中部城市经济区构建的根本价值

高闯教授认为，辽宁省适时推出辽宁中部城市经济区的概念，试图将其打造成继长三角、珠三角、环渤海三个经济圈之后的第四个经济增长极，这的确是精明之举。问题是，凭借什么去打造辽宁中部城市经济区。经验告诉我们，为了把经济做大，不顾地区的资源禀赋和产业分工，盲目地一哄而上，必然导致城市间重复建设、产业趋同、恶性竞争，由此可见，经济区建设成败的关键在于能否培育出富有地区特色的持续竞争优势。以广州为中心的珠三角地区得益于毗邻香港，其特色在于它的制度竞争优势；以上海为中心的长三角地区，区位竞争优势相当明显；以北京、天津为双核的环渤海地区凭借其特有的政治资源获得了雄厚的经济资源优势。显然，问题的关键在于能否正确认识并充分发挥本地区独有的竞争优势。

依据“钻石模型”，准确判断辽宁中部城市经济区的竞争环境确定地区主导产业

高闯教授认为，同三大经济圈相比较，说辽宁中部城市经济区现在就拥有明显的竞争优势恐怕还为时尚早。按照经济学家波特教授的钻石模型，答案应该从一个地区所拥有的四项环境要素来讨论。这些要素包括生产要素、需求条件、相关产业和支持产业的表现以及企业的战略、结构和竞争对手。这些要素是相互依赖的，任何一项的效果都会影响到另一项的状态。它们可能会强化地区竞争优势，也可能会使地区经济发展停滞不前。谈到辽宁中部城市经济区的竞争环境，人们自然会想到沈阳曾是共和国的装备部，装备制造业特别是重型和成套装备企业的优势明显。加之周边六市，形成了资源较为丰富、工业体系较为完整的辽宁中部工业城市群。如此这些都是辽宁中部城市经济区的优势。但更应该看到，经过近年来的调整和改革，沈阳经济在产业集聚、科技创新及信息扩散等方面的竞争优势已露端倪；在生产、物流、金融、信息和管理等方面对周边城市的带动和辐射作用不断增大。而周边六市作为国家的老工业基地，不但具备一定的产业基础和相对可观的资源存量，也是沈阳技术转移和产业扩散的最近区域，它们在改革开放的 20 多年里也获得了经济和社会的全面发展。作为一个整体，辽宁中部城市经济区地处东北的交通要地和对外开放的要冲，更是中国面向东北亚参与国际分工的“桥头堡”和承接产业转移的基地。这些都是优势所在。但高闯更想强调的是，要真正形成竞争优势，政府的作用是必不可少的。

政府的政策和支持性制度安排，是构建辽宁中部城市经济区竞争优势的决定性因素

高闯说，首先应该说明的是，经济发展是存在“路径依赖”的，劳动力、自然资源、金融资本等资源禀赋是构成地区持续竞争优势的基本条件。但在经济全球化迅速发展的今天，这些投入要素的作用在很大程度上取决于一个有效的制度安排。我们必须认识到，地区竞争优势的强弱，不再由先天承继的自然条件所决定，仅仅靠使用现有的资源或组织更多的资源并不足以维持一个地区的持续竞争优势。强调资源禀赋的作用是区域经济学家和地理经济学家的事情，制度经济学家强调的是，地区政府应制造一个良好的市场环境和支持性制度，以确保这些投

入要素能够高效地使用和及时地升级或替代。海南、绵阳等地区和城市的例子表明，政府受政绩、地区本位和短期利益驱使，提供了糟糕的政策和支持性制度，使地区经济发展受到破坏。

高闯认为，打造辽宁中部城市经济区的目的在于寻找区内各城市协调发展的内在要素，通过沟通谈判，确立共同遵守的游戏规则，实现共赢，以获得持续竞争优势。其次是依据产业链原理，确定区内各城市间的相对分工和各自的功能定位。以避免各城市急功近利，抢上立竿见影项目，导致结构趋同，难以形成持续竞争优势的恶果。同时还要打破行政区划界限，鼓励各种生产要素跨城区、跨所有制合理流动，使经济区内城市间的资源同国内外资源有效地、不断地重组整合，以实现优势互补，最大限度地发挥经济区的整体优势。

最后，高闯指出，经济区发展是“自然生成”还是“设计生成”，是区分现代经济和传统经济的“分水岭”。自然生成无法适应经济飞速发展的需要，但设计经济区又必须严格遵循经济发展的内在规律，否则到头来只能受到经济规律的惩罚。

（高闯，原载于《沈阳日报》2004 年 3 月 8 日）

（本文由记者何北剑整理）

品牌群：为城市赚取“精神利润”
——访中国企业管理研究会常务副理事长高闯教授

一位能自如地将企业管理理论与现实生活分析漂亮融合的学者；一位能将新锐和时尚哲学带入经济学领地的经济学家——高闯教授的独特治学魅力，往往可以暗中替沈阳这座经济学家并不云集的城市加分。2月1日，记者在一个品牌文化研讨会上采访到了他。

“不久前，我听说沈阳又获得了一枚中国驰名商标。而且拥有它的还是一家地地道道的沈阳民营企业！在我看来，其意义非凡。对于沈阳民营企业来说，这一群体不仅以执着的追求脱颖而出，而且诠释出东北民营企业成功的竞争模式，并最终赢得社会的赞誉。”

高闯认为：“这块崭新的民企品牌，不仅是企业自身的无形资产。事实上，更是一个地区、一个国家的无形资产。这种特殊的无形资产可以为沈阳经济赚取巨大的‘利润’，这种‘利润’有时甚至是精神上的。我国尚处在从非品牌经济向品牌经济过渡的历史时期。品牌经济是发达经济，非品牌经济是欠发达经济。在经济全球化的今天，中国正面临着一场发达国家的品牌攻势。在某些领域，民族品牌已经销声匿迹，一些外国品牌占了压倒之势。因此逐步扩大市场，创立我们自己的品牌并将品牌做大，提升产品的附加值，已成为民族振兴的当务之急。从这个意义上说，品牌的‘精神利润’即它所承载的时代赋予的使命和肩负着民族品牌的振兴重任。”

属于沈阳的中国驰名商标群体未来将向哪里去？高闯给出的忠告是“品牌说到底只有在传播的过程中才能被消费者认知。而商标在消费者心中一般要经历‘商标、注册商标、驰名商标、名牌’四个阶段。沈阳的中国驰名商标群，虽然成功进入了第三个阶段，但仍然还有很长的路要走。首先，沈阳应加强商标保护意识。‘驰名商标’作为商标群中的佼佼者，容易成为被人假冒、仿造和损坏的目标，应注重运用法律、科技等手段加以保护，把驰名商标的保护当做战略问题来对待。其次，最根本的问题是要夯实基础，立足品牌文化建设，立足企业长远发展。只有长期发展品牌才能做大。再次，要提升品牌传播的层次，下一步沈阳应强化以美誉度为主的传播活动，并渐次开展信任度、追随度的传播工作。最后不断扩大市场，向海外市场进军，把沈阳的驰名商标群推向世界”。

（高闯，原载《沈阳日报》2005 年 2 月 2 日）

（本文由记者常玲整理）

“舒丽雅精神”成为活案例
——访辽宁大学工商管理学院院长高闯教授

核心提示：2005年1月5日，沈阳最具经济影响力的部分专家学者汇集舒丽雅名牌文化研讨会，以舒丽雅荣膺“中国驰名商标”为主题，深入剖析沈阳企业的品牌之路，试图以己所长影响沈阳经济明日的品牌战略。

“舒丽雅精神”成为活案例

辽宁大学工商管理学院院长、博士生导师，中国企业管理研究会常务副理事长，辽宁省市场学会会长高闯教授寄出了一种新精神——“舒丽雅精神”。

“中国民营企业经过20余年艰辛跋涉，已经完成了第一次创业，开始步入第二次创业阶段。”高闯院长说：“舒丽雅公司获得中国驰名商标，就是一个鲜活的例子。在民营企业第一次创业过程中，企业着眼点在于做产品、赚大钱，进行资本的原始积累；而第二次创业则强调创品牌，树立形象，进行资本的高端运营。”

在分析中国企业的形式时，高闯院长认为，如今的中国企业，特别是一些重视长期发展的民营企业已经认识到品牌是企业最有价值、最珍贵的无形资产，认识到拥有市场比拥有工厂更重要，而拥有市场的唯一途径就是拥有独具市场优势的品牌。在企业第二次创业过程中，品牌的追逐过程已成为企业的时尚。舒丽雅成为了这些民营企业的“领头羊”和佼佼者，成为民营企业创品牌的领路者。目前，世界处在一个变化多端的时代，世界上唯一不变的东西就是变化本身，要在当今时代立足并获得长足进展，唯一的方式就是要比竞争对手做得更快、更好、更多。

品牌是一个企业的无形资产。事实上，品牌更是一个地区、一个国家的无形资产。这种特殊的无形资产可以为一个国家赚取巨大的利润。从企业的形态来看，外地的企业都在做OEM，也就是常说的“贴牌”。世界上80%的领带都产自嵊州，嵊州自己的品牌在市场上10多元一条，而贴上韩国的牌子就卖到30多元，贴上皮尔·卡丹、华伦天奴等牌子就变成了几百元甚至上千元，其中大部分利润都被外国商家拿走了，而嵊州商人仅仅赚得一点儿微薄的血汗钱，其中的主要原因是我国尚处在非品牌经济向品牌经济过渡的历史时期。

“品牌经济是发达经济，非品牌经济是欠发达经济，在经济全球化的今天，中国正面临着一场发达国家的品牌攻势。”高闯院长说：“不少民族品牌已经销声匿迹，一些外国品牌占了压倒之势。逐步扩大市场，创立中国的品牌并将品牌做大，提升产品的附加值，已成为民族振兴的当务之急。”

（高闯，原载于《沈阳日报》2005年1月6日）

（本文由记者汪洋、孙明鑫整理）

短论六则

创新是企业家最本质的职能

近几年来，随着“企业家”这一称谓在我国经济生活中的出现，人们对企业家的职能进行了广泛的研究，提出了诸如决策、组织、激励、协调以及交际等各种职能。这些提法对企业家职能问题的深入探讨无疑具有积极意义，但却并没有道出企业家职能的本质。那么什么是企业家职能呢？依我之见，企业家最本质的职能就是“创新”。

企业家的职能之所以是创新，是由商品经济的本质属性决定的。商品经济是一种竞争的经济，它所遵从的法则是优胜劣汰、新胜旧败、适者生存。正如中国台湾的一位经理所说：“经营企业本身就是一种环境适应企业，能适应环境变化者，才有生存和发展的机会，而今天适应变化的唯一方法就是创新。”

所谓“创新”，简言之，就是企业家在特定的经营环境下对企业的生产要素进行的新组合。具体来说，可分为三类：一是技术创新（包括开发新技术、开发新产品、采用新工艺等）；二是市场创新（包括新市场的开发和老市场的渗透）；三是组织创新（包括旧组织的改革、新组织的构造以及新管理方式的发明等）。在现实的经济舞台上，也有三种类型的经营者：一是“开拓型”，即为谋取额外利益而从事别人尚未涉足的事业；二是“模仿型”，即为分享前者的利益对其研究成果进行模仿；三是“跟随型”，即为维持自身的生存而被动地适应这一环境（或称之为更大规模的“模仿”）。应该承认，三者均会通过各自理智的行动获得预期的利益。但是，他们并非都是企业家。企业家的称号只属于那些从事创造性活动的“开拓型”经营者。正是那些有胆有识、敢冒风险的经营者，在集中职工群体智慧的基础上，敢为人之不敢为，能为人之不能为，不断刷新经营战略，不断革新管理方式，不断开发新技术，不断开拓新市场，不断开辟新的生产领域，不断推出新结构、新用途、新工艺、新材料、新样式的新产品，使得商品经济活动不断地呈现崭新的面貌。

在企业家的经营史上，以创新求发展的事例不胜枚举，例如，日本企业家本田于1952年组织技术小组，遍访世界多国，收集了世界上500多种摩托车进行“反求工程”，集“哈雷”、“大炮”、“神达普”三大名牌的优点于一身，终于在1958年推出“C100型”超级小狼摩托车，以其快速平稳而执世界摩托车之牛耳。又如，1978年，伊可卡在美国克莱斯勒汽车公司濒临破产之际，出任公司董事长。上台后，他大刀阔斧进行改革，启用大批“后起之秀”，延聘一些久经沙场的老将，终于使公司东山再起，1984年盈利达24亿美元。这两个人分别在不同领域以不同的方式实现了企业家职能。

可见，“戏法人人会变，各有其奥妙不同”。凡是成功的企业家，尽管其经营方式各异，所处领域不同，但都有一个共同的职能——“创新”。

（高闯，原载于《沈阳日报》1986年7月7日）

企业制度改革与企业家阶层的崛起

企业家是商品经济的主宰。没有一代富有创造精神的企业家，缺乏蓬勃向上的企业家精神，发展社会主义商品经济只能是一句空话。但是，目前我们还没有充分认识到企业家在商品经济发展中所处的地位、所起的作用，还没有承认企业家具有独立的社会意识，还没有企业家利益的组织制度保证。中国企业家阶层的崛起，还需要政治、经济、社会文化等一系列条件。然而，从根本上说，只有彻底改造现行的企业制度，明确企业与国家之间的产权关系，才能导致企业家队伍的形成。因为现行企业制度是企业家阶层得以生成的羁绊。

所谓企业家，从严格的经济学意义上讲就是指那些能够自主地作出经营决策并承担经营风险的人。从这个概念中我们不难看到，企业家的全部秘密就在于“自主决策”和“承担风险”，只是一个事物的两个方面。作为企业家，他必须能对关系企业兴衰成败的经济决策起决定作用。同时，他既然要自主决策，就要承担决策的全部风险。要企业家自主决策和承担风险，就必须实行政企职责分开，并使企业产权清晰化。在政企不分、产权模糊的情况下，让企业家自主决策，则很难实行企业家行为的合理化，利益分配也难以均衡；让企业家承担全部风险最终也将沦为空谈。而现行企业制度的致命弱点恰恰在于政企不分，国家与企业之间的产权处于模糊状态。

现行企业制度不是产生真正的企业家的土壤。原因在于：首先，在现行的企业制度下，企业经营者无法真正地“自主决策”。我们知道，企业经营者对所有者负责是企业运行的一条基本准则。而现行体制下的所有者是国家，于是，经营者就是对国家负责；而国家本身是由大大小小的政府部门组成的，所以，经营者对国家负责的必然结果是对政府主管部门负责。经营者的职责只在于执行政府主管部门下达的计划，而不在于自主经营、自主决策，从事创新活动。因此，他们不可能成为真正的企业家，而只能是“官员厂长（经理）”。其次，在现行的企业制度下，企业经营者无法真正承担企业经营的全部风险。现行的企业制度，名为“全民所有”，实际上是无人所有。因为虽然主管部门代表国家行使所有权，但负责主管部门的官员却不是财产所有者；虽然企业的领导者代表经营者行使经营权，他们同样也不是财产的所有者。因此无论是政府官员，还是企业经营者，都不可能像股东那样真正关心企业财产的增值，都不可能承担包括破产在内的企业经营的全部风险。仅此两点即可说明，要造就真正的企业家，必须使政企职责分开，明确产权关系，确立现代企业制度。

现代企业制度最根本的特点之一就是财产价值与财产所有者个人收入之间具有明确的一一对应或多一对应的关系，所有者对其财产可以自由处置、自由买卖。简言之，企业具有明确产权。显然，要确立现代企业制度必须改变现行的所有制形式。否则，在产权界定不明确的基础上去设想什么改革措施，无异于缘木求鱼。据此评价目前正在推行的承包经营责任制，我们便不难看出，承包制割不断企业与政府主管部门的行政隶属关系，难以解决国家与企业之间的产权模糊状态，从而企业难以成为真正的商品生产者和经营者。在此意义上说，承包制不是打通而是堵塞了真正的企业家的道路。

具有明确产权的现代企业制度可以通过在国家、企业与职工个人之间划分股份，实行股份共有制的形式来建立。股份企业以董事会作为企业法人组织的最高权力机构，由董事会出面向经营者发包或出租，选聘经理人员。经营者的职责由对政府主管部门负责变为对资产所有者负责，保证企业资产增值。同时，建立一套激励机制，使企业家的社会地位、经济地位随资产增值和经营规模扩大而提高，最终在社会上形成一个庞大的企业家阶层。

（高闯，原载于《现代企业家》1988 年 1 月 20 日）

振兴：有利于推进结构调整

沈阳是全国闻名的重工业基地之一，为中国经济发展做出过重要贡献。但作为计划经济的典型地区，作为国有企业的集中地，其产权结构已成为沈阳走向市场经济的体制性障碍。沈阳经济要振兴，现有的产权结构必须首先调整。

一般来说，社会经济存在着两种不同的产权结构，即公有产权结构和私有产权结构。这两种不同的产权结构，分别有着与之相对应的产业领域。具体而言，竞争性、营利性产业宜采用私有产权结构，非竞争性（或弱竞争性）、非营利性（或弱营利性）产业宜采用公有产权结构。随着社会主义市场经济体制目标的确立，我国企业单一的共有产权结构便同市场化的改革取向发生了激烈的冲突，成为市场经济和产业发展的羁绊。事实上，我国国有企业面临的主要问题是产权结构与产业结构的错位，即把大量应采用私有产权结构的竞争性、营利性产业摆到了公有产权的舞台。

作为老工业基地的沈阳，虽然经过近 20 年的改革，但国有经济固有的经济特征及表现形式仍十分明显。例如，国有经济布局不合理；国有资本组织形式单一、运营效率低下等。国有大中型企业的比重、资产存量、平均规模等都高于全国平均水平。改造现有的国有经济结构，为老工业基地的调整改造提供内在动力，成为实现沈阳老工业基地振兴的关键和前提。但从现实看，无论是上市公司减持国有股，还是非上市企业变现部分国有资产，都缺乏有实力的非国有投资者，对于国有经济长期占据主导地位的国家而言，具有很强投资能力的个人和机构投资者一直是非常稀缺的资源。对沈阳而言，这些问题就更加突出。

中央关于东北老工业基地振兴的重大策略决策，为国有经济结构调整与产业结构调整找到了契合点，从而为沈阳老工业基地的振兴带来了难得的历史性机遇。沈阳地处东北经济板块的核心地位，可以凭借其综合实力和区位优势，与周边城市联动发展，形成更强的经济实力，成为带动辽宁乃至东北地区经济发展的增长极。从国际上看，伴随着中国区域发展战略的转变，外国对华资本和技术也将随之发生产业和地域上的转变。今后外资将转向包括沈阳在内的环渤海地区和西北地区。相应地，产业选择也将由一般制造业转向装备制造业。东北老工业基地的调整改造恰逢其时。

外国资本与技术的流入，必然伴随着所有权的转移，这是实现国有经济结构和产业结构同步调整的最佳时机。伴随着改革开放，许多跨国公司也正以战略投资者的身份参与我国国有大型企业的改革。跨国公司参与国有企业重组，有利于国有企业产权的多元化，优化公司治理结构，改变国有企业“一股独大”的格局。产业结构调整与升级，也为民营企业和民间资本参与国有企业改革提供了机会和条件。民营企业具有产权清晰、权责明确的特征，自主经营、自负盈亏的激励约束功能也十分明显。民营企业介入国有经济结构调整，有利于形成投资主体多元化的格局。

（高闯，原载于《沈阳日报》2003 年 10 月 29 日）

企业文化与企业家素质

在深化改革中，如何增强企业凝聚力、向心力，使职工群众的积极性得到最大程度的发挥，我们认为，企业文化的建设是至关重要的。

企业精神是企业文化之魂

企业文化是由企业精神、制度和行为所构成的有机体。其内容可分为三个层次：深层是心态文化，它包括企业所特有的价值观念、管理哲学和传统的心理习惯，它是企业文化的基础层次；中层是制度文化，包括企业的最高目标及某些规范化了的管理制度；表层是行为文化，包括企业的经营风格、行为习惯以及企业给社会和消费者留下的印象，它使心态文化表象化，是企业文化的外在表现。

其中，心态文化就是人们常说的“企业精神”，它是企业文化的核心。

所谓企业精神，是指不同的企业为了不同的目标而提出的足以激励全体职工为振兴企业而协同一致的信念。它体现了企业的价值观念、利益观念、竞争观念和职业道德观念等。它使职工的行为产生一种动力，这种动力的聚合，产生一种向心力。而这种力量往往是超乎寻常的。日本有些企业，就是凭借其特有的“团队意识”，在职工中唤起了其他国家战争年代才能唤起的忠诚和热情；企业濒临倒闭时可以凭借这种力量使职工毫无怨言，同舟共济，排忧解难。在我国立志进入世界经济舞台的今天，实在需要大力倡导，培养我们的企业精神。

职工认同的企业精神才有生命力

在对外开放的形势下，企业文化理论流入我国。国内不少企业很快都有了自己的“企业精神”。毋庸置疑，其中当然不乏真正根植于职工心中的企业精神。但也有不少流于形式，由领导和秀才们拼凑出来的标语口号，如“走向世界”、“创一流产品”等都缺乏个性，实质并不是真正的企业精神。

企业精神是企业在长期的生产经营活动中逐渐积淀下来，并被广大职工普遍接受的价值观念。首先，它具有鲜明的个性，如日本松下电器公司的“自来水哲学”，它要求松下的产品要像自来水一样，既有足够的数量，又有低廉的价格，并要求全体职工为这一目标不懈奋斗；美国“硅谷”的老板们则提出“允许失败，但不允许不创新”，并有一整套措施保证这一信念的实现。其次，他要内化为职工群众的自觉行动。日本本田技研公司的一位工人每天都把他看到的停在路边的本田车上的挡风玻璃和刮雨刷子整理好。这不是他“手痒”，而是他“心痒”，他实在见不得本田公司的汽车上有任何不顺眼的地方。可见，本田精神已内化为他的自觉行动。

关键在于提高企业家的个人影响力

诚然，企业精神是在长期的生产经营活动中逐渐积淀下来的，但这种“积淀”并不是一种无意识的自然过程。在影响企业精神的诸多因素中，企业领导者的影响力是一个关键因素。

企业领导的影响力可分为强制性和自然性两种。强制性影响力指经营者所处对职工产生的影响，它与企业领导个人素质没有直接关系，纯粹是社会赋予他的力量。自然性影响力主要指企业领导者的品格、能力、知识、情感等因素对企业精神的影响。领导具有管理和驾驭企业的能力，科学地组织生产经营活动，使职工产生依赖和敬爱；领导具有卓越的才能，给企业带来成功的希望。

我国优秀的企业家马胜利、徐有泮等，就具备这些优良的素质和管理能力，因而他们的个人影响力对所在企业职工的影响是很深的，甚至在社会上都产生很大的影响。马胜利在跨省承包菏泽造纸厂时，由于他在石家庄造纸厂的管理业绩及个人素质方面的能力与影响，使菏泽造纸厂的一些职工尽管对原企业领导感情较深，但还是“含着眼泪”加入了他的“造纸集团”。

一个优秀的企业经营者不仅应重视制度、指标等“硬管理”，更应重视个人品格、素质等自然性影响力的培养，而后者往往会带来意想不到的效益。我们在选择企业经营者的时候，也应该重视其自然性影响力的考核。目前，公开招标、招聘企业经营者的竞争机制为优秀人才脱颖而出创造了条件，但人们往往只注意承租人提出的利润、产值等硬指标，而忽视其个人素质、心理行为、用人能力、能否唤起职工责任感与向心力等因素。这不仅不利于企业精神的培养，而且容易造成经营失败。如一些竞争者只凭一时心血来潮，为了当厂长，不惜把指标提得很高，中标后不仅不会管理，更不懂如何调动和影响人的积极性，使职工产生逆反心理，企业失去凝聚力。即使是懂管理的中标人，由于自然性影响力较差，往往使职工产生反感，从而不利于经营决策的实施。

（高闯、王南，原载于《沈阳日报》1988 年 7 月 22 日）

略论中国企业文化的重新构造

企业文化是西方企业界近年来风行的一个新概念。它是企业在长期的生产经营中逐渐积淀下来的观念结构、价值形态和某些传统习惯的总和，是企业行为选择的主要依据。在我国新旧经济体制的嬗变时期，研究企业文化的内涵，重新构造中国企业的文化，对企业的持久稳固和长远发展具有重要的意义。

长期以来，由于我国实行产品经济模式，国家如同一个“大企业”，企业则好比国家的一个生产车间，计划国家下，材料国家给，销售国家包，企业职能并没有真正体现出来，因而也就不可能形成真正意义上的企业文化。党的十一届三中全会以来，企业开始以商品生产者和经营者的面目出现，这就为构造中国企业文化创造了条件。构造中国的企业文化，我认为需要处理好这样三种关系：

首先是人类文化与民族文化的关系。民族文化对企业文化的构造具有直接的影响。中国文化属于东方模式，从外在形态到深层结构均与西方文化迥然不同。然而，民族性不是封闭性、排他性。东西方文化虽属异质文化，但绝非冰炭不可同器。全盘照搬固然不行，一概拒之也不可取。只有敞开国门，在不同文化的冲突、撞击中相互参照、比较，即注重挖掘本民族的优秀文化，又善于吸收异邦文化的可取之处，才能建立起具有民族特色的企业文化。在这方面日本的经验值得借鉴，他们在引进中国、西方文化的同时，始终注意提炼本民族文化中的合理成分，巧妙地将中国、西方的文化同本民族意识相融合，从而创造了自己的企业文化。

其次是传统文化与现代文化的关系。中国传统文化作为历史的精神遗存和民族心理，对现代企业文化的构造具有双重作用。一方面，是起消极作用的惰性文化。譬如，重义轻利的价值观念，安于现状的保守心理以及小农经济的绝对平均意识，是构造现代企业文化的阻力。另一方面，中国传统文化中也不乏合理的成分。所以，培植现代企业文化，完全有可能从传统文化中找到生长点，切不可“倒洗澡水连孩子也一起倒掉”。

最后是文化的“政治性”与人类性的关系。文化作为一定社会的政治、经济在观念形态上的反映，具有强烈的政治性，但它又具有鲜明的人类性。每一种社会制度下的民族文化都具有其自身的优缺点，需要互相补充、融合汇集。一个民族的优秀文化是全人类的共同财富，它完全可以超越制度的樊篱在异域发扬光大。能否借鉴国外文化的标准不在于社会经济制度，而是看其是否有利于发展我国的商品经济。过去，我们有一种错误的认识，以为社会主义制度一经产生，社会主义的先进文化便随之建立，因此，常以“我国物质文明虽然落后，但精神文明先进”自诩。在这种观念的束缚下，既看不到中国传统文化的某些落后因素，也无视西方文化中的某些先进成分，曾几度失去了同西方文化平等对话的机会，至今还在咬着其所酿成的苦果。这个教训必须认真吸取。

要构造具有中国特色的企业文化，单靠观念引进或革新是远远不够的。企业文化是实践的产物。只有通过体制改革，重组人们之间的利益结构，发展社会主义的商品经济，才能最终导致中国企业文化的根本确立。

（高闯，原载于《沈阳日报》1986 年 9 月 15 日）

本田成功的启示——介绍“反求工程”

日本本田工业公司的创始人本田尚一郎是一位典型的日本新兴企业家。他出身平民，白手起家，在 20 世纪 40 年代末着手制造摩托车。1952 年，他组织了一个技术小组，遍访世界多国，收集了 500 多辆摩托车进行综合研究，博采众家之长，试验上百次，终于在 1958 年推出“C100 型”超级小狼摩托车。当时，“哈雷”、“大炮”、“神达普”是世界摩托车市场的三大名牌产品，哈雷以大马力取胜，大炮以廉价著称，神达普以起步轻快扬名。而本田生产的“C100 型”集三大名牌的优点于一身，以其快速平稳而执世界摩托车之牛耳。本田之所以获得了成功，就在于它巧妙地运用了被现代管理学称之为“反求工程”的技术。

反求工程是重要的开发技术，就是对外国的先进产品作全面、系统、深入的科学分析和研究，不仅要透彻地知其然，而且要知其所以然。它有四大特点：第一是综合性，就是对尽可能多的同类产品进行综合研究；对一个产品的结构、材料、工装、包装使用等各个系统进行全面分析。第二是破坏性，即对所有零部件进行分解剖析，不仅看其表面，而且深入了解其内部结构。第三是创新性。综合、破坏的目的不是为了简单仿制，照猫画虎；反求工程不求“形似”，而求“神似”，“青出于蓝而胜于蓝”。第四是经济性。从长远的观点看，反求工程比独立研制和持续引进既省时又省钱，且容易成功。其奥妙用日本人的格言概括就是，“综合就是创造”。

日本经济在第二次世界大战后很快崛起，证明了这一理论是成功的。英国素来推崇“科学是技术之母”，注重基础科学研究，忽视工程技术应用。所以，英国赫赫有名的大科学家层出不穷，但经济发展却日渐衰落。美国比较“务实”，远在经济发展初期，基础科学几乎全部从欧洲引进，用来推动本国工程技术的发展，迅速超过英国，跃居世界魁首。日本则把主要精力投向应用领域，先从国外引进先进技术，经过“反求工程”，吸收、消化、组合、创新，变成“日本式”产品返销国外。日本在诸多领域占领世界市场的产品，大都是“反求工程”的结果。日本的石油化工技术集世界上 300 多项技术之大成；名扬天下的松下电视机是世界上 400 多项技术的综合产品。反求工程的妙用，实在可以看做日本成功的写照。难怪有人说，日本民族就是善于“综合”的民族。看来，通向成功之路的“捷径”虽没有，“蹊径”却可以觅到。

（高闯，原载于《沈阳日报》1988 年 2 月 26 日）